『社会保障法研究』創刊にあたって

2011年5月

岩村正彦・菊池馨実

　社会保障法学における研究者の増加と研究業績の蓄積は、近年めざましいものがあります。ふり返ってみると、1980年前後に岩村は研究の道に入りましたが、そのとき、既にいくつかの概説書や本格的な論文があったとはいえ、同じく戦後になって発展を遂げた労働法学と比べて、その数は多くはありませんでした。また、当時社会保障法学で活躍されていた研究者の多くは、まず労働法、行政法等の他の法学分野で研究を始め、その研究テーマの発展や大学での講義等を契機として、社会保障法学に研究の重点を移したり、研究対象を拡大した人たちでした。そして、岩村もやはり労働法から研究をスタートした一人です。一方、菊池は、その8年程後に研究生活を始めていますが、このころから、菊池も含めて、最初から社会保障法専攻として研究者の途を歩む人が増えるようになっていきました。今日では、他の法学分野専攻の研究者として活躍しつつ、当該分野に関連した研究を媒介として社会保障法の研究も行う人たちに加えて、社会保障法専攻として研究に従事する若い世代の研究者の数も多くなっています。

　他方で、研究のテーマも、1980年代頃までは、いわゆる社会保障法総論（憲法25条を中核とする生存権論、社会保障法の体系論等）に関するものが多かったのですが（これはこの頃までの概説書における「総論」の占める量に徴表されています）、1990年代、とくにその後半頃からは、公的年金、公的医療等のいわゆる社会保障法各論の研究が増えるようになったことも顕著な変容といえます。また、社会保障の政策等を論じるときにしばしば参照される先進諸国の社会保障法に関する本格的な外国法研究もつぎつぎと現れてきています。

　しかし、実定法学の研究の進展は、法学的な検討・分析の素材となる紛争事例や判例に依存する面が大きいところ、社会保障法の領域では、実定法学的な分析・検討に適した紛争事例がそれほど多くは浮かび上がってこないことや、判例が——従前に比べれば増えたとはいえ——依然として多くないこともあって、民法・労働法等の他の実定法分野の蓄積に比べると、社会保障法の分野での研究の積み重ねはなお厚みに乏しいことを率直に認めざるをえ

ません。また、各論に関する研究業績が着々と出現しているとはいえ、各論の領域別で見たときには、なお業績の蓄積には相当のばらつきがあります。さらに、外国法研究も、複数の国の同じ機能を果たす制度を比較し、それぞれの特徴等を抽出しようとする研究、ある国の複数の制度にまたがる横断的な視野に立った研究、ある国の一つの制度をその生い立ちから現在に至るまでを追跡し、その本質を見極めようとする研究などの、スケールの大きい包括的な研究は未だにそれほど多くはありません。

　そして、とりわけ1990年代以降、高齢化の進展、財政的な制約といった要因から、社会保障法の分野で、頻繁に政策立案と法改正が行われるようになったこともあって、政策の動向や法改正をその都度追いかける（あるいは先取りして検討・分析を加える）傾向が強くなっています。そうした研究活動に意義があることはもちろん否定できませんが、しかしながら、そのような研究は、一旦そうした政策・立法の動きが一段落してしまうと、それで収束してしまい、その後の研究の発展と蓄積に必ずしも繋がらないというところがあります。また、このことは、政策の進展や法改正を法学的見地から検討・分析するにあたって必要となる基礎的な研究の手薄さにも関連していると思われます。

　私たちは、以上のような問題意識から、社会保障法学の分野における基礎的研究、すなわち社会保障法に関するそのときどきの政策の動きや立法の展開に必ずしもとらわれない、しかし政策・立法の検討・分析のベースを提供する基礎的研究の充実を図ることの必要性を強く感じており、そのための場として、雑誌を作ることができないかとかねてから考えてきました。この度、信山社にご相談したところ、こうした雑誌を『社会保障法研究』として刊行していくことをご快諾いただきました。

　この『社会保障法研究』は、上に述べましたように、社会保障法学のより一層の発展に幾ばくかの貢献をしたいという意図にもとづいて、外国法研究も含めて、理論的・基礎的研究を試みる論考を掲載しようとするもので、おおむね年２、３回程度刊行することを予定しています。将来的にはともかく当初は私たちで相談しながら、各号毎に一定のテーマを設定して、主として、中堅・新進の研究者の方々にご執筆をお願いしていく予定です。皆様のご協力・ご支援を得ながら、この『社会保障法研究』が順調に号を重ね、社会保障法学の研究の蓄積に少しでも役立つことができれば望外の喜びです。

社会保障法研究

第8号へのはしがき

　本号では、4つの特集を組んでいる。最初の特集は座談会と論文2本から構成されるものであり、残る3つの特集では論文を掲載している。特集1は「社会保障法学における解釈論と政策論」であって、まず座談会で、嵩さやか教授の司会のもと、本誌の編集者である岩村と菊池が、解釈論と政策論とをめぐる様々な論点について議論している。論文は、社会保障法学と密接に関わる行政法学と民法学との視点から、前者については原田大樹教授、後者については熊谷士郎教授にご執筆頂いた。特集2は、「福祉国家の変容と社会保障法──主要各国の比較研究の視座から」の第1回目であり、常森裕介専任講師の論考をお届けする。特集3は、やはり今回から始まった「社会保障法と基本概念」の初回であり、本誌の編集者である菊池馨実教授が口火を切る形で、「持続可能性」の問題を論じている。特集の4番目は、「社会保障法の法源」の第4回であり（これまで、憲法（第6号）、行政法規（第3号）、私法秩序（第3号）を掲載）、判例を取り上げる加藤智章教授の論文を掲載している。今号で掲載した4つの特集は、期せずして、比較法も含めて、社会保障法学の基本的な諸問題を取り上げることになった。

　本誌では、編集側で依頼する論文のほかに、投稿論文を受付け、匿名のレフェリーによる執筆者名を伏せた査読をパスしたものを掲載することとしているが、今号では、初めて投稿論文を掲載することとなった。まったくの偶然であるが、本号の特集2の論文を執筆頂いた常森裕介専任講師の手になるものである。これに続けて、優れた論文が投稿されることを期待したい。

　加えて、「立法過程研究」の第6弾として、今号では、2017年に制定された地域包括ケアシステムの強化のための介護保険法等の一部を改正する法律のうち、介護保険に関する部分について唐戸直樹氏にご執筆頂いたものと、介護医療院に関する部分について田中広秋氏にご執筆頂いたものを掲載している。

　2018年7月

編　者

目　次

社会保障法研究　第8号

〈目　　次〉

◆ 特集1 ◆　社会保障法学における解釈論と政策論
〈特集の趣旨〉

◇〈研究座談会〉解釈論と政策論
　　　　　　　　　　　　 岩村正彦・菊池馨実・嵩さやか……3
　　Ⅰ　はじめに —— 本座談会の趣旨 (4)
　　Ⅱ　社会保障法学における解釈論の展開 (5)
　　Ⅲ　社会保障法学における政策論 (26)
　　Ⅳ　政策論も視野に入れた解釈論の精緻化に向けて (35)
　　Ⅴ　お わ り に (39)

◇ 行政法解釈と社会保障制度 …………………… 原 田 大 樹……43
　　Ⅰ　は じ め に (44)
　　Ⅱ　出発点としての文理解釈？ (45)
　　Ⅲ　行為形式の判定と法解釈 (51)
　　Ⅳ　行政裁量と法解釈 (58)
　　Ⅴ　お わ り に (63)

◇ 民法解釈と社会保障制度 ……………………… 熊 谷 士 郎……67
　　Ⅰ　は じ め に (68)
　　Ⅱ　民法学と社会保障法学との交錯 (69)
　　Ⅲ　若干の横断的考察 —— 民法学への示唆 (81)
　　Ⅳ　お わ り に (84)

◈ 特集 2 ◈ 福祉国家の変容と社会保障法
── 主要各国の比較研究の視座から ── (その1)

〈特集の趣旨〉

◇ **アメリカにおける福祉国家の変容と社会保障法制** … 常 森 裕 介 … 89

    I   は じ め に (90)

    II   福祉国家としてのアメリカ (91)

    III   アメリカの雇用と福祉国家の基盤 (96)

    IV   社会保障制度における国家の役割と福祉国家アメリカの変容
(104)

    V   お わ り に (111)

◈ 特集 3 ◈ 社会保障法と基本概念 (その1)

〈特集の趣旨〉

◇ **社会保障法と持続可能性**
  ── 社会保障制度と社会保障法理論の新局面 ………… 菊 池 馨 実 … 115

    I   は じ め に (116)

    II   社会保障の持続可能性 (117)

    III   社会保障の規範的基礎付け (122)

    IV   社会保障の変容 (128)

    V   社会保障の市民的基盤 (132)

    VI   持続可能性を支える基盤の再構築に向けた法的課題 (135)

    VII   むすびにかえて (147)

目　次

◆ 特集 4 ◆　社会保障法の法源（その 3）
〈特集の趣旨〉

◇ **社会保障法の法源としての判例** ………………………… 加 藤 智 章 ……151
  Ⅰ　は じ め に（152）
  Ⅱ　社会保障法の特徴と社会保障法における裁判例（153）
  Ⅲ　裁量統制論の系譜 —— 朝日訴訟、堀木訴訟および老齢
   加算東京訴訟最判（158）
  Ⅳ　下級審裁判例の意義 —— 保険医療機関の指定に関する
   事例を中心に（174）
  Ⅴ　判例研究を通した社会保障法学のあり方、問題点、将来
   の課題（181）

◆ 投 稿 論 文 ◆

◇ **子育て支援における保育所保育と保育実施義務の意義**
  ………………………………………………………… 常 森 裕 介 ……191
  Ⅰ　はじめに —— 問題の所在（192）
  Ⅱ　子ども・子育て支援法及び児童福祉法の構造と保育実施義務
   （193）
  Ⅲ　保育実施義務の立法論的検討（209）
  Ⅳ　現行制度における保育実施義務の意義（218）
  Ⅴ　むすびにかえて（223）

◈ 立法過程研究 ◈

◇ 地域包括ケアシステムの強化のための介護保険法等の一部を
　改正する法律の立法経緯について ……………… 唐 戸 直 樹 ‥‥225
　　　Ⅰ　は じ め に（226）
　　　Ⅱ　制度見直しの検討段階（227）
　　　Ⅲ　法案の立案過程（238）
　　　Ⅳ　国会における審議の過程（245）
　　　Ⅴ　若干の考察（247）

◇ 介護医療院の創設をめぐる検討経緯と今後の課題の考察
　　　………………………………………………… 田 中 広 秋 ‥‥251
　　　Ⅰ　は じ め に（252）
　　　Ⅱ　療養病床制度概要と介護療養病床の廃止に至る経緯（253）
　　　Ⅲ　療養病床の見直しに関する議論（259）
　　　Ⅳ　法制化と国会審議（269）
　　　Ⅴ　介護医療院に関する考察と今後の課題（272）
　　　Ⅵ　結びにかえて（274）

◆執筆者紹介◆
(掲載順)

原 田 大 樹 (はらだ・ひろき)

2000(平成 12)年九州大学法学部卒業、九州大学大学院法学府公法・社会法学専攻博士後期課程修了。九州大学大学院法学研究院准教授を経て、現在、京都大学大学院法学研究科教授。博士(法学)。
〈主要著作〉
『自主規制の公法学的研究』(有斐閣、2007 年)、『公共制度設計の基礎理論』(弘文堂、2014 年)、『行政法学と主要参照領域』(東京大学出版会、2015 年)、『グラフィック行政法入門』(新世社、2017 年)

熊 谷 士 郎 (くまがい・しろう)

1993(平成 5)年東北大学法学部卒業、東北大学大学院法学研究科博士課程修了。秋田経法大学専任講師、東海大学准教授、金沢大学教授を経て、現在、青山学院大学法務研究科教授。
〈主要著作〉
『意思無能力法理の再検討』(有信堂、2003 年)、「福祉サービス契約における利用者の権利保障制度の現状と課題」季刊社会保障研究 45 巻 1 号(2009 年)、「行為能力制限と契約法理・消費者保護法理」菅富美枝編著『成年後見制度の新たなグランド・デザイン』(法政大学出版局、2013 年)、「『能力』法理の縮減と再生・契約法理の変容」消費者法研究 2 号(2017 年)

常 森 裕 介 (つねもり・ゆうすけ)

2005(平成 17)年早稲田大学法学部卒業、同大学大学院法学研究科博士課程修了。現在、四天王寺大学経営学部専任講師。
〈主要著作〉
「保育における公的規制と利用者支援 ── 『地域型保育』を素材として」社会保障法 30 号(2015 年)、「女性の年金権と雇用 ── 第 3 号被保険者制度と就労・育児の評価」西村淳編『雇用の変容と公的年金 法学と経済学のコラボレーション研究』(東洋経済新報社、2015 年)

菊 池 馨 実 (きくち・よしみ)

1985(昭和 60)年北海道大学法学部卒業、同大学大学院法学研究科博士課程修了。北海道大学助手、大阪大学助教授、早稲田大学助教授を経て、現在、早稲田大学法学学術院教授。
〈主要著作〉
『年金保険の基本構造』(北海道大学図書刊行会、1998 年)、『社会保障の法理念』(有斐閣、2000 年)、『社会保障法制の将来構想』(有斐閣、2010 年)、『社会保障法(第 2 版)』(有斐閣、2018 年)〔以上、単著〕、『目で見る社会保障法教材(第 5 版)』(共編著、有斐閣、2013 年)、『社会保障法(第 6 版)』(共著、有斐閣、2015 年)、『障害法』(共編著、成文堂、2015 年)、『ブリッジブック社会保障法 (第 2 版)』(編著、信山社、2018 年)

加 藤 智 章 (かとう・ともゆき)

1979(昭和 54)年小樽商科大学商学部卒業、北海道大学大学院法学研究科博士課程満期退学。山形大学人文学部助教授、新潟大学大学院実務法学研究科教授を経て、現在、

北海道大学大学院法学研究科教授。法学博士(北海道大学)。

〈主要著作〉

『社会保険核論』(旬報社、2016年)、『世界の診療報酬』(編著、法律文化社、2016年)、『医療制度改革』(共著、旬報社、2015年)、『世界の医療保障』(共編著、法律文化社、2013年)

唐 戸 直 樹 (からと・なおき)

2006(平成18)年東京大学法学部卒業、厚生労働省入省。厚生労働省医政局医事課、大臣官房総務課、内閣官房行政支出総点検会議担当室（出向）、厚生労働省新型インフルエンザ対策推進本部事務局、内閣府行政刷新会議事務局（出向）、雇用均等・児童家庭局総務課少子化対策企画室・保育課、職業能力開発局能力開発課・海外協力課外国人研修推進室、老健局総務課などでの勤務を経て、現在、熊本県健康福祉部長寿社会局首席審議員（兼）高齢者支援課長。

〈主要著作〉

「地域包括ケアシステムの深化・推進と介護保険制度の持続可能性の確保 ── 地域包括ケアシステムの強化のための介護保険法等の一部を改正する法律」時の法令2044号（2018年）

田 中 広 秋 (たなか・ひろあき)

2007(平成19)年東京大学農学部卒業、厚生労働省入省。厚生労働省年金局年金課、職業安定局総務課、保険局医療介護連携政策課などでの勤務を経て、現在、厚生労働省職業安定局雇用保険課課長補佐。

◆ 特集1 ◆ 社会保障法学における解釈論と政策論

〈特集の趣旨〉

　社会保障法は、他の法領域に比べて多分に技術的性格をもち、法律改正の頻度が高い分野であるといわれる。ただし、実定法学の一分野である以上、個別具体的な場面で法の適用や解釈が問題となる場面は決して少なくない。その際、しばしば応用法学の一種として位置付けられることに示されるように、憲法、行政法、民法といった他の法分野の法技術や法概念によって規律される場面がきわめて多い。他方、法律改正が頻繁になされる分野である以上、立法ないし政策のあり方を領導する法律学的アプローチの意義や有用性が問われることになる。そこで、本特集では、最初に座談会形式で、本誌の責任編集にあたる2名の社会保障法研究者が中堅の社会保障法研究者とともに、政策策定過程に関与した経験も踏まえて、社会保障法学における解釈論と政策論の特徴・意義などについて論じる。

　次いで、社会保障法の主要関連分野である行政法と民法の研究者が、それぞれの法領域におけるスタンダードな法解釈の手法や法概念の理解などを踏まえた上で、社会保障領域の特殊性や留意点、研究課題などについて、いわば社会保障法外在的視角から、社会保障法学に対する問題提起を意識した議論を展開する。

〈本特集の論題〉
1　〈研究座談会〉解釈論と政策論
2　行政法解釈と社会保障制度
3　民法解釈と社会保障制度

〈研究座談会〉
解釈論と政策論

◇出 席 者◇

岩村正彦（東京大学大学院法学政治学研究科教授）

菊池馨実（早稲田大学法学学術院教授）

嵩さやか（東北大学大学院法学研究科教授）【司会】

〈目　次〉

■ I　はじめに ── 本座談会の趣旨

■ II　社会保障法学における解釈論の展開

■ III　社会保障法学における政策論

■ IV　政策論も視野に入れた解釈論の精緻化に向けて

■ V　おわりに

〈2017 年 10 月 9 日収録〉

〈研究座談会〉解釈論と政策論

◈ Ⅰ　はじめに —— 本座談会の趣旨

嵩：本日はお集まり頂きましてありがとうございます。

　　本日の座談会の司会を務めます、嵩さやかと申します。東北大学大学院法学研究科で社会保障法を担当しております。よろしくお願い致します。

　　本日の座談会の趣旨は、本紙の責任編集でいらっしゃり、かつ研究面におかれても社会保障法学界の議論を常にリードされ、また政策立案過程にも多く携わられて立法にも深く影響を与えていらっしゃる岩村正彦さんと菊池馨実さんに、社会保障法学における解釈論と政策論の特徴や意義等について論じていただくというものでございます。

　　社会保障法は、給付や財源の細かな仕組みを規律する技術的性格が強く、とりわけ下位法規における規定ぶりが非常に細かい法分野であります。また法改正も非常に頻繁になされます。そのため社会保障法を研究するにあたっては、私の個人的な経験になりますけれども、複雑な制度の正確な把握に、かなりの労力を割くことが多いです。

　　ただ、他方で、そのような一見緻密に見える法規でも、具体的な事案に直面した場合には、どのように適用するかに迷うことも、多々あります。

　　実定法学の１つである社会保障法学における解釈論の意味は、こうした場面で見いだされることになると思われますが、そうした社会保障法学での解釈論について他の法分野との比較などの観点を踏まえまして、その特徴や意義を、本日は伺いたいと存じます。

　　また、法改正が非常に多いということから、政策論も重要です。

　　政策論においては、経済学とか社会学などでも盛んに議論されておりますけれども、そうした他の学問領域と比べた場合の社会保障法学の政策論の重要性や特徴についても、政策立案に関与された具体的なご経験に基づいてお話しを伺いたいと思っております。

　　それでは、各先生方から、簡単に自己紹介をお願い致します。

　　まずは、岩村さん、お願い致します。

岩村：東京大学大学院法学政治学研究科で社会保障法を担当しております、岩村正彦です。今日はよろしくお願い致します。

嵩：菊池さん、お願い致します。

菊池：早稲田大学法学学術院で社会保障法学を担当しております、菊池馨実です。どうぞよろしくお願い致します。

◈ Ⅱ　社会保障法学における解釈論の展開

◇ 1　社会保障法の規律対象と解釈論の展開

⑴ 社会保障法の規律対象の伝統的特徴と解釈論

嵩：それでは早速、「社会保障法学における解釈論の展開」についての議論をしていきたいと思います。

　　まず、伝統的に社会保障法というのは、受給要件を満たした個人に対する社会保障給付の付与の規律というのを中心としてきていると思うのですが、そういったことから、裁判例では自ずと個人の権利の帰趨が論点の中心となってきたのではないかなと思います。

　　その問題が最も先鋭化するのが最低限度の生活保障を目的とする生活保護制度だと思います。また、これと相関するかたちで、学説の議論の傾向としては、従前から憲法 25 条の権利論が強かったようにも思えます。

◈　権利論の背景と特徴

嵩：こうした社会保障法の規律対象の伝統的な特徴は、今も妥当すると思いますが、こうした特徴が学説における法解釈論の展開や精緻化に与えている影響についてご意見をお伺いしたいと思います。

　　それでは菊池さん、お願い致します。

菊池：社会保障法分野の裁判例の多くが、個人の給付をめぐる権利の帰趨にあるというのは、何よりその適用対象となる個人、あるいは国民の主な関心が給付に向けられているためだと思います。

　　なかでも憲法 25 条を背景として、個人、あるいは国民のギリギリの最低生活の維持に関わる問題であったことから、生活保護に関心が集まったのではないかと考えられます。

　　ただ、生活保護法は社会保険各法などと異なり、社会保障法の特徴的な性格といわれる技術的性格が、あまりない。解釈に委ねられる余地がかなり大きかった。例えば補足性の原理で申しますと、4 条に規定がありますが、法律で定められている事項はほとんどない。このようなことから、裁判で争われる事案が多くなったとも考えられます。

　　権利論を展開する際、とりわけ社会保障法では憲法との関連で議論されることが多いように思われます。

　　私の教科書でも、まず「憲法と社会保障法の権利」を論じ、その後、個別の分野ごとに社会保障法受給権について論じております。

〈研究座談会〉解釈論と政策論

　このことも、生存権という明文の社会権規定が憲法25条におかれたことと、その具体化である生活保護法が保護受給権を認める形で規定されたことと関連しています。

　ただ、それだけではなく、社会保障制度そのものが高度経済成長期を通じて、次第に発展を遂げてきたこと、逆に言えば紛争の対象となるべき制度の整備充実自体が遅れてきたこと、あるいは、実務法曹の中で生活保護法以外の社会保障分野に関心を持ち、法的紛争への対応に取り組む人が少なかったことなども、影響しているかもしれないと思います。

　もちろんこれらのことに関連して、社会保障法研究者の取り組み自体、生活保護に片寄りがちだったことも事実です。

　社会保障法の技術的性格と関連しまして、生活保護法や、労災保険法の業務上外認定などを除くと、解釈に委ねられる余地が必ずしも大きくないことから、学説上の議論で解釈が分かれる、学説上の論争になるような場面が少ないという特徴があげられます。

　最近では、子ども・子育て支援3法以降の児童福祉法24条の解釈などを巡って、法改正の経緯なども絡めて学説が展開され、いろんな考え方があるようですけど、そういうのは例外なのかなと思います。裁判が提起され、その判決をめぐって、はじめて学説による解釈論が展開されるという場面が多くて、そのことにはやむを得ない面もあるかもしれないと思います。

嵩：ありがとうございました。社会保障の法律の中にも、技術的な性格が強いものと弱いものがあることや、経済成長との関係で紛争となるような制度整備が進んでいなかったことや、研究者が少ないこととか、そういうさまざまな理由で解釈論が展開されにくい分野というのもあったということですね。

　今、菊池さんから権利論や解釈論の展開に影響を与えた状況についてのお話がありましたが、権利論が展開された時代背景や学界の状況等、権利論や解釈論の展開に影響を与えた要因等について、岩村さん、ご自身の意見をお伺いできればと思います。

岩村：これからお話しするのは、あくまでも私の見方です。1950年代から60年代前半の頃は、わが国の社会保障制度が作り始められて、それが発展していくという過程にあったと思います。その中でも医療保険とか公的年金といった社会保険制度は、この時期には、高度経済成長をバックグラウンドとして適用範囲が全国民へと拡大されていく途上の段階であったといえるでしょうね。

　この時期には、社会保障法を専攻する先駆的な研究者の方々がもちろんいらっしゃったのですけれども、その数は残念ながらそれほど多くなかった。また、直前に申し上げたように、実定社会保障法が、生成期、展開期にあったこともあって、

実定法学としての社会保障法学において、法解釈論が本格的に構築されるところまではいかなかったように思います。

　他方で、高度成長期の前半ぐらいまでは、生活水準がそれほど高いわけではなかったので、社会保障制度の中では、生活保護や社会福祉への注目度がどうしても高くなる傾向にあったと思います。1950 年代以降は、朝日訴訟を契機として、憲法 25 条を拠り所とする権利闘争を法理論的に支えよう、ということが当時の社会保障法の研究者の主要な関心事項になっていたと思っています。こうした権利闘争を支えるための法理論の構築を志向する学説は、朝日訴訟のあとも、例えば堀木訴訟などの権利闘争が続いたということもあって、1970 年代末まで社会保障法学の主流を形成してきたといえるでしょうね。

　そうした主流学説の傾向を支えた背景の一つとしては、1970 年代の後半までは第一次オイルショックによる経済の落ち込みはあったものの、高度成長が程度の差はあれ続いていたこともあって、社会保障制度の拡充が続いていたし、可能でもあったこともあると思います。そういうこともあって、憲法 25 条を拠り所とする権利論が、社会保障法学の中核であり続けることができたのでしょうね。

　しかしながら、憲法 25 条を拠り所とする権利論は、民法学や行政法学などの確立した伝統的法学の分野と肩を並べるような、精緻な法解釈論を社会保障法学でも構築するということには、必ずしもつながらなかったように思います。憲法 25 条の短い条文から、提示されている法的問題、例えば生活保護の水準などについて具体的な結論を法解釈論として導こうとすると、どうしても緻密さに欠け、論理が飛躍する傾向があったのではないかな、という印象を持っています。

　かつて労働法学でも、憲法 28 条の団結権からすべてを導こうという考え方が主流でした。その背景には 1970 年代までは、高度経済成長の下で発生する集団的労働関係法の問題が中心的な検討課題であり、労働組合の闘争を支える法理論を提示することこそが労働法学の役割だ、という考え方があるのですけれども、そういった、かつての労働法学における傾向と同じような問題を、社会保障法学も抱えていたのかなという気がします。

　社会保障法学主流が憲法 25 条を掲げる権利論中心となった背景にはつぎのようなことがあるのかなと思っています。さきほど菊池さんもおっしゃっていたのですけれども、社会保障の分野の中で、多くの国民の日常生活に密接に関わる社会保険、とくに健康保険、国民健康保険や、厚生年金、国民年金に関する判決がそれなりに存在したとはいえ、民法等の伝統的な分野と比べると、数が少ないことは否定できません。判例評釈・判例研究は入学院生などの研究者の卵が精緻な法解釈論を習得する上では必須と私は考えていますが、判決の数が必ずしも十分ではないため、判例評釈・判例研究のための素材が少なかったのではないかと思います。

〈研究座談会〉解釈論と政策論

　　1970 年代になりますと、判例研究なども公刊されるようになりますし、1977 年には『社会保障判例百選』の初版が出ます。確かにこの頃から裁判例の蓄積も始まることは始まるのですが、解釈法学として社会保障法学を形成していくという観点から見たときには、それほど充分ではなかったといえるでしょう。

　　1980 年になりますと、園部逸夫先生などが編著者である『社会保障行政法』（有斐閣）という共著の体系書が出ます。この本が解釈法学としての社会保障法学の構築へと向かう 1 つの契機であったと思います。

　　残念ながら、この本に続く法解釈論の面での研究成果はあまり多くはなかったのではないでしょうかね。その背景には、社会保障法を研究する研究者の数がそれほど多くなかったという事情もありますね。

嵩：ありがとうございました。両先生、おっしゃっているように、戦後から 80 年代くらいまでは、社会保障法学を専門にする研究者が少なかったことや、あるいは生活保護や社会福祉に関してはある程度裁判例の議論があったようですけれども、社会保険を含めた社会保障全般では裁判例が少なかったということから、精緻な解釈論が構築されることがあまりないままに推移してきた、ということですね。

　　また、生活水準が全般的に低いということで、やはり関心というのが生活保護等に偏りがちだった、ということですかね。そして、生活保護は憲法 25 条に基づくわけなので、25 条に依拠して給付を引き上げていくという方向に向けた議論というのが、主流になっていったということでしょうか。

　　他方で、さきほど岩村さんがおっしゃったように憲法 28 条の団結権に対しては、憲法の規定がすべてを導くという解釈論が展開され、その過程で緻密な議論がそぎ落とされるという傾向があって、憲法 25 条を媒体とした解釈論についても同様に、精緻な議論が展開されにくかった、ということですね。

◆ 権利論の意義と今後の展望

嵩：これまでの権利論にはさまざまな限界があったということだと思いますけれども、他方で菊池さんはご自身の教科書において、権利論の可能性というか、今後の意義についても触れておられて、権利論の意義を評価されていたという面もあると思います。

　　権利論をどういうふうに捉えるかという問題もありますが、解釈論の精緻化という視点に立った場合に、その今後の権利論については、これをどのように展開していくことが期待されているのでしょうか。

　　ご意見をお願い致します。

菊池：はい。そのように私の教科書では記述していますが、憲法から直接、解釈論に資する権利論が展開できるかというと、それは難しいだろう、と考えています。

　　解釈論の精緻化というよりは、従来の生存権論に代表される権利論が、金銭給

付、あるいは所得保障との関連で議論されてきたことに対するアンチ・テーゼというか、多様な権利の捉え方があるという、そのことを提示したかったということであります。

　例えば、金銭給付ないし所得保障で捉えきれないサービス保障の面での最低生活保障の面とか、あるいはとくにサービス給付においては量的な保障だけではなく質的な意味での保障のあり方というのも規範的に捉えることが必要ではないかという側面ですとか、あるいは後から議論になると思いますけれども、最近、とくにいろんな場面で出てきている相談援助とか、そういったものを、どう規範的に捉えるかという、そういう多様な権利の側面に着目するための、なんていうか、その1つのツールとして考えているので、解釈論というよりどちらかというと政策論的な場面での、私の言葉でいうと立法策定指針・政策策定指針としての権利というか、そういった場面で意味があるものだと考えています。

嵩：なるほど、そういうことですか。そうすると、従来の権利論とはちょっと質というか目的とするものが異なるのでしょうか。まあ、従来の権利論も解釈論でありつつ、また「給付を引き上げろ」といった政策論の面もあったのかもしれないですけど。

菊池：そうですね。

嵩：ただ、従来の権利論だと、機能する場面と、着目しているものがちょっと限定的すぎるっていうことですかね。

菊池：それをただちに裁判で、それを使うというような発想では必ずしもなくて、例えば1日24時間介護を、訴訟もありますけれども、それを、例えば25条との関係でどう考えるかというのも、問題としてはあると思うのですけれど、でも、結局は個別実定法の場面で、裁判でも障害者総合支援法における、行政庁の裁量の問題ですよね、結局は……。個別の保障の局面では、やっぱりただちに憲法との関係で、権利論が登場してくるということには必ずしもならないと思っています。

(2) 社会福祉基礎構造改革後の解釈論の変化

嵩：それでは、「社会福祉基礎構造改革後の解釈論の変化」という点に移りたいと思います。社会保障法においても、私人間の契約は、給付の実現において、従来、組み込まれておりました。その代表が診療契約だと思いますけれども、岩村さんが論文でかつてご指摘されていたように[1]、社会保障法学の関連からは、残念ながらちょっと薄かったようです。

　しかし、90年代以降の社会福祉基礎構造改革によって、いわゆる、措置から契約へという展開がみられまして、福祉サービスの実現を具体的に担保する仕組みとして、私人間の契約、対象者とサービス提供事業者との間の契約というのが取りこ

〈研究座談会〉解釈論と政策論

まれて、社会保障法学でもその契約に対する関心というのが自ずと高まったように感じています。

◈ 「社会保障法の私法化」と解釈論

嵩：こうした現象を、菊池さんはかつて「社会保障法の私法化？」という論文[2]で、私法化という現象に対して、社会保障法における解釈論はどのような進展を遂げてきているのかということを問題としてあげられました。

　　そこで、民法とか消費者契約法といった民事法に関する民法学における解釈論や、裁判例といったものを社会保障法学がうまく咀嚼できて、それを吸収して、さらにはそれを独自に発展させるというか、それを用いて解釈論を展開できているのかということについてお伺いできればと思います。

　　この点について、まず菊池さん、お願い致します。

菊池：社会保障法の私法化によって解釈論が変化したという面もあるとは思いますが、重要なのはそれまでなかったような法的紛争が登場してきたということではないかと思います。

　　例えば介護事故をめぐる裁判で、介護事故は社会保障法関連といえるかどうかという議論はあるかもしれませんが、介護事故をめぐる裁判が大幅に増えたとか、利用者ではなくて施設側、事業者側からも利用契約の解除をめぐる裁判例が登場してきた、といった形で、新たな紛争が登場してきたということが指摘できると思います。

　　それに対する解釈論の展開は、基本的には民法などの領域に関わることですので、社会保障法独自の解釈論を、社会保障法内部で完結した形で展開するというのは、これは難しいと思います。この点は私、あまり得意分野ではないので岩村さんに、これ以上深い議論は委ねたいと思います（笑）。

　　社会保障法学の中でも、議論がなされていないわけでは、必ずしもなくて、例えば保険診療をめぐる当事者間の法律関係を、どう全体的に捉えるか、といった点については医療保険の性格も踏まえた、例えば保険医療機関の指定や診療報酬制度など、医療保険の性格を踏まえた解釈論がある程度展開されているにもかかわらず、私のみた範囲ですけれども、それらが民法や医事法で、充分参照されているかという点についてはあまり、そういうものはみられないようにみられるので、その点はちょっと残念だなと思います。

　　これは逆に、社会保障法学の側の発信力というか、そういう問題なのかなあ、とも思います。

岩村：今の菊池さんのお話しの最後の点についてコメントをすると、おっしゃるように社会保障法学の側の発信力の問題は、もしかすると結構大きいのかもしれないと私も思います。

残念なことに、他の分野の研究者の人たちが参照するような『メジャーな雑誌』に社会保障法に関する論文が載るのはそれほど頻繁ではありません。どちらかというと、社会保障法にやや特化した雑誌や実務系の雑誌に論文や判例研究が載る。そのことが、社会保障法学側からの発信力がそれほど高まっていかない背景にあるかなという気はします。

菊池：岩村さんが、『論究ジュリスト』などで、社会保障法の特集を組んでくださっていますけれども、こういうことを言ってはあれなんですが、ともすると制度解説に留まってしまうきらいがないとは言えないように見受けられるんですけれども。

岩村：言い訳をしますと、『論究ジュリスト』などですと、雑誌に載せるタイミングが、例えば、ある程度大きな法改正があったりしたときなどであることが大きいかなと思うんです。

　他方で、社会保障法の分野で、ある程度制度を横断的に、法解釈上の論点を取り上げて、たとえば特集を構成するのは、なかなか難しい。

嵩：なんというか、民法などの特定の分野で、社会保障法に密接に関係する家族法とか子ども法などの専門の人は、社会保障法の論文もちょっと見てくれているかなという気はしますけれど、いわゆる契約法とか不法行為法とかいったものを専門に研究されている方々が社会保障法学で検討していることに興味を持ってくれているかというのは……(笑)。目に触れても、無視されているんじゃないかなんて思います。

岩村：例えば民法の契約論では、医療契約、診療契約のところは1つの領域として存在していて、一般の契約とは異なるという世界ができています。したがって、純粋な民法の契約論だけではなくて、医事法の観点から診療契約、医療契約をどうみるかという議論、発生している問題に関して、「医事法的な観点からだと、どういうふうにこの問題を考えるべきか」という議論がある。加えて、民法と医事法との間では研究者がかなり重複します。

嵩：そうですね。

岩村：そういう点では、医療契約、診療契約の特性は、医事法の観点から民法の側にも反映されやすいのかなと思うんです。

　そうだとすると、診療契約以外で、社会保障の領域における契約を考えるにあたって、社会保障法の側から、例えば介護事故の特質であるとかを契約の解釈やトラブルの解決にアプローチするための視点を研究して、その研究が民法の側からみたときの介護を提供する事業者と利用者との間の契約関係の考察に反映、影響を及ぼすようになっていけば、社会保障法側の発言力もかなり違ってくるだろうという気はしますね。

菊池：稚拙ながらも、介護事故裁判例が出はじめた頃に、安全配慮義務構成に対する

〈研究座談会〉解釈論と政策論

疑問を提起したんですが、一顧だにされず（笑）。

嵩：付随義務ではなくて、給付義務にしたほうが良い、というものですかね。

岩村：ここで、話を元に戻しましょう。さきほど、嵩さんからご紹介頂いた論文でも書いた気がしますけれども、権利論を支えるための社会保障法学の視点は、菊池さんもちょっとお触れになったように、社会保障法の給付を受給する国民が、その給付を支給する国や地方公共団体に対する権利闘争、または権利主張を裏付けるための法的な基礎を提供する、というものだったように思います。

　そうした社会保障法学の視点は、裏を返せば、社会保障制度には多くの当事者が実は登場するのですけれども、その多くの当事者の間に存在する複雑な法律関係、あるいは権利義務関係を、法的に分析しようというものではなかったということでもあるのです。さきほど、医療保険による診療契約に菊池さんが言及されて、議論をしましたけれども、このテーマは社会保障法学の観点からもさまざまな重要な法律問題を含んでいます。ところが、さっきの議論とは反対方向へと検討の方向を変えて、民法学の議論を踏まえて、社会保障法学の観点から考察しよう、という試みは多くない。

　例えば、混合診療は、診療契約、医療保険の診療報酬体系、そして法技術的には健康保険法の条文が、絡み合う問題です。まさに社会保障法学の立場から、混合診療についてどういう法解釈論が考えられるかを論ずべき問題であったと思います。政策的にも、医療技術の進歩と医療保険との関係を今後どう考えていくのか、医療保険が被保険者などの患者側に提供すべき医療の水準はどのようなものであるべきなのか、財源に限度があるという中で、それをどのように効率的に使って医療を提供していくのかという問題にも関連する、ある意味、医療保険法の根幹に関わる論点です。しかし、幾つかの判例評釈とか解説を除くと、この混合診療の問題を本格的に検討する社会保障法学からの研究は残念ながら乏しかったように思います。

　また、社会福祉基礎構造改革によって、介護保険制度、つぎに支援費制度の導入に始まって、現在の障害者総合支援制度に至るのですが、これらの制度の下や、さらには――民間の認可保育所は別ですけれども――さっき菊池さんが言及された、子ども子育て支援制度の下でも、サービスの利用者とサービス提供事業者との法律関係は契約として整理されました。こうした契約についての法的分析は、社会保障法学でもそれなりに行われていたと私も評価していますけれども、さきほどの議論との関係では、民法学などの契約論との交錯を考えるような深まりを見せたかというと、残念ながらそこまでいっていないのかなと思います。

　さらに、社会保障法学の固有の問題としても、例えば当事者間の契約と、介護保険制度等による事業者規制、あるいは報酬の請求と支払に関する審査の法律関係、代理受領方式の下でサービスが提供された場合の診療報酬、介護報酬請求権の帰属

といった問題についても、社会保障法学固有の問題であるはずだと思うのですが、あまり突っ込んだ検討がされていないように思います。

　さらには、民法、なかでも契約法、消費者法との関係について、嵩さんが提起されたテーマに関しては、最近では生活困窮者や年金生活を送っている高齢者に対して、社会福祉法制の外で —— これも厳密にいうと本当にそうなのかという問題はあるのですが —— 契約に基づいて住居や衣食などのサービスを提供する事業者が増えていて、マスコミなどでも注目されています。こうした事業所とサービス利用者との間の法的紛争は、現状では純粋に民事契約上の問題として捉えられるのでしょうね。

　しかし、社会保障法学がこうした契約上の問題を取り上げて検討する作業を充分に行っているかというと必ずしもそうでもないかなという感じです。その要因は、法的分析ができるほど実態が必ずしも明らかでないこと、実態が非常に多様であること、さらには検討の素材になる裁判例も、現在のところごく少数にとどまっていることなのでしょうね。そうしたことを考慮したとしても、社会保障法学の検討は深まってはいないと思います。まして、消費者契約法や特定商取引法との関係といった観点からの検討もあまり熟していない。

　法解釈論として考えた場合、今お話ししていた、契約については、まず、法的な論点を多角的な視点から検討することが必要かと思います。

　つまり、一見すると１つの論点のように見えるものが、実は複数の論点からなっているというような場合もあるのです。ですから、まず、多角的にさまざまな角度から法的論点を考え、分析し、適切にそれを抽出したり、切り出したりして、そのそれぞれの論点について、法的性格とか採用すべき法的アプローチを見極めることが求められるのです。

　例えば契約の拘束力を否定できるか、が論点である場合には、ここまでで話題となったタイプの契約を例にとると、考察の順番としては、まず、消費者契約法などの観点からの検討を行う。それでは対応できない場合には、契約の解釈によって問題は解決できないだろうかを考える。それでもなお、妥当な解決に至らないと場合に、権利の濫用や公序良俗のような私法の一般原理の適用を考える。これが、通常の思考順序ではないかと思います。いきなり権利の濫用や公序良俗のような大上段の議論を持ち出すのは、法解釈論としては緻密さを欠くといわざるをえないでしょう。

　……と言いつつ、先日、東大の労働法研究会の席上で、これと真逆に、いきなり権利の濫用でいけるんじゃないかと言って、弁護士先生にすごい怒られちゃいました（笑）。弁護士としては、権利の濫用を持ち出すというのはいちばんダメなんだと言われちゃった。

嵩：はい、ありがとうございました。今、岩村さんのお話しで、実際、いろいろと具体的な論点というか、こういう法的問題があるというのを挙げて頂きました。

〈研究座談会〉解釈論と政策論

　例えば、介護保険とかそういう代理受領方式におけるサービス提供に伴う報酬請求権の帰属とかの問題というのは、医療保険の現物給付方式との違いがどういうところに出てくるのかといった視点から、制度間の比較をして、それによってどういう違いが出てくるのかというのを探究するというのは面白い論点で、そういうのも研究の素材になってくると感じました。あと、社会福祉法制外での、弱者というのかな、生活困窮者を対象とした契約についても、福祉法制下での契約と、それ以外の契約で何か違ってくるのか、とか、そういうグラデーションで考えながら、何が違うかというのを分析する、というのは面白そうだなと思いました。

　そういう、いろいろと、まだ手をつけられていない重要な契約上の問題や、それを緻密化していくという素材はいくらでもあるんだな、ということに気がつかされました。

　あと、最後に解釈論がどうあるべきか、最初から「権利濫用」など、持ち出さない方が良いという話ですけれども（笑）、緻密な解釈論というふうに、さっきからたびたび出ていますけれども、こういうものかということがだんだん分かってきました。つまり、福祉事業者等との法的関係については、その権利義務関係の束を丹念に１つ１つに分解して、それぞれの分析を積み上げていくと。あとは、個々の権利義務関連の分析においては、特定の価値観に基づいた、一方的な見方をしていくことではなくて、多角的ないろいろの法学上のツールを利用して、法的アプローチを試みるということが重要なのかなというふうに感じました。

◈ 他の法領域での議論のフォロー

嵩：また、これと関連しまして、社会保障法は、憲法とか、行政法とか、今のお話しにありましたが、民法等の基本的な法領域の応用的な分野でありますので、そうした他の法領域での判例の進展とか、学説の展開も、社会保障法を研究する上で、ある程度把握している必要があります。また、民法関係で言えば、消費者契約法もちょこちょこと改正されていますし、民法は債権法改正という大きな変化もあります。行政法も、いろいろと改正があって、行政不服審査法が最近改正されたりとか、社会保障法に影響がある動きが、常にあります。

　でも、私の個人的経験に照らすと、門外漢というか、民法とか行政法の専門家ではない、という立場で、そういった民法等の学説・裁判例の展開を追ってみても、表面的な理解になってしまわないかとか、理解が間違っていないかとか、あるいは都合のいい学説だけを拾い上げてはいないか、ということが常に気になっております。

　社会保障法の研究者として、他の領域での議論の把握を、どのように行うべきか、先生方のご実践を元にご意見をお伺いしたいと思います。

　まず、岩村さんからお願いします。

◆ Ⅱ　社会保障法学における解釈論の展開

岩村：大事なのは、研究者の道を歩むために大学院などに入るけれども、その前に、法学部の段階で、憲法、民法、行政法などの基本的な科目をきちんと学んで身に着けておくことかと思います。さらに、実定法学としての社会保障法学を研究したいのであれば、できれば法科大学院修了レベルの法的素養を持っているのが、現在では望ましいと思います。

　　　これは自分自身にも返ってきてしまう話なんですけれども、嵩さんがおっしゃった、憲法、民法、行政法などの分野の最新の動向などは、自分でフォロー・アップするしかないのですが、それに限定してしまう必要は全くないわけで、例えばそれぞれの分野の研究者の方に質問をしてみたり、同僚でもいいと思いますけれども質問をしてみたり、他分野の人にも入ってもらった研究会を持ったりするのも有益でしょう。

嵩：ありがとうございます。それでは、菊池さん、いかがでしょうか。

菊池：今、岩村さんがおっしゃったことと重なりますけれども、やはり、各研究者が、民法、行政法などの法領域の応用分野である、ということについてですね、各分野の文献などを渉猟して、それを社会保障法において、応用するとどうなるかを、各自考えていくということが、まずは必要なのだと思います。

　　　ただ、私もそうですが、必ずしも民法や行政法に精通していない、社会保障法研究者が、個人の力だけでフォローしていくのは、かなりの労力と能力を強いられると思います。そのため、岩村さんもおっしゃいましたけれども、他分野の研究者との共同作業というのも有益ではないかと思います。

　　　最近、私の経験でいえば、いわゆる JR 東海事件、認知症高齢者が線路に立ち入り電車にひかれ死亡した事故で、JR が遺族に対して損害賠償を求めた事案ですが、これをめぐって、新潟大学の民法・成年後見法の上山泰先生の呼びかけで、東京大学の民法・医事法の米村滋人先生と、嵩さんと私で、共同研究をさせて頂いたんですが、非常に有意義で、大変勉強になりまして、早稲田でシンポジウムを行ったり、また、本誌[3]でも、判例研究として成果物を出せたということがありました。

　　　また、私は、早稲田大学で、行政法の岡田正則先生と共催で、月に１回、判例検討会をやっていまして、これはお互いの院生の指導を兼ねてやっているんですけれども、私は社会保障法固有の制度理解とか、あるいは社会保障裁判例の中での本判決の位置づけといったことは、発言できるんですが、岡田先生の方からは、行政法あるいは行政法判例全体の中での位置づけとか、そういったことを、色々教えていただけて、お互いにとってメリットがあるので、もう 12 年以上続けられているのかなと思います。

　　　ただ、各法分野固有の理論や、判決の位置づけがあるとしても、その当該判決をどう読むかという部分では、法分野を超えた普遍性があると思います。そうしたい

［社会保障法研究　第 8 号／2018 年 8 月］　15

〈研究座談会〉解釈論と政策論

わゆる判決の読み方、いわば職人芸的なものですが、それについての共通のプラットフォームを身に着けているかどうかが、実定法研究者としての基本的な素養なのかな、という気がします。

(3) 社会保障の「事業」化と解釈論の可能性

嵩：ありがとうございました。それでは「社会保障の『事業』化と解釈論の可能性」という点に移りたいと思います。私が最近、なんかこう、授業をしていてちょっと教えにくいなと、正直思っているところがありまして。社会保障法の規律対象がちょっと変化しているような気がしています。

そして、教えるときもそうですけれども、どのようにして、解釈論という形でアプローチしていくべきかわからない、という問題があります。

これは、具体的には、地方分権化の進展とともに、社会保障法では地方公共団体の役割が増してきています。とりわけ顕著だと思われるのが、地方公共団体が、地域ごとの課題の発見をして、計画を策定して、計画の実施をして、さらには地域における、他の NPO 法人とか、社会福祉法人とか、他の行政機関とかと連携をして組織づくりを行うといったことを内容とする、いわゆる「事業」の実施主体として、地方公共団体がさまざまな制度で組み込まれているようになってきた、と思います。

その典型が、そういった事業を中心とする生活困窮者自立支援制度なのかなと思います。

社会保障法では、従前より「何々事業」というのは、いろいろなところで存在はしていましたけれども、こういった主に地方公共団体が主体的に行うという事業が、実質的に重要な役割、機能を期待されてきて、社会保障法において拡大しているように思われます。

こうした事業というのは、従来社会保障法が主に規律してきた個人の受給権を中心とした、ある意味単純なというと、ちょっと語弊があるかもしれないですが、ある意味わかりやすい権利義務関係では捉えきれない側面を持つところもあるように思いまして、従来の解釈論とか、法的な議論では、うまく対応しきれないような事象を含むような気がしております。

◈ 「事業」と解釈論

嵩：こうした事業といっても、いろいろなものがあって、一概には言いきれないかもしれないんですけれども、こういった事業というものについて、解釈論、あるいは法的な議論に馴染むものなのか、という、あるいは馴染むとして、どういった解釈論を展開していくべきかとか、どういったアプローチが必要なのかとか、ということについてご意見を頂きたいです。

　　　　　　　　　　　　　　　　◆　Ⅱ　社会保障法学における解釈論の展開

　　まず、岩村さん、お願い致します。

岩村：高齢者の医療・介護、障害者の総合支援、そして生活保護や生活困窮者支援
　　は、できるだけ地域に密着した形で、かつ、それぞれの地域の実情に応じてサー
　　ビスの提供を行うのが適切であるという方向で考えていくのが、最近の政策の動向で
　　しょうね。そうしたことから、地方公共団体に法令などで定める事業を行わせるこ
　　とが、今申し上げたような政策のツールとして多く用いられるようになっていま
　　す。この点は、嵩さんがさっきおっしゃったとおりです。

　　　もっとも、国の補助金などを受けて地方公共団体がさまざまな事業を行うという
　　手法そのものは、福祉の分野では従来から存在していたものです。このように、事
　　業という形で政策を行っていく場合、法律は、当該事業の抽象的な目的と内容、そ
　　して、場合によってはその対象者、を概括的に定めるにとどまっていて、具体的な
　　対象者の画定と、その対象者に対して提供されるサービスなどの内容の具体化は、
　　地方公共団体の首長が定める規則、細則、あるいは要綱に委ねられることが多いと
　　いえます。

　　　さらに具体的な事業の実施も、地方公共団体が直接行うのはどちらかというと稀
　　で、社会福祉法人などの事業者に委託されていることが多い。法令などで権利義務
　　関係が定められていない、こうした事業に登場し、関わる地方公共団体、事業者、
　　そしてサービスの利用者 ── これにはサービスを利用しようとする人ももちろん含
　　みます ── の間の権利義務関係といった法的な問題は、幾つかのところで発生します。

　　　例えばサービス利用の入口のところでの法的問題としては、利用の申請、申し出
　　などの利用者側の行為や、それを受けての利用承認とか不承認、あるいはサービス
　　の支給・不支給決定といった地方公共団体の決定に関する問題がありますし、実際
　　にサービスを行う段階に入ると、事業者と利用者との間のサービスの利用を巡る権
　　利義務関係に関する問題 ── たとえば、サービスなどを利用する際に起きた事故な
　　どの法的責任に関する利用者と地方公共団体、または事業者との間の権利義務関係
　　に関するもの ── などがあります。さらには地方公共団体と事業者との間の法的問
　　題 ── 例えば事業者の認定などという形で出てきます ── もあります。このように
　　事業に関する問題はいろいろな法的問題に分解できます。

　　　したがって事業を巡っては、こうしたそれぞれの局面について、それぞれに起き
　　てくる法的問題を民法、行政法などの知見をベースとしつつ、社会保障法学として
　　どのような解釈論を構築するかを考えていくことになるのでしょう。

嵩：ありがとうございます。今お話し頂いたように、さきほども緻密な解釈論という
　　ところで出てきたことは、やはりここでも応用されるという感じがしました。事業
　　として捉えづらいものであっても緻密、丹念に1つ1つの関係に分解していって、
　　分析をしていくということの基本は変わらないのではないかなと思いました。

　　　　　　　　　　　　　　　　　　　［社会保障法研究　第8号／2018年8月］　　*17*

〈研究座談会〉解釈論と政策論

　ただ、通常の法律に書かれている、わかりやすい仕組みと違って、首長の細則とか要綱とか、その法律以外のところで定められているということで、行政法上、ちょっと取り扱いづらいというか、より複雑になるようなことがやはりあると思いますので、民法とか行政法についてのよりいっそう高度な知見というか、知識というのが必要になってくるのだなということも、他方で感じました。

　それでは、菊池さんは、この社会保障の事業化に関しまして、どのようにお考えでしょうか。

菊池：私もこの、事業化ということについては、最近少し考えていまして、ちょっと解釈論の展開とはややズレた議論もあることをお許し頂きたいんですけれども。

　最近の事業による施策の推進は、より広い視点からみた場合、最近の社会保障制度にみられる大きな流れの一部として、あるいは一面として位置づけることができるのではないかと、考えています。

　2つあって、1つは、地域包括ケアシステムや地域共生社会といった、個別の法律あるいは制度の範疇を超えた、制度横断的な大きな政策目的を実現するために、多様な規制や給付の手法を組み合わせていくという流れです。

　従来でいえば、個別法における法目的があり、その目的を実現するため、個々の給付が位置づけられ、さらに補完的に、何々事業という、事業があると。例えば労災保険や雇用保険は、そういう位置づけ、形になっていると思いますが、そういう位置づけではなくて、例えば介護保険の地域支援事業にみられるように、個別法の中では、給付本体との関係で補完的な位置づけに過ぎなくても、地域包括ケアというより大きな政策目的にとっては、むしろ中核的な位置づけを与えられているということがあります。

　例えば地域包括ケアシステムは、個別法レベルでは医療法や介護保険法、それから地域共生社会は、生活困窮者自立支援法、社会福祉法、介護保険法、障害者総合支援法、児童福祉法といった法律、各法の中にそれぞれ断片的に規定されているにとどまります。

　こうした横断的、かつ幅広い政策目的を実現するにあたっては、その1つのあり方としては、それを枠づける基本法のような、あるいは理念法のような法律をつくるという手法も考えられます。そういう手法が、今、あまりとられていないと思いますが、その背景には、ひょっとすると最近の社会保障制度改革が、厚生労働省とその下にある審議会などではなくて、経済財政諮問会議といった、外にあるというか、内閣総理大臣直属の会議体によって、いわば政治的に推進され、さらにそれが、改革工程表といった形で、いわば政治的に規律されている、という最近の動向とも関係しているかもしれないと思います。

　その意味では、いわば社会保障制度の政治化、カッコ付きの「政治化」の流れの

一端といえるのかもしれず、これを個別法の解釈論で規律していくのはなかなか難しいことだなと思います。

ただ、「政治化」それ自体を食い止めることは難しいかもしれませんが、例えば数年前、2012 年、2013 年にありました、社会保障制度改革プログラム法のように、改革のあり方や方向性を法律で縛っていくというようなことはあり得るのかなと思います。

2つ目に、この事業によって実現される内容は、従来であれば助成金や施設などの金銭、現物などの給付が多かったように思います。労災であれば、本人に対する給付金などもあって、この場合は、当該給付の受給権としての性格や、決定の処分性といった形で、解釈論の展開される可能性も少なくなかったと思います。

これに対し最近の事業は、実体的な給付というより、相談援助といった形式が多くなっているように思います。こうした相談援助による、いわゆる支援ですが、この支援というものは、権利義務関係で捉えることが難しい、その意味で解釈論として展開することが容易ではないように思います。

これをもう少し大きな視点から見ると、さきほど生存権との関係で少し述べたのですが、伝統的な社会保障は、ベヴァリッジ報告以来、所得再分配を通じての金銭給付、経済的な保障として捉えられてきたと私は見ているのですけれども、それが昨今、そうした所得再分配型のセーフティネットで支え切れない人たちに対する、継続的、包括的な相談援助による個別的な支援というものに焦点が当てられるようになってきた。そういう大きな、社会保障の流れの中に、事業化というものも位置づけられるのではないかと、考えたりしています。

それは、経済的貧困から社会的排除へ、という大きな社会保障の流れとも符合するようにも思います。

これを法的観点から言いますと、生存権、あるいは社会保障の権利を、金銭やサービス、現物といった実体的給付の観点から位置づけ、支援、すなわち福祉の観点からいえばソーシャルワークですね、ソーシャルワークを法的にきちんと分析してこなかったと。そのツケが、今、来ているのかな、とみることができるようにも思います。

この事業によって実現される相談支援というものは、定量的な把握に馴染まないものです。その意味で、実体的な給付に対応する表現として、手続き的な給付というか、そういう捉え方もできるのではないかと考えています。

ただ、支援を給付と捉えることができるかというのも、さらにそれを権利として把握できるかというのも、これは今後、きちんと規範的に検討する必要がある問題だと思います。

その手続き的な把握、その一端が、最近至るところで、法律に組み込まれている

〈研究座談会〉解釈論と政策論

支援計画の策定という、ケアプランもそうですし、障害者福祉も障害児もそうです
し、生活困窮者もそうですし、そういった支援計画を策定することによって、さら
にその計画を立てて、本人の同意を得て、支援を実行して、さらに再アセスメント
して、また行っていくという、計画という形で立てて、それを規律していくとい
う、1つの、何というか支援を法的にルール化していくというか、そういう流れの
一環なのかなと、いうようにも思います。

　　以上です。

嵩：ありがとうございました。私がなんとなく、解釈論で捉えづらいなと思っている
原因とか、今後の、なんて言うんですかね、こういうふうに捉えていったらいいん
じゃないかっていう、ヒントを提示して頂きました。今ふと思ったのは、最近の行
政法は、計画という手法による統制が多いらしいんですけれども、そういう計画を
立てて、PDCA サイクルというので管理していくということで、それが社会保障
法学では個別に個々人でやっているということで、そういう行政法での知見等を捉
え踏まえつつ、社会保障法学で、個人個人への支援においてどのようにそういった
考え方を取り入れられるのか、何かヒントが得られないか、と聞いていて思いまし
た。

◇　2　司法・行政と解釈論

(1) 裁判例と解釈論の展開

嵩：それでは次に、「司法・行政と解釈論」という視点で、中でも「裁判例と解釈論
の展開」という話題に移っていきたいと思います。

　　法解釈上の論点の発見において、さきほどからお話しがありますけれども、裁判
例の役割は非常に大きいと思われます。つまり、具体的な紛争が起こって初めて法
解釈上の問題に気づかされ、それを機に解釈論が成熟する、という面も多いと思い
ます。

◈　判例の役割と法解釈

嵩：そこで、従来どういった分野あるいは論点について裁判例の蓄積が多いのか、あ
るいは逆に少ないのか、そうした裁判例の傾向が、学説における法解釈の関心をい
かに規定してきたかについての印象やご意見をお聞かせ頂きたいと思います。

　　では、岩村さん、お願い致します。

岩村：実証データというのは、持ち合わせていないんですけれども、『社会保障判例
百選』の編集をさせて頂いた際の印象では、公開された裁判例の累積という観点か
ら見てみますと、労災、雇用保険を除けば、やはり医療保険と年金に関するものが
多くて、最近増えてきてはいますが、社会福祉や生活保護に関するものは意外と多
くない気がします。加藤智章先生、菊池さんたちが編纂した『判例大系』[4]でも、

2009 年頃の時点では、そこに収録されている判例・裁判例では医療保険や年金に関するものが多いのです。

　ただ最近では、第 1 には、国が負担する費用が義務的経費化されたことの裏付けとして、障害者福祉について支援費制度が導入されて以降、給付の支給、不支給の決定が明確に行政処分と法的に性質決定されたことに伴って、取消訴訟のルートが明瞭に開けたことや、障害者権利条約の批准により意識が高まったこと、さらにはリーマン・ショック以降のデフレ経済の中で生活保護をめぐる訴訟が増えたように思われること、そして裁判例がとくに「賃金と社会保障」に掲載されるようになったこと、第 2 には、データベースの発達によって判例集や雑誌などには掲載されていないけれども、データベースで参照できる判例が多くなったことによって、福祉や公的扶助分野の判例・裁判例で研究者の目に触れるものが増えてきているように思います。

　ところが判例や裁判例の蓄積度が従来高かった医療保険・年金に関しては、社会保障法学による判例評釈・判例研究が比較的手薄であった気がします。もちろん、その背景には、先にも申し上げましたが社会保障法学者がそれほど多くなかったということがあるでしょう。

　他方で、先ほども申し上げたとおり、社会保障法学の関心は、判例・裁判例の蓄積度がそれほど高くなかった社会福祉、生活保護に強く向けられていた気がします。

　法解釈というのは、裁判例、判例の蓄積と判例評釈、判例研究によって議論が深まって精緻化していくというふうに思っているのですけれども、社会保障法学では、今、申し上げたような要因によって、そうした状況に必ずしもなってこなかった、というのがちょっと残念なところです。

嵩：ありがとうございます。今言及されていた、加藤先生などが編纂された、『判例大系』については、菊池さんも編者でいらっしゃいましたが、そのときの印象も踏まえまして、社会保障法の判例の蓄積の傾向や学説での関心について、どのような印象をお持ちでしょうか。

菊池：労災保険法における、業務災害の認定判断や、生活保護法をめぐる裁判例の多さは、とくに生活保護は憲法 25 条との関連もありますけれども、解釈に開かれた条文の構造になっていることに起因する部分が大きいのではないか、と思います。

　さきほど岩村さんが言われたのですが、この判例体系を編纂した当時との大きな違いは、データベースの普及によって、非常に社会保障関連裁判例を把握しやすくなったという、劇的な変化だと思います。その背景には、いろんな理由があると思いますが、例えば先ほども議論した、措置から契約へ、という、契約化の進展によって、法的紛争が顕在化したことですとか、ロースクールが導入されて、法曹人口が増えて、社会保障に関心を持つ弁護士が次第に増えてきたとか、国民の権利意識が

［社会保障法研究　第 8 号／2018 年 8 月］　*21*

〈研究座談会〉解釈論と政策論

高まったとか、いろんな理由が考えられますけれども、もう1つは、従来判例掲載誌は限られた数しかなくて、その中ですべての法分野の裁判例の中で、社会保障関連裁判例の、重要度の相対的な低さというか、そういったこともあって、判例掲載誌に取り上げられることが少なかったと。

それが、誌面の限定なく掲載できる電子媒体が登場したことで、今まで拾えなかった、拾われてこなかったような裁判例も、読むことができるようになったという面もあるのかなと、感じます。

そういう意味では、今まで以上に判例、裁判例の分析に基づく、社会保障の法的な分析を深めることができる材料が増えているように思われます。

ただ逆に、1人の研究者がすべての最新裁判例を、常に把握し続けるということも難しくなったなと思っております。私自身も追い切れていないというのが実情です。

嵩：ありがとうございました。電子媒体の普及というのがあるので、今後もう少しいろいろな分野で、解釈論が展開されていくのかなと期待しております。

◆ 学説による法解釈の特徴

嵩：裁判所における法解釈は、その時々の社会状況によって柔軟に変化しているように思います。例えば、生活保護の稼働能力の活用についての近年の裁判例はその例ではないかと思います。また、個別事案の特徴に照らして、解釈上やや厳しいと思われる解釈をも行って当該原告の利益保護を図ったりする場合もあるように思われます。例えば、通勤災害についての、単身赴任の住居間移動を通勤と解して、法改正の契機となった裁判例[5]や、介護行為を目的とした逸脱・中断を許容する省令改正の契機となった裁判例[6]などはその例のように思います。他方で、裁判例では、社会保障関係の法令の違憲審査については、かなり慎重・抑制的に審査している印象を受けます。

こうした裁判所による法解釈と比べた場合の、学説による法解釈の特徴やあるべき解釈論とはどのようなものでしょうか？　まずは岩村さん、お願いいたします。

岩村：めっちゃ難しいご質問ですねぇ。社会保障法の領域でも、現在の上告受理申立て制度の下では、多くの場合、最高裁判決は、最高裁が一般的な射程を持つ（判例）規範を提示する必要があると判断したときか、確定した認定事実に照らして原審判断が妥当でないと判断したとき ── もちろん、その前提として一定の法解釈を採用することもあるのですけれども ── に出るようになっているように思います。その意味では、最高裁判決に関しては、おっしゃるようなブレは少ない気がします。

これに対して、地裁判決、高裁判決では、結論が裁判所の事実認定に大きく左右されること、結論を導く際に裁判官の心証の重みが大きいように思います。つまり、裁判官が得た心証に沿った妥当と思われる結論を導くために、地裁判決や高裁

判決のレベルだと、場合によっては条文の解釈上は難しいと思われる論理を組み立てて判断をすることがあるように見受けられます。そのこと自体をすべて否とすべきではあるとまでは思いません。

　以上を前提に学説の社会保障法解釈のあり方を考えてみますと、社会保障法学では――かつての労働法学で議論が激しく闘わされたのと異なり[7]――この問題について深い議論がなされたとは必ずしもいえないように思います。社会保障法学界でも、社会保障法令等の解釈のあり方については、いろいろな考え方がありますし、そもそも法解釈は価値判断から全く自由ではありません。それでも、私は、学問としての法解釈は、当該問題に関わる利害関係者等の立場から距離を置いて、いいかえれば、当事者のどちらかに有利であるべきといった前提に立つことなく、法令等の制定や改正の契機、そして立法担当者の考え方や国会での議論などから導かれる当該法令等の規定等の趣旨目的、所轄官庁の発出する通達があれば、その通達が示している解釈、行政法や民法などの関連する実定法分野の解釈理論などを参照しつつ、他の実定法分野の研究者が見ても説得力のある緻密な論理で、一定の結論を提示するものであるべきと考えています。こうした立場にたって構築した解釈論を具体の事案に当てはめたときには、給付・サービスの提供・不提供を決定する側が負ける結果になることもありますし、給付・サービスの提供を求める私人の側が負ける結果になることもあります。私人の側が負けるような解釈論はけしからんという考え方もあるかもしれませんが、私の考え方としては、やはり学問として検討して提示する現行法の解釈論には、その限界が自ずからありうるはずでしょう、ということです。その限界を超えるものは、立法論または政策論として検討するのが筋ではないかと私は考えています。

嵩：ありがとうございました。学問としての解釈論は、具体的当事者の利害はひとまず置いておいて、純粋に法令に基づいた論理的解釈を行うものということで、そこに具体的当事者を前にした個別事案の解決を図る裁判例との違いがあるということですね。それでは、菊池さんはこの点について、どのようにお考えでしょうか？

菊池：学説の展開は、社会保障法の技術的性格からすれば、個別の訴訟提起の後追いになってもある程度やむを得ない面があるようには思います。ただし、いったん提起された解釈上の論点については、実務法曹ではなく、研究者が、より掘り下げて検討し、制度論を含め、展開していくのが社会保障法研究者の務めではないでしょうか。また裁判所は、法体系全体との兼ね合いの中で、当該法的紛争を処理するという視点をもつのに対して、社会保障法学説は、もちろん基本となる憲法、民法、行政法などの議論を踏まえるのは当然ですが、社会保障制度の比較的詳細にわたる知識をもっていることや、たとえば社会保険の法的把握について一定の議論の蓄積がみられるように、社会保障法固有の法理論などを踏まえながら議論を展開できる

〈研究座談会〉解釈論と政策論

といった点で、日本法全体の解釈論の内容をより豊かにしていくことに、多少なりとも貢献できるかもしれないと考えます。

嵩：なるほど。他の法分野と違って、社会保障法制に精通した裁判官が必ずしも多くはないということからも、社会保障法学による解釈論、つまり社会保障の体系論や社会保障法総論にあたる法理念を踏まえた解釈論の独自の意義があるのですね。

(2) 行政解釈と学説の解釈論

嵩：法解釈の局面として、学説、司法の他に、社会保障の分野では行政も主要な位置を占め、現実の当事者にとっては制度の運用を左右する行政解釈が最も重要とも言えると思います。また、行政は法律の委任にもとづいて、政省令の形で規律の具体化を行いますけど、社会保障法の領域はそうした行政法規による規律が、他の法領域に比べて多いように思います。

◇ 行政解釈と、学説による解釈論の意義

嵩：こうした、社会保障法の規範定立や解釈において行政の役割が大きいということは、学説による解釈論の展開に何らかの影響を与えているでしょうか？　また、行政解釈と比べた場合の、社会保障法学(学説)による法解釈の意義についてご意見を頂ければと存じます。岩村さん、いかがでしょうか？

岩村：社会保障の分野の立法の際に、その準備作業を行う検討会・研究会や審議会で制定後の法解釈を見据えた法的議論が行われることはあまりありません。この点は、労働基準法や労働契約法等の改正の議論をする検討会・研究会や審議会と大きく違うところかと思います。その背景には、もちろん、検討会・研究会、そして審議会に参画する法学者がほとんどいないということ、現在の医療保険部会や介護保険部会のメンバーは非常に数が多く、かつそのメンバーが毎回、ほぼ全員発言しようとするため、発言の機会を確保するのがなかなか難しいこと、そして、そのことが示すように、議論の焦点が政策論と多数のステークホルダーの利害調整にあることなどがあると思います。審議会での議論とその報告書や意見書の段階では、いわゆる法律事項、政省令事項、通達等のレベルの事項は区別されていませんで、これらが入り交じった形で議論が行われ、報告書や意見書の内容となります。労働政策審議会の分科会や部会では、報告書段階でも法律事項、政省令事項等を意識しつつ議論をしますし、さらに進んだ段階になると、はっきりと、法案要綱、政省令案要綱という形で、法律事項、政省令事項を区別して議論しますけれども、社会保障系の審議会はこれとは大きく異なっていると思います。そもそも社会保障系の審議会では、法案要綱や政省令要綱は付議されません。

ただ、実際の立法作業を担当する行政当局は、内閣提出法案については、内閣法制局の審査を受けるので、それに耐えるための法解釈論的検討を行っています。ま

た、立法担当の行政当局は、国会答弁の準備、施行令・施行規則の起案、施行時に発出する通達の起案のために、法案の準備段階から作業をしています。そうした意味では、立法担当の行政当局が示す解釈は、事実上、立法者の採用している解釈といってよいでしょう。

　もっとも、いまお話ししたような事情があるとはいっても、行政当局が示している解釈と違う法解釈は採用の余地がないということではありません。そもそも、行政当局の法解釈を示す通達（行政規則）であっても、それは行政内部の規則にとどまるもので、裁判所を拘束しません。ですから、社会保障法学の立場からも、通達に示された行政当局の解釈に拘束される必要はありません。行政解釈と異なる法解釈論を提示することは全く差し支えないのです。要は、学説が提示する解釈が行政解釈以上に裁判所を説得するに足るものとなっているかです。そして、行政解釈が最新の学説の理論状況を反映しているとは限りませんし、裁判所も最新の学説を採用することには躊躇しがちです。そうしますと、新しい視点からの法解釈を提示することには十分に意味があるといえるでしょう。そうはいっても、現実問題としては、現に立法等を担当している行政当局が出している行政解釈を超える法解釈を提示することはそう容易ではないことは確かです。

嵩：労働法の立法過程と社会保障法の立法過程とは、同じ厚生労働省であっても随分異なるのですね。行政解釈と異なる説得的な解釈論は、なかなか難しいですよね。私も、色々と考えて結局結論がほぼ行政解釈と同じ、というような経験は少なくなく、なかなか行政解釈を上回る解釈を提示することができませんね。社会保障における行政の役割の大きさについて、菊池さんはどのようなご意見をお持ちでしょうか？

菊池：社会保障法の分野ではよく、法律による規律密度が低いことが指摘されますね。このことは、社会保障の給付行政としての性格によるところが大きいように思われますが、それにしても、たとえば、医療保険制度が人の生命・健康といったきわめて重要な法益に関わり、あるいは生活保護制度が国民の最低生活保障に直接関わることにも示されるように、国民が生活を営んでいく上での基盤に関わる領域であるにも関わらず、あまりにも広い領域を通達や要綱といった行政規則に委ねてしまっているのは問題ではないのかとずっと思ってきました。たとえば、最近まで被用者保険の被保険者性を画するいわゆる4分の3要件が、内かんと呼ばれる形式で定められていたことが挙げられますね。法規命令ではあっても、生活保護基準や診療報酬点数表などにみられるように、権利義務、あるいは債権債務の内容を画する基準であるのに、政省令・告示のレベルで決まっていることもよくみられるのですが、本当にそれでよいのだろうかという疑問はずっと持ち続けています。

　それから、私法領域についても、これは社会保障法固有の話ではないと思いますが、法的紛争が発生して法解釈をめぐって裁判上争われる以前に、行政がガイドラ

〈研究座談会〉解釈論と政策論

インをつくって法制度を実施・運営していくという手法がとられることが多くみられます。最近では、障害者差別解消法などもそうですね。このようなアプローチ自体が、訴訟を通じて権利義務関係が確定され、行為規範が形成されていくという、解釈論の展開によって社会が統制されていくという文化とは相容れない面があるのかもしれません。社会保障法の分野ではとくにその傾向が強いのかもしれないですね。

岩村：理論的には、確かに菊池さんのおっしゃるように、法律の規律密度を高める必要があるでしょう。笠木映里先生も、最近、同じことを指摘されています[8]。ただ、現実問題としては、現在の国会運営の慣例を前提とする限り、1会期の常会で国会が法律案を審議して成立させる量的なキャパシティには限界があります。また閣法を立案し、それを国会で通す役割を担う厚労省当局の作業キャパシティも有限です。社会保障関係の制度では、経済・社会状況の変化に応じて随時変更をしなければならない事項が多数存在しますから、法律の規律密度を高めると、状況が変わるたびに頻繁に法改正をしなければならないということになり、それは現状を前提とする限りでは難しいように思います。さらに、政権与党が新しい状況に対応するための法改正に消極的だと、現状の実務を前提として通達等によって運用せざるをえません。その例の1つが、菊池さんがおっしゃったパートタイマーの社会保険の被保険者資格の問題だと思います。

嵩：確かに、政省令や通達は法律より機動的に対応できるという面はあるのでしょうね。また、厚生労働省の政策立案担当の方々のお話を伺うと、当然のことながら本当に良く制度をご存じなので、行政の解釈運用にある程度依存してしまっても問題はあまり生じないのかもしれませんが、国民の重要な法益や権利義務の決定について、民主的コントロールが弱いという菊池さんの懸念もよく理解しました。また、一方で、岩村さんがご指摘されたように、行政解釈も最新の学説の議論や法理論までをフォローしているとは限らないので、学説による解釈論には、やはり、それ固有の意義があるのですね。逆にいうと、そうした有意義な解釈論を展開することが、学説には期待されているということですね。

◆ Ⅲ　社会保障法学における政策論

◇ 1　社会保障制度における政策形成過程

嵩：それでは、「社会保障法学における政策論」という点に移りたいと思います。

　　これまでお話し頂いた法解釈というのは、関係者の利害のすり合わせといった妥協の場ではなくて、具体的な個々の事案を想定しながらも、法規範の論理的整合性あるいは体系的一貫性というのを探求する営み、というふうに捉えられます。

◆　Ⅲ　社会保障法学における政策論

　他方で、政策の形成過程や、立法の過程は、こうした法解釈とは異なる議論が展開されているのではないかと思われます。

実際の政策形成過程

嵩：そこで実際の政策形成過程では、どのような議論や力学が働いているものであるのか、とりわけ解釈論では考慮されないけれども —— あるいはされるべきでないようなものがあるかもしれませんが —— 政策形成過程では重要な考慮要素となるというものはあるのか、といった点に関しましてお聞きしたいです。

　先生方は審議会での委員としてのご経験が豊富でいらっしゃいますので、そういったご経験をもとに、具体的な事例があればお話し頂きながらお教え頂きたいと存じます。

　それでは最初に菊池さん、よろしいですか。お願い致します。

菊池：審議会といっても、私は社会保障系の審議会、検討会、研究会などの経験しかありませんが、社会保障審議会では年金部会、年金数理部会、障害者部会、生活困窮者自立支援及び生活保護部会とやらせて頂いていて、ずいぶん議論の仕方や雰囲気が違うなと感じています。

　例えば年金部会は、直接の利害関係者が労使代表ぐらいしかいなくて、直接の受給者代表は1人も入っていません。いわゆる有識者等の専門家。経済学者、財政学者も多く、比較的アカデミックな議論が展開される印象があります。例えば、マクロ経済スライドの完全発動はどうするか、というようなことで議論が対立することもありますけれども、それぞれの議論が精鋭化してどうにも収まりがつかないという印象は、これまでの経験ではそれほどありませんでした。

　それに対して障害者部会は、障害者団体などの利害関係者が自らの主張や要求を展開し、その意見を吸収する場という印象が強いです。いわば、陳情型の審議会です。逆に財源の制約を勘案しながら、障害者福祉をどう進めていくかという視野から見ているのが、第三者的立場からの、少数のいわゆる学識者委員で、客観的な立場からバランスをとる、そういう印象があります。

　生活困窮者自立支援及び生活保護部会については、ともすると生活保護は議論が先鋭化しやすい分野ですが、生活困窮者支援とセットで議論していて、いかにして社会的排除の状況を改善するかという視点を共有しているように思います。その中では、やはり制度の運用に携わる自治体関係者が一定の発言力をもっている印象を受けます。自治体が動かなければ、何も進まないわけですからね。それから、生活困窮者支援はまだ新しい制度ですので、審議会での議論は、たぶん今の日本の社会保障の中でも数少ない、これから新たなものを創っていこうという前向きな姿勢が事務局にも委員にもあって、夢や希望を語ることのできる場になっている感じがします。

［社会保障法研究　第8号／2018年8月］　　27

〈研究座談会〉解釈論と政策論

　年金数理部会は、部会長なので、まとめるのに精いっぱいで余裕がなくて、よくわかりません（笑）。

　以上は、たまたま私が主観的にそう感じたという話なので、客観的に本当にそうかと言われると、なんとも言えないですが、ただ少なくとも、審議会は、現行法の運用改善に関わる審議や法律改正にあたっての審議が中心でして、社会保障法の観点から重要な論点が、常に幅広く取り上げられるわけではないということです。

　例えば、法改正の合間にでも、制度のあり方などじっくり議論すればいいのになと思うこともあるんですが、必ずしもそういうことにはなっていない。また分野横断的なテーマを取り上げるのも、やはり難しい。例えば障害者の生活をどう支援していくのか、年金にも福祉にも、生活保護にも関わるんですけど、まとめて議論する場がどこにもない。そういうタテ割りのような問題はあるかなと感じています。

　以上です。

嵩：ありがとうございました。岩村さんはいかがですか？

岩村：これからお話しすることは、あくまでも私の経験した範囲内のことだということを、あらかじめお断りしておきます。

　社会保障関係の法案の立案過程ですけれども、一般化できなくて、ケース・バイ・ケースなんですが、まず検討会とか研究会などがあって、その報告書を元に審議会で議論をすることもありますし、いきなり審議会で議論をすることもあります。

　その主な論点は、私が所属している医療保険部会や介護保険部会では、さきほど菊池さんも言及された、例えば経済財政諮問会議を経て閣議決定で定める、いわゆる骨太の方針などで設定された政策目標や、高齢化・少子化の進展、医療技術の発展、新薬の開発といった、新しい社会経済条件や技術の進歩などに応じて設定された政策目標を達成するためのツールとしてどのようなものを採用するか、です。

　そして、その具体的なツールの選択・設定に関しては、もちろん、それぞれの内容に応じて、知事会などの地方自治体４団体、それから医師会、保険者、保険料を負担する事業主の団体と労働組合などとの利害調整、さらには財務省、総務省――これは地方自治が関係するので、旧自治省系の部署ということになりますが――との折衝が重要な意味を持ちます。

　こうしたプロセスがあることから、場合によっては、立法が採用した仕組みやツールが、なぜ採用・導入されたか、その趣旨目的は何か、実際の機能としてはどのようなものが期待されているかなどを理解するためには、こうしたステークホルダーの審議会等での発言などを参照する必要があります。ただ、さっきも申し上げたんですけれども、社会保障系の審議会とか検討会や研究会などで、法案での採用が検討されているツールについて、法的な見地からの検討がされることは少ないですね。

現在の医療保険部会、介護保険部会では、委員数が多いこともあって、発言の機会がかなり制約されます。それでも、重要と思われる法律問題があるときには、審議会で事務局に質問を投げて回答を求めることはもちろんしますし、事前の説明の際に、議論もします。ステークホルダーの主張に対して、法律論を楯にして対抗することもあるので、そういう意味では、法的な視点からの検討が審議会などでなされていないわけではありません。

労働政策審議会の下の部会や分科会、とりわけ労働条件分科会と比べると、社会保障審議会の下の部会 —— ここでは医療保険部会や介護保険部会を念頭に置きますけれども —— の特徴が見えてくるかもしれません。労働条件分科会は、労働基準法や労働契約法などの労働者と使用者との間の労働契約関係を直接的に規律している法令等を所掌しているので、そこでの議論はかなり法的な色彩が強いです。近年は官邸や内閣府の会議の力が強いので変化が見られますが、立法が必要と考えられるテーマについて、労働法、労働経済、労働社会学、労務管理などの研究者で構成される研究会等をまず行い、そこでまとめられた、法的論点を含む検討課題の整理と検討の方向性 —— これは、場合によっては、いくつかの方向性が示されることがあります —— を受けて、分科会で審議をし、建議を行います。その後、建議を元にして法案要綱の作成を所管部局が行い —— 実際には、並行して法案作成作業および法制局との調整と同局の審査が行われますが —— 、厚労大臣から改めて審議会に法案要綱の諮問があって、審議をして答申をします。法案が成立しますと、今度は、政省令案要綱の諮問、答申というステップがあります。審議会の構成が、公労使の3者構成ということもあって、建議をまとめるまでの審議でも、既存の法規定との関係、新しく導入されようとしている法規範の効果や射程、法律で定めるべき事項だけではなく、政省令に落とすことが予定されている事項の具体的内容などについてかなり突っ込んで議論しますし、法案要綱が出てきてからも、改正規定案の書きぶりなどについて時としてかなり激しい議論が行われます。これと比べると、医療保険部会や介護保険部会での議論は —— ステークホルダーの利害が絡む厳しい意見交換とはなりますけれども —— 法的に突っ込んだものではないのです。

私自身が審議会等で関わった法改正等に関して法的な視点からの指摘をした具体例は、あまり多くはありませんが、1つの例としては、2015年の法改正で導入され、2016年4月から施行された患者申出療養についての医療保険部会でのものを挙げることができるかと思います。この制度については、患者の申出と厚労大臣の通知の法的性質や、患者の相談に応じ、その申出と大臣の通知を受けて当該療養を行う臨床中核病院と患者、行政庁との法律関係、さらには当該療養によって医療事故が起きた場合の病院や、さらには国の責任といった法的問題を考えておく必要があると思っていました。部会ではそんな細かい法的問題を論じるわけにもいかない

〈研究座談会〉解釈論と政策論

ので、2015 年改正の議論をしていたときに、事故の場合の責任問題について、2014 年 11 月 7 日の第 84 回医療保険部会で発言しています。法制的な最終的整理は、この改正法にもとづく施行規則で示されていると思います。また、このときの法改正の議論の際には、個人の健康・予防に向けた取組に応じて被保険者の保険料に差を設けるという提案も俎上に上りましたが、これについては 2014 年 10 月 15日の第 82 回医療保険部会で公的な医療保険をそもそもどのように捉えるかということと密接に関連する問題であって、賛成できない、ということを述べています。この問題は、私の関心からしますと、社会保障法学として、社会保険として運営されている医療保険における保険料負担と給付との関係をどう考えるかという、公的医療保険の本質に関わる問題なのです。でも、社会保障法学の立場からこれについての検討がほとんどなされていません。私自身は、これはなぜだろう、と思っています。今日の座談会の話題の最初の方に戻ってしまうわけですが、しばらく前までの社会保障法学は憲法 25 条に寄りかかりすぎ、公的医療保険の法的構造といった重要な基本的問題、しかも法解釈だけではなく、法政策または法制度設計に不可欠の基本的な法的問題について研究をあまり深めてこなかったということの帰結かな、という気がしています。

　法的な視点から発言をしたもう 1 つの具体例としては、療養病床の廃止とそれに代わる新たな患者の受け入れ施設の問題を議論した「療養病床の在り方等に関する特別部会」でのものがあります。この特別部会では、廃止される療養病床を抱える病院等の新しい施設（介護医療院ということになりました）への移行との関係で、新しい施設類型への新規参入の抑制が議論されました。これについては、一定の経過措置は必要としつつ、長期に亘って新規参入を抑制することは憲法 22 条が保障する営業の自由と抵触するおそれがあるので、無理であるということを指摘しています（第 3 回（2016 年 10 月 5 日）、第 4 回（2016 年 10 月 26 日）、第 6 回（2016 年 11 月 30 日）の同部会）。また、同部会の第 1 回（2016 年 6 月 1 日）では、療養病床の廃止に関しての経過規定の意義についての法律家としての立場から発言をしています。このように、審議会等で法的な視点から発言をすることは実際にもあるのですが、私の経験の限りでは、そう多くはないと言えるかと思います。

嵩：ありがとうございました。審議会にもよるようですが、実際には、わりと関係団体の人たちの意見を吸収して、ということが多くて、法的な議論は、必ずしも多くはないということでしたが、それでも、新たな仕組みの導入の際にそれが当事者の権利義務関係にどのような影響を与えるか、とか、当事者の負担は規範的にはどうあるべきか、といった極めて法学的な論点も伏在し、実際に議論されているということですね。

◈ Ⅲ　社会保障法学における政策論

◈ 解釈論と政策形成過程での考え方の相違

嵩：今お話し頂いた政策形成過程での検討というのは、法的な話ももちろんあるので
　　すが、そこでの議論は必ずしも純粋に法的な話には限らないので、思考の仕方が解
　　釈論とは違ってくるのかなと想像していますが、岩村さん、ご経験に照らして実際
　　にはいかがでしょうか？

岩村：私の考えでは、政策の立案と実施は、解決すべき課題の認識・発見と設定、そ
　　の課題を解決するための措置・手段の模索と選定、採用された措置・手段の施行と
　　そのモニタリング・成果の確認と検証・分析、検証・分析結果を踏まえた当該政策
　　の評価と ── その評価の結果、必要があると判断すればですが ── 政策の見直し、
　　というもので捉えられます。解決すべき課題自体が法的問題であることはもちろん
　　ありえますけれども、社会保障政策の分野では、解決すべき課題が法的問題である
　　ことはどちらかというと稀だと思います。現在の解決すべき課題は何かといえば、
　　もっともマクロなレベルでは、高齢化・少子化と消費税率引き上げの延期による厳
　　しい財源制約の中で社会保障制度の持続性をいかに確保していくかという課題で
　　しょう。そして、より下位のレベルに、医療保険、介護保険、年金等の制度の持続
　　性の確保のためにどのような政策を採用すべきかという課題が存在しています。そ
　　して、さらにそれらがブレークダウンされて、個々の制度毎に、より具体的な課題
　　の設定が行われます。そうした具体的な課題の解決のための措置・手段の選定は、
　　財源、人的資源、実際の業務担当者の事務等の負担、コンピュータ・システムの対
　　応可能性、当該措置・手段の有効性の見通しや効率性、既存の他の制度や措置・手
　　段との一貫性等の諸要素を勘案して、当該措置・手段の採用の現実性や有効性を比
　　較考量して、行われると考えています。

　　　これはあくまでも私の考えですけれども、法解釈の学問としての大きな役割は、
　　おおざっぱに言って、一つは、訴訟などで具体的に生じた、あるいは生じると予想
　　される法的問題について、実定法の条文解釈という技法を駆使して、問題となって
　　いる一つまたは複数の条文について、汎用性、一般性の高い法解釈を提示するとい
　　うことでしょう。それによって、学問としての法解釈学は、今後生じるであろう同
　　じまたは類似の紛争について、妥当で法的安定性のある法的解決を提供するという
　　役割を果たします。

　　　もう一つの学問としての法解釈学の役割は、政策形成過程、あるいは立法過程で
　　のものです。提案されている措置や手段、場合によっては選択が求められる複数の
　　措置や手段等について、それを採用する、あるいはそれのいずれかを採用するに際
　　して、あらかじめ解決しておくべき法的問題があるのか、あるいは想定される措置
　　や手段の条文化等にあたってその法律構成をどのようにすべきか、さらに、選択し
　　た措置・手段を実際に適用した場合に発生するかもしれない法的問題を、さまざま

〈研究座談会〉解釈論と政策論

な角度から考えて予測をし、それに対する法的な解決はどうなるかを検討し、その結果を踏まえて、必要に応じて、提案されている措置や手段などの修正を提案する、あるいは複数の候補の中から選定すべきものを提案する、という役割です。

つまり、政策立案過程や立法過程では、既存の法解釈を駆使して検討や考察を行うほか、提案されたりしている措置や手段等が従来の解釈論では論じられていなかった、新しい法的問題を内包している場合もあるので、そうした場合には、従来の議論をベースとしながらも、新しい法的論理を組み立てて考えるということになるのです。そういう意味で、政策立案過程や立法過程でも、やはり法解釈の素養と法的センスが求められると思います。

また、法解釈論から横に逸れますけれども、現在では、先進諸国は、社会保障に関して共通の課題を抱えていることが多いといえます。そして、そうした課題に対して、各国がどのような政策で対応しているのか、どのような措置や手段を使っているかに関する比較法研究も、その措置や手段の設計と選定にあたって役に立つように思います。

ただ、あとでも申し上げますが、先進諸国間でも、社会保障制度そのもの、そしてそこで生じる問題についての前提となる、社会・経済条件がかなり異なっています。ですので、比較法研究の成果をわが国で参考とする際には、前提条件の違いも十分に留意して考える必要があります。

嵩：ありがとうございます。なるほど、政策立案過程や立法過程においても法解釈論の素養がベースになっているようですが、純粋な解釈論と異なるのは、これから起こるであろう法的問題を予測して、それを予防するような方策を考えていくという点であるということですね。

◇ 2 政策論における社会保障法学（解釈論）の意義

嵩：審議会等の、社会保障の具体的な政策立案の場面でもそうですが、学問の領域でも、社会保障の政策論は、法学のみが行うものではなく、経済学や社会学等の他の学問領域でも論じられています。

◆ 政策論における社会保障法学・法解釈論の果たすべき役割

嵩：そうした中で、先ほどからすでに言及がありますが、審議会等での政策立案の議論も含め、社会保障の政策論における社会保障法学、あるいは法解釈論の意義や果たすべき役割について改めてご意見をお聞かせ頂きたいと思います。また、政策論において、他の学問領域と比べた場合の法学の強みとは何でしょうか？

菊池：さきほど岩村さんが挙げられた例の延長線上の話になってしまうかもしれませんが、社会保障審議会の各部会では、法学者の数は、1人か2人だと思います。どの部会も。法律の条文や政省令、通知などを書いていく上で必要な法的視点という

のは当然、法案をつくる政策官僚が持っているわけで、審議会では利害関係者の意向ですとか、あるいは経済学や財政学といった、政策官僚が当然には持ち合わせていない視点からの学問的見解を、重宝しているという、傾向があるように思えます。ただ、それでも法学者の役割というのは重要であると感じています。

それは、政策官僚とはまた異なる法学的な視点から、法の体系性や他の制度との整合性、違憲性、違法性についての評価などを、法律の策定、運用、解釈という、いわば同じ土俵で、互いに論じ合うことができる、いわば1つの外的なチェック機能を果たすことができるのではないかと思います。

また、政策官僚は、判例、裁判例の動向に関する情報を、意外に持っていないので、その点で、貴重な示唆を、提供することができると感じています。

ただ、法律の策定、法律改正にあたって、法解釈から得られる法学的視点の果たす役割というのは必ずしも大きくないのかなあとも思います。しばしば、ある条文の解釈にも複数あり得るように、法学的視点は、政策を策定していく上での、さまざまな考慮要素のうち、1つの要素にとどまる、ということです。

1つの要素にとどまるとはいっても、法解釈から得られた視点は、かなり重要な位置づけ、あるいは政策を推進していく上での枠づけとしての役割を果たしている面はあります。

例えば年金法改正に当たって、とくにマクロ経済スライドを、デフレ時にも発動するという議論がかなり強く、審議会では出されていますけれども、この前の改正で、キャリーオーバーという仕組みを入れて、実額が下がる部分は下げないで翌年度に持ち越すということになり、完全発動しないことになった。あれは、やはり年金受給権の財産権的な性格というものを、重く見ているということです。

それから、先ほど岩村さんからもあったのですが、審議会では、多くの委員がそれぞれの立場から発言しようとするので、おのずと発言の機会が少なくならざるを得ません。また、議事録に残るとはいうものの、細かな法的議論を、その場の発言で各委員に理解してもらうことが難しい場合もあります。そこで、重要な論点で緻密な議論を残しておきたい場合、事前にメモを作成し、当日資料として配布してもらうことがあります。活字にすると後々まで残りますが、自分が自信をもって考え抜いた法律論であれば、そのほうが事務局などの参考に供することにもなるのではないかと思っています。

嵩：なるほど。ありがとうございます。岩村さん、いかがでしょうか？

岩村：社会保障の分野では、ステークホルダー間のむき出しの利害調整によって政策やそれを実現するための法改正が左右されないようにする必要性が高いと思っています。それには各種のデータ等のエビデンスにもとづく議論を行うようにすることが重要です。ある事象が起きて、それが解決すべき課題として認識されると、それ

〈研究座談会〉解釈論と政策論

を解決するための方策を考えることになります。そのときに、鉄砲をたくさん撃てばどれかはあたるだろうということではなく、データ等の分析によってその原因を見極め、そこから課題解決のための方策・手段を選択する必要があるのです。そのときに気をつけなければいけないのは、そうした措置・手段等を用いることによって関係当事者の行動が変わる可能性があることです。関係当事者の行動が変わってしまうと、選択した措置・手段等がもたらすと想定されていた効果が得られないこともありえます。ですから、そうした可能性についても検討をしておく必要があります。こうした作業は、経済学・社会学が担当するのに適したものといえるかと思います。他方で、提案された措置・手段等を用いることによって、どのような法的問題が生じるかを予想し、それに対する法的対応を考えること、具体的には、提案されている手段等が現行法との関係で整合的か、民法学・行政法学等の原理原則と抵触しないか、さらに場合によっては憲法との整合性は大丈夫か、ということを予め検討するのが社会保障法学の役割といえるでしょう。その観点からは、実定社会保障法の解釈論を、民法学や行政法学等の社会保障法と密接に関わる法分野の最新の研究成果を取り入れつつ、より精緻でかつ説得力のあるものにしていくことが不可欠であると考えています。

　また、法学の立場から法政策又は法制度設計を検討するにあたっても、たとえば法と経済学のアプローチによって検討することも、場合によっては適切でしょう。一例としては、2011 年の介護保険法改正で導入された定期巡回・随時対応型訪問介護看護を挙げることができると思います。この事業については、ある 1 つの地理的区画について独占を認めています。なぜ、地理的な区画内での独占を認めるのかですけれども、それは、事業の性質上、一定の区画について独占を認めないと経営が難しいからです。ところが、他方では、独占による弊害、たとえば、独占的地位を利用してのサービス提供価格の釣り上げ、競争に晒されないことによる非効率的な経営によるサービス提供価格の上昇、サービスの質の低下等が生じる可能性があります。そうすると、制度設計にあたっては、独占を認めつつ、それによって生じる弊害を防止するための仕組みを合わせて導入することを考えておくことが必要となりますよね。そうしたことを、当時、介護保険部会の前部会長で、部会長退任後も部会委員として残っておられた故・貝塚啓明先生と部会の後にお話ししたことがあります。社会保障法学も、法と経済学の分析手法を適切に取り込んでいけば、法解釈学の枠を超えて、さらにより広がりのある法学の一分野として発展していくことができるだろうと思っています。

嵩：ありがとうございます。法と経済学という分析手法は、会社法をはじめ、他の法領域ではメジャーな分析手法として定着していると思いますが、社会保障法における研究業績はごくわずかに止まります。しかし、年金や医療等の分野を中心に社会

保障経済学は研究者も少なくなく、発展しているように思いますし、社会保障が岩村さんのおっしゃったような事業者の経済活動を取り込むものである以上、参入規制のあり方については経済学の知見が有用なようにも思いますので、そうした新たな解釈論の広がりが期待されますね。

　社会保障の政策立案の過程において、法学者の果たす役割は確かに限定的かもしれませんが、菊池さんにご指摘頂いたように、判例の動向や法の体系的理解といった、政策官僚や他の領域の研究者が持ち合わせていない知見を、解釈論をベースとした社会保障法学が提示するという意義は重要だと思いました。また、新たな仕組みへの具体的な転換に際し、それが孕みうる法的問題を察知し、議論の俎上に載せるということは、社会保障法学者の重要な役割ですね。と同時に、新たな仕組みが惹起しうる新たな法的問題を網羅的に発見するには、社会保障法だけでなく、やはり民法、行政法、憲法といった他の法領域についての全方位的な見識（少なくとも勘所）が必要ということも、改めて痛感しました。

◈　IV　政策論も視野に入れた解釈論の精緻化に向けて

◇　1　解釈論の素養の磨き方

嵩：解釈論の素養は、審議会での政策立案の議論や政策論においても重要ということですが、ただ他方で、社会保障法学では、まだまだ民法や他の伝統的な法領域に比べると解釈論の精緻化は十分ではない、とのご指摘が先ほどからたびたびなされております。

◈　社会保障法の研究者を目指すにはいかなる素養を身に着けるべきか

嵩：そこで、すでに言及していただいておりますが、実定法学である社会保障法学で、今後、解釈論を精緻化していくためには、いかなる素養を身に着けていく必要があるのかについて、改めてお話しを伺いたいと思います。

　それでは、岩村さんからお願いします。

岩村：実定法学としての社会保障法学、とくに法解釈学としての社会保障法学を、より緻密なものにして発展させていく、というためには、これはあくまで私の意見ですけれども、さきほども申し上げましたように、憲法だけではなくて、民法、行政法などの今後も社会保障法の基礎を提供する法分野について、基礎的な素養を身に着けておくことが必須だと思います。

　繰り返しになりますけれども、今日の段階においては、法科大学院修了レベルの法的素養というのは必要だと思っています。できれば、民事手続法や要件事実論も、勉強してほしいなあ、と思います。

〈研究座談会〉解釈論と政策論

　　ただ、そこまで言ってしまうと、先ほど菊池さんから反撃されたように、ただでさえ研究者を志す学生が少ないのに、さらにハードルをあげてどうするんだ（笑）、と言われるかもしれません。そういう意図は全くないのです。少なくともそういった心構えを社会保障法の研究者を目指す人には持ってほしいなあ、と願っています。

　　実定法学者としての、基本的な素養を身に着けるためには、大学院時代にできるだけ多くの判例評釈、判例研究を行うことが必要だと思います。そして、学問としての法解釈の技法を身に着けるために肝要なのは、どちらの当事者を勝たせるべきかという前提に立たずに、社会保障法の分野であれば、受給者を勝たせるべきなどという先入観は持たずに、虚心坦懐に判例、裁判例を読み、それを的確に理解し、一方当事者に偏らない中立的な立場から、その判例、裁判例が採用した法解釈と、その具体的な適用、つまり事案への当てはめとを批判的に検討することです。

　　こうした知的な作業を繰り返し行うことを通して、緻密な法解釈を身に着けることができると思っています。場合によっては、裁判所が認定した事実に照らして見たとき、そもそも当事者の主張や、裁判所が採用した法解釈や法律構成が、本当にその事案に適したものであるのか、別の法解釈や法律構成というのがあり得たのではないかという視点からの考察も必要です。ですので、そういった視点からの検討もできるように、普段から心がけることが大事です。

　　そのためには、繰り返しになってしまいますけれども、民法や行政法などをきちんと学ぶということが欠かせない、と思います。

嵩：ありがとうございました。それでは、菊池さん、お願い致します。

菊池：私も、岩村さんのおっしゃっていることに異論はありません。やはり若いうちから、判決を読む作業を繰り返し行うことに尽きると思います。それは実定法学者としての基本中の基本だと思います。

　　ただ、判決文の読み方は、研究会などを通じて、鍛えられることが重要であると。その意味では、やや徒弟制度的な、そういう鍛練が必要かなと思います。

　　私も大学院時代から、北大の労働判例研究会、社会保障法研究会などで、ほぼ毎週、研究会でたくさん報告の機会をいただき、いろいろご指導を受けてきました。私の指導教官である道幸哲也先生も、「日本語がわかれば、誰でもある程度できるようになるんだ」、と。まあ、それは一定の日本語の理解ができる人という前提があるんでしょうけれど、「だから、とにかくやれ」と、いうことで、訓練を受けました。

　　それから、多くの判決を読むことも大事だと思うんですが、やはり議論することが、大事なんだろうと。少なくとも私にとっては、いろんな議論をして、いろいろな判決の読み方とか、解釈とか、そういうものを、教わる中で、自分で気づくと。そういう場をどう確保するかというのが、法学研究者、社会保障法研究者にとって

　　　　　　＊　Ⅳ　政策論も視野に入れた解釈論の精緻化に向けて

の課題かなと思います。必ずしも、そういう議論をする場が、いろんなところに、恒常的に確保されているとは必ずしも言えないかもしれない、と思います。

　個人的には、東京都労働委員会公益委員の仕事をさせて頂いているのは、非常に役立っています。命令を仕上げていくプロセスと、命令をめぐっての合議を通じて、裁判での判決にあたるプロセスを学ぶことができているのかなあと思います。

　具体的には、事実認定と、それを支える書証の重要性ですね。そこが肝なのだということを学び、そうすると判決を読む見方も変わった部分があるな、と感じています。

　これは、岩村さんが長いキャリアをお持ちなので、補足していただければと思います。

　あとは、社会保障法研究者を法科大学院卒を基準とすべきかというと、私はちょっとハードルが高いなと(笑)。さきほど岩村さんは心構えとおっしゃっていたので、心構えとしては、私もそうだとは思いますが。はい(笑)。

　早稲田は修士課程から、院生をとっていますので、いろんな道があってもいいかなとは思っています。

嵩：岩村さんも、都労委や中労委の公益委員もされていましたけど、菊池さんのおっしゃった点についてはいかがでしょうか。

岩村：私も、労働委員会の経験があるんですけれども、実際にやってみて思ったのは、ほとんどの事件では事実認定がほぼ勝負であるということです。

　それに加えて、実際に命令案の起案をする際に、当事者がどういう主張をしているのか、それに対して、どういう応答をすべきかを、認定した事実に基づいて考えていかなければいけない、ということが、非常にわかるようになったと思います。ですから、そういう意味では判決の構造を、例えの表現として当を得ているかわかりませんが、立体的に見ることができるようになったという気がします。

　例えば裁判所がこういう判断をしているけれども、それは、当事者がこういう主張をしているので、ある箇所の事実認定にもとづいて、その主張を退けるためなのねといった理解ができるようになるかなと思いますね。そういう意味では、公益委員の経験は、法解釈を考える上で非常に役に立っていると、私も思います。

嵩：ありがとうございました。社会保障法学も実定法学である以上、やはりなるべく多くの裁判例に触れて、判例評釈や判例研究を何回も行って、法解釈の方法を身につけるというのが基本なのですね。法律の解釈には、文理解釈とか拡大解釈とか色々あるということは法学の入門書を読めば知ることができますが、いざ実際に特定の条文をどのように解釈すべきかについては、どれだけ裁判例に触れてきたかという経験値が重要なのだということが良く分かりました。私自身も身をもって感じていることですが、一朝一夕には法解釈の素養は身につかないのですね。また、労

〈研究座談会〉解釈論と政策論

働委員会におけるご経験が判例の理解を深めている点も興味深いと思いました。

◇ 2 比較法研究の意義とあり方

◉ 外国法を研究することの意味

嵩：次に、比較法研究の意義とあり方という点に移りたいと思います。さきほども岩村さんからご指摘があったと思いますけれども、比較法研究というのは、社会保障法に限らず法領域全体でも盛んに行われておりますが、自戒の意味も込めまして、諸外国の制度紹介の域を出ない、ということも多いように感じております。

法学者の解釈論的素養とか政策論的素養を培う上で、比較法的研究というのはどのような意義があるでしょうか？　また、比較法研究に取り組む際の注意点とか、あるべき姿勢についてご意見をお聞かせいただければと思います。

それでは、岩村さんからお願い致します。

岩村：わが国の実定法学の最大の強みは、比較法研究が充実していて、それが実定法研究の裏打ちとなっていることだと思っています。

外国法を研究することの意味は、私の見方では幾つかあると思いますけれども、社会保障法学との関係でいったときには、わが国の社会保障法、社会保障法学を相対化して見ることができる、ということかな、と思います。国内だけに目を向けていますと、どうしても視野が狭くなって、わが国で採用されている通念的な考え方のくびきから逃れることができなくなってしまいます。比較法研究、外国法研究は、そうした視野狭窄から脱却して、柔軟な頭で問題を検討する、ということを可能とすると思っています。

もちろん先進諸国の間でも、さきほど申し上げましたけれども、社会保障制度の前提となっている、経済的、社会的条件であるとか、あるいは、人々の通念といったものやものの考え方などがしばしば大きく違っています。ですから、そうした違いを捨象してしまって、表面的に法制度や研究者の研究成果を見ることは、慎むことが必要です。

しかし、そうした違いを十分に念頭に置きながら、比較法研究や外国法研究を行うことによって、わが国だけを見ていたのでは可能とならないような、新たな研究の地平を開くことができると思います。

嵩：ありがとうございます。それでは、菊池さん、お願いします。

菊池：岩村さんが言われたことに付け加えることはそれほどないのですが、私も、日本法をベースにした発想の延長ではなかなか得られない、視点や発想が得られるという意味で、比較法研究は貴重だと思います。制度比較は、他の分野の研究者もやりますけれども、やはり、法学者しかできない仕事は、確実にあると思います。

ただ、比較法研究にかかる労力と時間は、相当なものがあって、ある年代以降に

至るまでそれをコツコツ継続するのはなかなか難しいなあ、と思います。私もその1人でありまして、できていません。

　ただ、これは私個人の考えなんですが、新たな視点を得るという意味では、1つは、他の分野の研究者、割と発想などを共有できて最先端のことをやっている人と、議論することで、お互い得るものがある、という経験が割とあります。

　もう1つは、さきほども少し触れましたけれども、審議会などで取り上げるのは、新しい論点、新しい問題なので、それについて政策官僚たちと、公式の会議の場ではなく、いわば「場外」で、お互い自由に議論していく中で、政策を練り上げていく段階で多少でも貢献できる面がありますし、研究者として得るものも、結構あります。だからそういったことからも、比較法研究を最近サボっている私としては（笑）、補充をしているという面もございます（笑）。

嵩：ありがとうございました。外国法だけでなく、他の分野の方との比較研究ということも重要ということですね。比較法研究の重要性はどの方も感じられているのかなと思いますし、それが日本の法学の重要な伝統なんだ、と思います。

　他分野の方も、外国の制度を参照されたりしますけれども、そのときの視点が法学者とはだいぶ違うなということはやはり感じることがあります。我々法学者はやはり、日本と外国の制度の相違点を民法とか憲法とかのレベルでの違いなどに落としながら、検討することもできますので、他の分野の人とは異なる視点を持つことができ、そういったことが法学者の強みだと感じました。他の分野では得られない視点が、法学者は比較法研究を通じて得られる、という点では比較法研究は重要な研究スタイルだな、というように思いまして、それを今後も、法解釈とか政策論につなげていくことの重要性も感じました。

◆ Ｖ　おわりに

嵩：まだまだ聞き足りないことがたくさんありますけれども、時間が迫ってきましたので、最後に、本日の座談会での議論の感想を、両先生から頂きたいと思います。

　まず、岩村さんから、よろしいですか。

岩村：今日は社会保障法学における解釈論と政策論というテーマで、こうした座談会を持つことができて、私自身にとってもたいへん有意義だった、と思います。

　とくに、この座談会を準備する際に、今まで自分が考えてきたこととかやってきたことを、振り返りつつできるだけ客観的に整理し直してみました。その作業をしたことで、今日、解釈論と政策論との両面について、お話しすることができたと思います。その結果として、私自身、必ずしも充分に考えていないところがあるんだなあ、ということに気がつきましたし、今後の課題がどういうものかにも気がつい

〈研究座談会〉解釈論と政策論

たように思います。

　今日の座談会が、社会保障法の研究をされている方々やこれから社会保障法の研究をしようとする方々にとって、参考になるものが少しでもあれば幸いです。

嵩：ありがとうございます。では、菊池さん、お願いします。

菊池：今日はありがとうございました。なかなか難しいテーマ、これは我々が自ら設定したテーマだったのですが（笑）、いろいろ自分自身、これまでのやってきたこと、考えてきたことを振り返りながら、考えるきっかけになりました。

　難しいテーマにもかかわらず、嵩さんが座談会の枠組みを最初から、考えてくださって、本当にありがとうございました。なかなか難しい問いを突きつけられて、うまく答えられたかどうか自信がないんですが、こういった機会が得られて本当によかったです。

　解釈論と政策論、やはりこれは、判例を読んで、解釈論的な素養を多少なりとも身に着けてきた、それが、政策論の場で、本当に応用できているかどうかはわかりませんが、いくらかはその蓄積を生かした議論ができているとすれば、法学者としての存在意義はあるのかもしれません。それがなければ、学問的な基盤のないところで、ただ議論している、そういう委員に過ぎないと思います。

　議論させて頂きながら、1つ思ったんですけれども、最近、データベースが結構、いろいろ出てきているんですけれども、総合判例評釈とか、判決を素材にして、解釈論を展開するというような論文って、あまりみないなあということが頭に浮かびまして、素材はたぶんいっぱいあるので、そういった仕事をしていくのも、社会保障法研究の1つの有力な、これからのツールなのか、というふうに感じた次第です。

　いろいろ、あるべき論も含めて、自分がちゃんとやれているかという反省もしましたけれども、そういう意味でも、勉強させて頂きました。ありがとうございました。

嵩：ありがとうございました。本日、両先生に、私からいろいろ質問させて頂いて、お答え頂きまして、私の質問以上のお話しも伺えて、私にとっても非常に貴重な座談会でした。皆さんの前で、公開で指導を受けているみたいな、ちょっと恥ずかしいような気分にもなりましたけれども（笑）、たいへん勉強になりました。

　やはり、社会保障法学において重要なのは解釈論、ですね。しかも派手じゃない、1つ1つの細かい、権利義務関係について気を配って、それについて、民法とか行政法とか憲法などの知見にも照らしながら、1つ1つ、丹念に法的に検討していくということの重要性を改めて感じまして、そういうことの積み重ねが、政策論にも反映しているということがよくわかりました。

　政策論については、審議会などの議事録を拝見しますが、具体的に、法学者の先

◆ V おわりに

生方がどのようなことをされているのかということが、あまりよく、ぴんときていませんでしたけれども、そういう、丹念な解釈論に基づいた知識をベースに、新しい問題が出たときに、それに関わる法的問題を全方位的に発見、察知して、それについての考え方を提示するということは、非常に高度なことだなと思いました。

社会保障法学というのは、憲法とか民法とか刑法とかの基本7法に比べるとちょっと脇に押されがちというか、あまり学生たちの関心も、一部ある人もいますが、基本7法に比べると薄くて、ちょっと法学の中心部ではないイメージがあったのですが(笑)、応用法学として、あらゆる法分野についての知見を持っていないと、やはり研究はできない、ということがよくわかりましたので、自分たちはかなり高度なことを研究しているんだという誇りを持って良いのだと感じたと同時に、多方面にわたる法的素養の必要性を再認識させられて、身の引き締まる思いでした。

本日は本当に貴重なお話しを頂きまして、本当に勉強になりました。ありがとうございました。本日の議論が読者の方々にとっても有益なものとなっていれば幸いです。

本日はありがとうございました。

[注]────────────────────────

注(1) 岩村正彦「社会保障法と民法 ── 社会保障法学の課題についての覚書」『労働関係法の現代的展開 中嶋士元也先生還暦記念論文集』(信山社、2004年) 359頁以下。

注(2) 菊池馨実「社会保障法の私法化?」法学教室252号 (2001年) 119頁以下。

注(3) 「〈判例研究〉JR東海認知症高齢者損害賠償事件」社会保障法研究7号 (2017年)。

注(4) 加藤智章=菊池馨実=片桐由喜=尾形健編『新版 社会保障・社会福祉判例大系1~4』(旬報社、2009年)。

注(5) 秋田地裁平成12年11月10日判決・労判800号49頁。

注(6) 大阪高裁平成19年4月18日判決・労判937号14頁。

注(7) 有泉亨ほか「〔研究会〕労働法学の方法的諸問題」ジュリスト441号 (1970年) 25頁以下。労働組合・労働者が闘争や裁判に勝つための法解釈論を提示するのが労働法解釈論のあり方であるとするプロレイバー労働法学に対する痛烈な批判の書として下井隆史・保原喜志夫・山口浩一郎『労働法再入門』(有斐閣、1977年)、プロレイバー労働法学とは意識的に一線を画した概説書として菅野和夫『労働法 (初版)』(弘文堂、1985年) 等を参照。

注(8) 笠木映里「社会保障法と行政基準」社会保障法研究3号 (2014年) 3頁。

行政法解釈と社会保障制度

原 田 大 樹

- I　は じ め に
- II　出発点としての文理解釈？
- III　行為形式の判定と法解釈
- IV　行政裁量と法解釈
- V　お わ り に

I　はじめに

　法学の一分野である行政法学も社会保障法学も、法解釈という営みなしには成立しえない。法解釈は、紛争解決を念頭に置く場面のみならず、紛争を予防したりよりよい制度の運営を図ったりするための法制度設計を考える上でも、その基盤を提供する[1]。もっとも、法解釈方法論という視角からのまとまった検討は、どちらの法分野でも（少なくとも民事法学に比して）これまで十分な蓄積があるとは言えない[2]。また、双方の解釈論のアプローチがどの程度共通で、どのような点で異なるのかについても、まとまった分析はなされてこなかったように思われる。

　そこで本稿では、法解釈方法論の観点から行政法学と社会保障法学の考え方の特色を明らかにし、両者の関係や社会保障法学の独自性を提示することとしたい。まず、法解釈方法論[3]について比較的蓄積のある行政法解釈方法論の現状を確認した上で、法治主義や立法裁量の存在が法解釈方法論に与える影響を検討する（Ⅱ.）。本稿では、社会保障法の解釈において、その出発点としては文理解釈を採用すべきとの前提に立つ。もとより、文理解釈だけに依拠することは不可能かつ不適切であり、別の方法、とりわけ行政法学において強調されている仕組み解釈を用いるべき場面も多い。そのような局面として、行為形式の判定と行政裁量の問題を取り上げることとする。行為形式の判定に当たっては、契約と行政行為（処分）の区別や行政指導と行政行為の区別を取り上げ、行政法学と社会保障法学の考え方の類似点・相違点を提示する（Ⅲ.）。また、行政裁量については、行政基準と行政行為に関する裁量の問題を取り上げ、裁量統制の手法やその背景にある考え方を整理する（Ⅳ.）。以上を踏まえ、行政

---

(1)　行政法学と制度設計論の関係につき参照、原田大樹「立法者制御の法理論」同『公共制度設計の基礎理論』（弘文堂、2014年）178-234頁［初出2010年］。

(2)　斎藤誠「事例でチャレンジ・行政法の解釈」法学教室447号（2017年）9頁。民法学における法解釈方法論の史的展開と展望につき参照、山本敬三「日本における民法解釈方法論の変遷とその特質」民商法雑誌154巻1号（2018年）1-35頁。

(3)　本稿では、法の解釈と適用を区別し、解釈の問題に焦点を当てて検討を行うこととする。両者の区別につき参照、角松生史「行政法における法の解釈と適用に関する覚え書き」宇賀克也＝交告尚史編『現代行政法の構造と展開　小早川光郎先生古稀記念』（有斐閣、2016年）383-400(399)頁。

法総論と社会保障法との関係を再定位するとともに、社会保障法の解釈論の独自性と課題を示すこととしたい（Ⅴおわりに）。

Ⅱ　出発点としての文理解釈？

1　行政法解釈方法論の特色

　文理解釈・目的論的解釈・歴史的解釈のような、法学概論で扱われる一般的な解釈手法のカタログ[4]は、行政法学においても存在する。しかし、例えば基本書のレベルで法解釈方法論を詳細に説明しているものはそれほど多くはなく、分量の点でも民事法より少なくなっている。一部の行政通則法を除いて法典を持たず、かつ極めて多種多様の個別行政法令を対象にしている行政法学においては、民事法学において解釈方法論が担っている機能の一部を、法概念論や行政法学方法論がカバーしている[5]。雑多な行政活動を共通の形式に注目して分類し、その形式に対して実体法・手続法の双方の観点から様々なルールを蓄積する行為形式論[6]は、まさにその代表例である。

　こうした事情から、行政法学において他の法分野と比べて独自の内容をもつ法解釈方法論が豊富に展開されてきたわけではない。それでも、次の２点にわたる行政法学の解釈方法論の特色を挙げることができる。１つは、「仕組み解釈」という考え方である。行政法では、複数の条文、場合によっては複数の法令によって一定の仕組みが出来上がっており、個別の条文の解釈にあたっては、まずその仕組みがどのようなものであるかを分析し、その上で個別の条文の意味を明らかにする作業を行う必要がある。そして、こうした作業の際には、個々の条文の文理にとらわれるべきではなく、仕組みとの関係でいかなる

---

(4)　笹倉秀夫『法学講義』（東京大学出版会、2014年）66-71頁。

(5)　平岡久「行政法解釈の諸問題」同『行政法解釈の諸問題』（勁草書房、2007年）1-30 (18-19)頁［初出2004年］。社会保障法における社会福祉の法的構造研究にも同様の性格が見られることにつき参照、河野正輝「戦後の社会福祉法制の展開と法的研究の課題」同『社会福祉の権利構造』（有斐閣、1991年）1-8(7)頁［初出1980年］。

(6)　原田大樹『例解 行政法』（東京大学出版会、2013年）50-74頁。

(7)　塩野宏「行政法と条文」同『法治主義の諸相』（有斐閣、2001年）32-43(41)頁［初出1992年］。仕組み解釈と民事法的な利益衡量思考を対照させる見解として参照、橋本博之「判例実務と行政法学説」小早川光郎＝宇賀克也編『行政法の発展と変革 塩野宏先生古稀記念（上）』（有斐閣、2001年）361-385(380)頁。

役割が予定されているかを重視して解釈を行うべきであるとされる[7]。そして
もう１つは、「目的規定」の重視である。上記のような仕組みを分析する際に
は、当該法令や関連法令がどのような目的の下に立法されたものであるかを明
らかにすることがまずは求められる。行政法の多くは、その冒頭に目的規定を
持っており、それが仕組み解釈の際の指針を与えることになる[8]。さらに、漸
増傾向にある基本法もまた、こうした解釈指針を提供する機能を持っている[9]。

2　法治主義と法解釈方法

　それでは、行政法学の基本原理とも言える法律による行政の原理（法治主義）
との関係では、「仕組み解釈」という手法に問題はないのだろうか。法治主義
は、全ての行政活動が法律に適合していることを要求し（法律の優位）、一定の
行政活動については活動の前に法律が制定されていることを求めている（法律
の留保）。そうすると、法律の文言からあまりにもかけ離れた解釈は、法律の
優位との関係で問題を生ずるおそれがある。さらに、私人の権利を制限したり
義務を課したりする行政活動のように、法律の留保の対象になる行政活動につ
いては、法律の規定が私人の権利・自由を保障する防波堤の役割を果たしてお
り、文言の通りに解釈する必要性はより高くなりそうである。しかしそれで
も、行政法学においては文理解釈を出発点とする考え方は支持を集めてこな
かった[10]。その理由は、法規定の欠缺や不確定概念が目立つこと[11]、規律対

---

(8)　塩野宏「制定法における目的規定に関する一考察」同『法治主義の諸相』（有斐閣、
　　2001 年）44-65(58)頁［初出 1998 年］。
(9)　基本法の機能や解釈論上の意義につき参照、小早川光郎「行政政策過程と"基本法"」
　　松田保彦他編『国際化時代の行政と法 成田頼明先生退官記念』（良書普及会、1993 年）
　　59-76(66-73)頁、塩野宏「基本法について」同『行政法概念の諸相』（有斐閣、2011 年）
　　23-60(39)頁［初出 2008 年］、毛利透「基本法による行政統制」同『統治構造の憲法論』
　　（岩波書店、2014 年）137-156 頁［初出 2010 年］。
(10)　文理解釈をめぐる行政法学の議論展開につき参照、藤田宙靖「行政法学における法解
　　釈方法論」同『行政法学の思考形式（増補版）』（木鐸社、2003 年）133-158(135-149)
　　頁［初出 1972 年］。
(11)　山田幸男「行政法の解釈と運用」公法研究 21 号（1959 年）98-113(100)頁。
(12)　田中二郎『行政法総論』（有斐閣、1957 年）177 頁。
(13)　阿部泰隆『行政法解釈学Ⅰ』（有斐閣、2008 年）47 頁。同「行政法解釈のあり方（1）」
　　自治研究 83 巻 7 号（2007 年）3-22(6)頁は、法治国家である以上、条文からあまり離
　　れることは許されないとしつつ、立法者が文理をよく考えて選択したかどうか吟味すべ
　　きと指摘する。

Ⅱ　出発点としての文理解釈?

象の変動が激しいこと[12]、立法者が誤って立法している可能性があること[13]に求められてきた。ローマ法以来の長い歴史を持つ民法と比較すると、行政法は目の前の社会問題に対応するためにアドホックに立法がなされることが多く、規定間の一貫性や整合性に欠けることも珍しくない。社会問題を誤認した立法者が立法事実を誤って確定し、あるいは特定の利害関係者が政治過程において強い力を持った結果、どう見ても誤った内容の条文が規定されることもありうる。そして、これらの行政法による対応は、社会問題の解決を図るための暫定的な解決策に過ぎず、状況が変われば立法も変わっていくことがはじめから前提とされている。こうした理由から、行政法総論のレベルでは文理解釈はそれほど重視されておらず、むしろ解釈者による実践的な法創造にポジティブな評価が与えられてきた[14]。

　これに対して、解釈方法としての文理解釈が重視されているのが、租税法の分野である。租税法では、租税法律主義(憲法84条)が基本原理として位置付けられ、伝統的な法治主義では必ずしも明確な形では含まれていなかった規律密度の要請が、課税要件明確主義として扱われている[15]。私人に納税義務を課す租税法規は典型的な侵害行政に含まれており、刑事法にも似た侵害規範としての性格から、文理解釈が重視されている[16]。さらに、課税要件を定める法律の中で意味内容が不確定な概念が用いられているとしても、それは行政機関に裁量を認める趣旨ではないと解されている[17](要件裁量否認の原則)。規律密度の要請が一般的には(少なくとも租税法と比べて)緩やかな法治主義の場合には、法律の規定内容に欠けるところがあっても、それを理由に当該規定が違憲と判断されることは稀であり、また法律の規定の「余白」は行政機関に判断の余地を認めたものと解される可能性がある。しかし、規律密度の要請が明確に含まれている租税法律主義の下では、法律の規定内容が不明確な場合にはそれを理由に違憲とされることもありうるし、そこから課税要件が導けなければ

(14)　橋本公亘「行政法の解釈と運用」公法研究21号(1959年)63-97(78)頁。
(15)　金子宏『租税法(第22版)』(弘文堂、2017年)79-81頁。
(16)　金子・前掲注(15)116頁。谷口勢津夫『税法基本講義(第5版)』(弘文堂、2016年)39頁は「厳格な解釈の要請」と表現する。
(17)　金子・前掲注(15)80頁、谷口・前掲注(16)29頁は、租税債務関係説からの論理的帰結として、要件裁量否定論を説明する。行政法学における類推解釈の捉え方につき参照、鵜澤剛「ストロングライフ事件」法学教室447号(2017年)17-23(19)頁。

課税はなされないことになる。規律密度の強い要請を伴う侵害規範としての性格が、租税法における文理解釈の優位を支えている。

3 立法裁量と法解釈方法

　それでは、社会保障法において法解釈方法としての文理解釈には、いかなる位置づけが与えられるべきであろうか。法律の留保に関する最低限度を示す侵害留保の原則に基づけば、社会保障法の中心ともいうべき行政による給付活動についてはそもそも法律の根拠は不要である[18]。また、多くの社会保障給付には法律の根拠が設けられてはいるものの、給付の要件や内容が法律自身で詳細に規定されていないことも多い[19]。こうした現状からすれば、文理解釈に依拠するのは無理であり、行政法総論と同様に仕組み解釈の視点が出発点に置かれるべきであるようにも思われる。

　他方で、所得の再分配過程を規律する法として社会保障法を捉えれば[20]、文理解釈にも一定の位置づけが与えられうる。経済の高度成長と、そこから取り残された貧困の問題を解決する実践的役割を担っていた草創期の社会保障法学では、給付の権利をいかに保障するかという点に理論的な関心が集中した[21]。しかし、経済の低成長と少子高齢化、さらには人口減少社会を目前に控えた現時点においては、国家には国民に財やサービスを無制限に提供できる「打ち出の小槌」はないという認識から議論を出発させるべきであろう。社会保障給付として国民に分配される財・サービスの原資は、外ならぬ国民から徴収しており、こうした所得再分配の過程として社会保障法を改めて把握する必要がある。侵害留保の原則に従えば、確かに個々の国民に対して給付を提供するミクロの側面については法律の根拠は必要ない。しかし、所得再分配システムをどのように構築するかというマクロの側面については、再分配における負担を担うことになる国民の代表者から構成される議会の決定が求められるはずである（本質性理論）[22]。そこで、少なくとも、どのような給付目的で、誰か

---

(18)　小早川光郎『行政法（上）』（弘文堂、1999 年）117 頁。

(19)　西村健一郎『社会保障法』（有斐閣、2003 年）32 頁。

(20)　原田・前掲注(6)230 頁。

(21)　丸谷浩介「生活保護法研究における解釈論と政策論」社会保障法研究 1 号（2011 年）139-164(144)頁。

(22)　大橋洋一「法律の留保学説の現代的課題」同『現代行政の行為形式論』（弘文堂、1993 年）1-67(28-42)頁［初出 1985 年］。

Ⅱ　出発点としての文理解釈？

ら財源を徴収し、誰に対して給付するか、給付の水準がどの程度かという内容は、給付を実現する前に法律の形で定められていなければならない。

　所得再分配を実現するためには、強制的な金銭徴収と財・サービスの分配を実現できる社会的・制度的な機構の存在が前提となる。その意味で、社会保障法上の権利・義務の成立のためには、国家（ないし再分配を実現しうる権力的な社会機構）の存立が必要である[23]。給付の水準をどの程度に設定するかという問題は、その社会のあるべき姿を決める重要な要素[24]であり、かつ費用負担者の潜在的な負担額を確定することにもなるため、この点に関する決定は民主政の過程に基づく立法者の広範な裁量判断に委ねられることになる。そのような民主的・集団的決定があって初めて給付システムは作動するのだから、立法者の判断を尊重する必要性を理由に、文理解釈に解釈方法の出発点としての位置づけが与えられるべきである[25]。例えば、法律上明確な規定がないにもかかわらず、被爆者援護法の認定を受けた受給者が国外に転居した場合に受給権が失権する取り扱いを行うことは許されない[26]。

　もちろん、文理解釈はあくまで出発点に過ぎず、社会保障法においてもさま

---

(23)　原田大樹「グローバル社会保障法？」同『行政法学と主要参照領域』（東京大学出版会、2015年）185-212(187)頁。

(24)　太田匡彦「『社会保障受給権の基本権保障』が意味するもの」法学教室242号（2000年）115-125(122)頁。社会保障法学における財源調達の議論の必要性につき参照、同「社会保障給付における要保障事由、必要、財、金銭評価の関係に関する一考察」高木光他編『行政法学の未来に向けて　阿部泰隆先生古稀記念』（有斐閣、2012年）301-339(338)頁、同「社会保障の財源調達」フィナンシャル・レビュー113号（2013年）60-78(61)頁。

(25)　行政法一般について、下山憲治「公法解釈における立法者意思とその探究序説」自治総研410号（2012年）1-21(8)頁は、法治主義・民主主義の観点からすれば、事後的な事情の変化への対応は、本来法律改正によるべきとする。同様の指摘として参照、小幡純子「法制定と行政法解釈学」公法研究66号（2004年）200-211(207)頁。また、社会保障法分野について、笠木映里「社会保障法と行政基準」社会保障法研究3号（2014年）3-25(24)頁は、行政基準が用いられることにより利害関係が対立する国民的議論が回避されて政策担当者による柔軟な微調整が可能になってきたこれまでの状況は、法の予定していない考慮事項が暗に考慮され、一部の当事者の既得権が守られることになりかねないため、行政の民主的コントロールの観点をより重視した議論が要請されると指摘する。

(26)　最一小判2007(平成19)・11・1民集61巻8号2733頁。原爆医療法の性格につき参照、荒木誠之「原爆医療法の性格と受給要件」ジュリスト667号（1978年）64-68(65)頁。

ざまな解釈方法が用いられるべきである。例えば、法律が定める給付目的との関係で、法律が明確な定義規定を置いていない場合の法概念の解釈は変わってくる。職域保険等の対象にならない人を、地域への居住という要素に注目して給付システムに取り込む国民健康保険法においては、住所の概念を民法の住所の解釈と連動させることが目的に適合的である[27]。これに対して、職域保険においては、企業内での実質的な役割に注目して健康保険の被保険者資格を確定すべきであるから、被用者の概念について労働法とは異なる取り扱いが必要となる[28]。もっとも、立法者意思を探究する方法は、立法時の理想と現実の運用とのずれを指摘するには有効な手段ではある[29]ものの、立法資料が未整備であり[30]、また立法者意思を確定する資料やその範囲についての共通理解がなお存在しないことから、一般的に言えば、補助的な位置づけしか与えられるべきでないだろう[31]。さらに、給付制度全体を捉えた上で個々の行政上の決定の性格を判定する「仕組み解釈」の発想は、社会保障法においても極めて有効である（Ⅲ.）。また、法律の規定内容が不明瞭である場合に行政の判断の余地が認められるかどうか、認められるとしていかなる法的限界が導けるかという点も、解釈論上極めて重要な問題を含んでいる（Ⅳ）。こうした、文理解

---

(27)　最一小判 2004（平成 16）・1・15 民集 58 巻 1 号 226 頁。

(28)　馬渡淳一郎「社会保障の人的適用範囲」日本社会保障法学会編『講座社会保障法 1 21 世紀の社会保障法』（法律文化社、2001 年）96-113(104-105)頁。

(29)　山下慎一「生活保護法 56 条の解釈に関する一試論」賃金と社会保障 1591＝1592 号（2013 年）18-39(32)頁。福永実「セルフスタンド特例適用願い不許可事件」法学教室 447 号（2017 年）38-44(43)頁は、素朴な文理解釈が行政統制に親和的な方法論であることを指摘する。

(30)　福永実「行政法解釈と立法者意思」広島法学（広島大学）38 巻 1 号（2014 年）144＝117(121)頁、田尾亮介「立法者意思・立法趣旨の探求」法学教室 447 号（2017 年）30-37(37)頁。

(31)　塩野宏『行政法Ⅰ（第 6 版）』（有斐閣、2015 年）67 頁。阿部泰隆「違憲審査・法解釈における立法者意思の探求方法」森島昭夫＝塩野宏編『変動する日本社会と法 加藤一郎先生追悼論文集』（有斐閣、2011 年）69-94(92)頁は、法律解釈において立法者意思を探求することが許されるのは、法律の意味が文理・法律の体系から明らかにならない場合に限るべきとする。社会保障法における具体的な解釈論として参照、原田・前掲注(23)191-202 頁。これに対して、行政法規が一定の政策目的を実現するためのものであるという性格を有することから、立法者意思解釈を重視すべきと指摘するものとして参照、高木光「行政法規の解釈における参照事項」法曹時報 69 巻 6 号（2017 年）1579-1609(1583)頁。

釈では対処できない事例を検討する中で、行政法学と社会保障法学の解釈方法の共通点・相違点を併せて明らかにすることとしたい。

Ⅲ　行為形式の判定と法解釈

1　処分性の判定と仕組み解釈

　行為形式の判定に関する最大の関心事は、ある行政上の活動に処分性が認められるかどうかにある。処分性があるとされれば、これに対する不服については行政事件訴訟法が定める抗告訴訟のルートが用いられることになり、場合によっては行政不服審査法の定める審査請求等の手続も使われる。また、処分性は講学上の行政行為の概念とも結びついており、行政行為論で扱われている一般理論（効力論・瑕疵論・職権取消制限の法理・撤回制限の法理等）[32]が及び、行政手続法が定める申請に対する処分あるいは不利益処分手続も適用されることになる。処分性の判定にあたっては、問題となっている行政活動が、最高裁の示した定式である「公権力の主体たる国または公共団体が行う行為のうち、その行為によって、直接国民の権利義務を形成しまたはその範囲を確定することが法律上認められているもの」[33]に該当するかどうかという形で議論が展開される。この定式にも示されているように、処分とされるためには「法律上」の手がかりが必要である。生活保護法の収入認定や、医療保険諸法の減点査定[34]のように、このような手がかりを欠く行為については処分性が否定される[35]。

　処分性を判定する「法律上」の手がかりとして行政法学が一般的に念頭に置いているのは、処分の要件・効果が（その一部を行政基準に委任することはあり得るとしても）法律自身によって規定されていることである。このような考え方に対する大きな挑戦となったのが、労災援護費に関する最高裁判決[36]である。この事件では、労災援護費に関する支給ができる旨の規定だけが法律上存

---

(32)　これら行政行為論の展開と現状につき参照、原田大樹「行政行為論と行為形式論」法学教室 442 号（2017 年）68-75 頁、同「行政行為の分類」法学教室 444 号 80-88 頁、同「行政行為の効力」法学教室 446 号 72-81 頁、同「行政行為の無効と取消」法学教室 447 号 62-69 頁、同「行政行為の取消と撤回」法学教室 448 号（2018 年）70-79 頁。

(33)　最一小判 1964（昭和 39）・10・29 民集 18 巻 8 号 1809 頁［東京都ごみ焼却場事件］。

(34)　最二小判 1978（昭和 53）・4・4 判時 887 号 58 頁。

(35)　原田大樹『演習 行政法』（東京大学出版会、2014 年）174-181 頁。

(36)　最一小判 2003（平成 15）・9・4 判時 1841 号 89 頁。

在し、その要件・効果については委任先の施行規則にも規定がなく、通達で定められていた。それにもかかわらず最高裁は、処分性を肯定した。最高裁は、労災保険に関する給付のしくみの存在を前提に労災援護費をその補充的なものと位置づけ[37]、労災援護費そのものに関する要件・効果の規定が法令になくても、そのような給付を行い、かつその給付の要否を行政機関が一定の基準に従って判断する仕組みが法律上予定されているものと捉えた。ここには「仕組み解釈」の発想が見られる。

　処分性の判定にあたり、文理から離れた仕組み解釈を用いる背景には、すでに述べたように、社会保障法において法治主義の枠内で高い規律密度を要求する発想が弱いという要素がある。確かに、個別の給付に法律の根拠を要求することは、法律の根拠がない給付を違法と評価することにつながるから、私人の権利保障との関係で必ずしもプラスにはならない[38]。しかし、所得再分配を規律する社会保障法の性格から、給付システムの骨格については法律の根拠が要求される。労災援護費の事件の場合にも、その意味での根拠は法律に置かれている。そして、処分性の判定に当たっては、補助金適正化法のように行政行為の「形式」を採ることの授権であっても、法律上の手がかりとしては十分と考えられている[39]。こうした理由から、給付決定そのものに関する詳細な要件・効果が法令に規定されていなくても、少なくとも給付システムの骨格に関する規定が法律上に存在すれば、処分性を肯定するには十分と考えられる[40]。

2　契約と行政行為

　次に、ある行政上の決定が契約か行政行為（処分）かが問題となった事例を給付提供法と給付法から1つずつ取り上げる。ここで給付法とは、給付主体である国・地方公共団体等と受給者との法関係を、また給付提供法とは、給付主体と実際のサービス給付を担当する医療機関・介護サービス事業者等との法関係を言う。

---

(37)　もっとも、その理由付けは判旨からは明らかではなく、労災法の仕組み解釈の緻密さの点で問題が残る。参照、嵩さやか「判批」法学教室283号（2004年）104-105頁。

(38)　原田大樹「法律による行政の原理」法学教室373号（2011年）4-10(6)頁。

(39)　塩野宏『行政法Ⅱ（第5版補訂版）』（有斐閣、2013年）105頁。法律の留保との関係につき参照、藤田宙靖『行政法総論』（青林書院、2013年）91頁。

(40)　同旨、山本隆司「権力性」同『判例から探究する行政法』（有斐閣、2012年）312-326(324)頁［初出2008年］。

給付提供法における著名な具体例が、保険医療機関指定の法的性質をめぐる議論である。健康保険法は、療養の給付を担当する保険医療機関を厚生労働大臣が指定し、被保険者は自らが選択した指定保険医療機関から給付を受けることを予定している（健康保険法63・65条）。この指定の法的性格をめぐっては、（公法上の）契約と解する立場と行政行為（処分）と解する立場とがあった。行政解釈は契約説をとっており、制度の沿革[41]を前提に、厚生労働大臣が個々の保険者に代わって医療機関と、保険診療を担当することや医療機関が厚生労働大臣の監督に服することを約束するものとして指定を捉えていた[42]。この解釈の実践的意図としては、次で紹介する病床過剰地域における指定拒否を、行政側の契約自由の原則によって説明しようとするところにあった。社会保障法学においてもこの解釈に追従する見解が当初は多かった[43]。しかし、行政法学の側から強い異論が示され[44]、社会保障法学でも指定を行政行為（処分）と捉える見解が有力化してきている[45]。指定の処分性を導出する根拠となったのは、指定要件が法令で詳細に定められていること、指定取消が契約説においても処分と捉えられていたこと、さらに契約説が契約と構成する理由として挙げていた医療機関側の同意なしに指定はなされないという要素は申請に対する処分と構成しても同じであることであった。加えて言えば、行政法学では一定の法関係を包括的に捉えるのではなく、できるだけ分節して把握する考え方が強い。医療保険における給付提供法を細かく見れば、保険診療を提供しうる保険医療機関を決定する段階と、被保険者が保険医療機関で実際に療養の給付を受け、診療報酬が保険者から保険医療機関に支払われる段階とに区分できる。保険医療機関の指定は前者の段階に位置付けられるしくみであって、その

---

(41)　久塚純一「医療保障と医療提供体制の整備・再編」日本社会保障法学会編『講座社会保障法 4 医療保障法・介護保障法』（法律文化社、2001 年）70-95（78-90）頁。

(42)　『健康保険法の解釈と運用 平成 29 年度版』（法研、2017 年）509-510 頁。サービスの現物給付との関係で契約としての性格を説明する見解として参照、遠藤浩・神田裕二「介護保険法案の作成をめぐって」法政研究（九州大学）66 巻 4 号（2000 年）1791-1831（1802）頁。

(43)　学説の動向につき参照、西村・前掲注(19)202-203 頁。

(44)　阿部泰隆「地域医療計画に基づく医療機関の新規参入規制の違憲・違法性と救済方法」同『行政法の解釈 (2)』（信山社、2005 年）67-109 頁［初出 2000 年］。

(45)　岩村正彦「医療保険法」自治実務セミナー 41 巻 6 号（2002 年）11-17（13）頁。契約関係を発生させる行政処分と解する見解として参照、中野妙子「判批」ジュリスト 1199 号（2001 年）109-111（109）頁。

法効果は保険診療を提供できる地位を与えるものである。これに対して契約的な要素はむしろ後者の段階に認められ、保険医療機関による療養の給付と保険者による診療報酬の支払いとが一定の対価関係にある[46]。

　給付法における典型例は、（私立）保育所の入所関係をめぐる議論である。1997年改正以前の児童福祉法は、保育所入所についてもいわゆる措置制度を採用しており、保育に欠ける児童に対して行政側が職権で保育所に入所させるものとされていた[47]。これに対して1997年の児童福祉法改正では、保育所入所に関する保護者の選択権が正面から認められ、希望の保育所を特定して市町村に申し込み、市町村がこれを承諾することで保育所入所関係が成立するものとされた。行政解釈は（公法上の）契約説をとっており、その理由として条文上「申込み」という表現が見られること、保育所の選択権が認められていることが挙げられていた。もっとも、制度改正後に出された通達では、保育所入所をめぐる争いに対して行政不服審査法が利用可能であることが示されていた。そこで社会保障法学では、改正後も保育所入所決定は処分であるとの見方が一般的であった。この考え方の背景には、処分であれば抗告訴訟による救済可能性が確保されるとともに、行政手続法の申請に対する処分のルールも適用されることで、受給者側の権利・地位保障に資するという実践的な意図もあった[48]。これに対して行政法学では、保育所入所関係を次のように分節して把握する考え方が有力である。保育所入所関係は、児童を保育所に入所させる必要性の認定の段階と、具体的に特定の保育所に入所して保育サービスを受ける段階の2つに区分できる。前者は児童福祉法やそれに基づく委任条例等の法令の定めに適合するかを市町村が認定判断するもので、行政行為（処分）の定式に馴染む。これに対して後者の段階は、どの保育所を選択するかについて保護者側にイニシアティブが認められており、市町村は保護者が選択した保育所に定員上の余裕があればこれを受け入れ、当該保育所で就学年齢まで保育を継続

---

(46)　原田・前掲注(6)307-311頁。

(47)　当時の法制度に関する精緻な解釈論として参照、木佐茂男「保育所行政からみた給付行政の法律問題」公法研究46号（1984年）156-170(160-163)頁。阿部泰隆「憲法上の福祉施策請求権」同『行政法の進路』（中央大学出版部、2010年）295-314(300)頁［初出1998年］は、介護請求権を明示しない各種の社会福祉の法律は憲法の負託に応えたことにならず、介護請求権が存在しないと解される限度において違憲と評価する。

(48)　田村和之「保育所制度改革案の問題点」保育情報243号（1997年）5-11(7)頁。

することとなる。他の類似の法制度との整合的に理解する上でも、この選択権保障の部分は契約と考えた方がよい[49]。

このように、契約と行政行為（処分）の区別をめぐっては、社会保障法学と行政法学との間で異なる見解が目立つ。その理由は、行為形式の特定の実益をどこに見出すかの違いにあるように思われる。社会保障法学では、主として事前手続（行政手続法の適用の有無）や事後手続（行政不服審査法の適用の有無・抗告訴訟の可能性）に関する法的な処理との関係で契約か行政行為かを論じる傾向が強い。これに対して行政法学では、そのような考慮のみならず、社会保障法を含むさまざまな個別法領域において見られる類似の決定形式を整合的に理解しようとする方向性が見られる[50]。伝統的な行政法学において行政行為は権力関係における代表的な行為形式であって、社会保障法のような給付行政で用いられることは例外的であるとの考え方が強かった[51]。しかし最近では、財の配分をめぐる集団的決定を具体化する個々の給付決定はむしろ行政行為として捉えることが通例であるとの見方が登場している[52]。こうした問題関心の違いが、個別の条文の解釈方法の選択にも影響を与えていると考えられる。

3 行政指導と行政行為

処分性をめぐる議論のもうひとつの舞台は、行政指導と行政行為（処分）の区別の場面である。ここでも給付提供法と給付法で代表例を1つずつ取り上げることとする。給付提供法における最もよく知られた問題は、医療法の病院開設中止勧告の処分性である。医療法[53]は、民間病院に関しては主として公衆衛生確保の観点から、病院設置の際に許可を得ることを求め、公衆衛生に関する基準を満たせば許可が与えられることとしている。しかし、都道府県医療計画に基づく病床数を上回る数の許可申請に対しては、病床数の削減や病院開設

---

(49)　原田大樹「福祉契約の行政法学的分析」同『行政法学と主要参照領域』（東京大学出版会、2015年）107-153(116-117)頁［初出2003年］。

(50)　契約と行政行為をめぐる議論の経緯と現状につき参照、原田大樹「契約と行政行為」法学教室445号（2017年）94-102頁。

(51)　雄川一郎「現代における行政と法」同『行政の法理』（有斐閣、1986年）196-212(212)頁［初出1966年］。

(52)　山本隆司「小括──処分性の判断枠組」同『判例から探究する行政法』（有斐閣、2012年）364-387(367-368、372)頁［初出2008年］。

(53)　医療法の改正状況と現状につき参照、稲森公嘉「医療提供体制の確保に関する医療法の展開」法律時報89巻3号（2017年）22-29頁。

の中止を勧告することとなっている。医療法上は、この勧告に従わなくても許可が与えられる。しかし、健康保険法に基づく指定医療機関の指定の際に、中止勧告が出ていれば指定が拒否される。現在はこのことが明確に法律上の要件として規定されているものの、かつては両者の結び付きは通達で書かれていた。そして、指定を公法上の契約と解する行政解釈は、こうした法律上必ずしも明確ではない指定拒否を契約自由の原則によって正当化する実践的な意図を伴っていた。これに対して最高裁は、中止勧告が出されれば相当程度の確実さをもって指定拒否がなされることを理由に、中止勧告の処分性を肯定した[54]。この帰結は、医療法の勧告に関する規定のみに注目して文理解釈することから導くことは不可能で、医療法と健康保険法に跨がる法的仕組みを評価した上で、その中での医療法の勧告の法的性格を判定した「仕組み解釈」に基づく行為形式の判定であったことは明らかである。もっとも行政法学においては、このような解釈で処分性を認めたことに対して、就学援護費事件と比べて批判的な見解が目立つ。その理由は、就学援護費事件では給付決定の公権力性が争われ、決定に対する訴訟類型の振り分けだけが問題となった[55]のに対して、病院開設中止勧告事件では指定保険医療機関の指定拒否よりも時間的に前の段階にある勧告の段階で成熟性を認めたことで、訴訟提起のタイミングを前倒ししなければならなくなったことにある[56]。しかも、決定の最終性に注目して処分性を導出した他の最高裁判例と異なり、病院開設中止勧告事件では、中止勧告と指定拒否の結び付きが事実上のものにとどまり、（可能性が低いとは言え）中止勧告が出ても指定拒否にならない余地が法的には残っている。こうしたことから、処分性を認めることに否定的な見解[57]や、処分性を認めるとしても取消訴訟の排他性や出訴期間制限を及ぼさない扱いにすべきとする見解[58]も唱えられている。

---

(54)　最二小判 2005（平成 17）・7・15 民集 59 巻 6 号 1661 頁。

(55)　橋本博之「行政判例の展開と仕組み解釈」同『行政判例と仕組み解釈』（弘文堂、2009 年）1–60(18)頁。

(56)　橋本博之「処分性論のゆくえ」同『行政判例と仕組み解釈』（弘文堂、2009 年）61–94(93)頁［初出 2006 年］は、こうした解釈が行政手続の創設という意味を有し、立法論的解釈（法的仕組みの作り直し）の様相を呈しつつあると指摘する。

(57)　角松生史「判批」行政判例百選Ⅱ（第 7 版）(2017 年) 332–333 頁。

(58)　塩野宏「行政法概念の諸相」同『行政法概念の諸相』（有斐閣、2011 年）3–22(18)頁［初出 2011 年］、同・前掲注(39)120 頁。

Ⅲ　行為形式の判定と法解釈

　給付法における代表例は、生活保護法 27 条 1 項の指導指示の処分性である。被保護者の自立を促進するため、生活保護法は保護の実施機関が保護の目的達成に必要な指導指示を行うことを認める一方、それが必要最少限度に止まるものでなければならず、しかも強制しうるものと解釈してはならないとしている（同条 2・3 項）。しかし、生活保護法 62 条 1 項は指導指示に従う義務を規定し、この義務に違反した場合には保護の変更・停止・廃止ができるとされている（同条 3 項）。仕組み解釈の発想を採用し、このような不利益処分との結び付きを重視すれば、指導指示は不利益処分の要件の充足を確定し、不利益処分を受けるべき地位に立たせる法効果を伴った処分と考え得る[59]。これに対して、指導指示にもいろいろな内容・程度のものがあり、また指導指示の存在は不利益処分の必要条件に過ぎないから、この段階ではなお成熟性に欠けるという見方もできる[60]。両者の中間的な立場としては、生活保護法施行規則 19 条が不利益処分に先立って書面による指導指示を求め、被保護者がこれに従わなかった場合にのみ不利益処分をなしうることを規定していることから、書面による指導指示の段階で処分性を肯定する見方もありうる。最高裁は、この書面による指導指示の行為形式を明確には判定しなかったものの、書面によることが義務付けられている趣旨として判断の慎重・合理性担保と被保護者が十分に指導指示の内容を認識しないまま不利益処分がなされることを防止する機能を挙げ、指導指示の内容は書面に示されていることに限定されるとした[61]。このような理解は、行政行為（処分）の理由提示に関する従来の最高裁判例[62]の考え方と極めて近い。もっとも、最高裁が指導指示を行政行為に類似するものと考えたのか、それとも生活保護法及び施行規則の規定内容を踏まえて生活

(59)　太田匡彦「生活保護法 27 条に関する一考察」小早川光郎＝宇賀克也編『行政法の発展と変革　塩野宏先生古稀記念（下）』（有斐閣、2001 年）595–628(614)頁。同論文は、社会福祉学のケースワークに関する知見を参照して指導指示の法的性格を議論している点において、法解釈方法論の観点から見ても極めて興味深い。

(60)　原田・前掲注(6)273–274 頁、同「『生活保護法』の適用」法学教室 408 号（2014 年）29–34(32–33)頁。丸谷浩介「生活保護ケースワークの法的意義と限界」季刊社会保障研究 50 巻 4 号（2015 年）422–432(427)頁は、指導指示の複合的性格に注意を促した上で、「『およそ指導指示というものすべて行政行為に該当するか否か』という問いが、きわめて乱暴な議論」とする。

(61)　最一小判 2014（平成 26）・10・23 判時 2245 号 10 頁。

(62)　最二小判 1962（昭和 37）・12・26 民集 16 巻 12 号 2557 頁。

保護法特有の行政指導手続ルールと評価したのかは、判示からははっきりしない。

　契約と行政行為の区分とは異なり、行政指導と行政行為の区分については、行政法学と社会保障法学での解釈論的立場の違いはあまり目立たず、むしろ行政法学内部での見解の対立が顕著である。その背景には、処分性の判断における分析的アプローチの存在がある[63]。処分性判断に関するリーディングケースである東京都ごみ焼却場事件最高裁判決では、行政活動をできるだけ細かな単位に分節し、その単位ごとに処分性の定式にあてはまるものかを判断する分析的アプローチをとっていた。これに対して、仕組み解釈を前提に早期段階で成熟性を肯定する行政指導の処分性をめぐる議論では、法効果の判定にあたって複数の行政活動を組み合わせることになり、分析的アプローチとは逆の操作を行うことになる。この点に対する評価が分かれることが、仕組み解釈をこの場面に適用することへの賛否を分けていると思われる。

Ⅳ　行政裁量と法解釈

　社会保障法においても、給付法・給付提供法を問わずさまざまな行政上の決定について行政裁量が認められている。行政裁量が認められれば、裁判所が行政機関の判断を自ら正しいと考える判断に置き換える実体的判断代置が行われず、その審査権は逸脱・濫用の有無に限定される。そこで、行政裁量をめぐっては、その行政上の決定に裁量が認められるかという問題と、認められるとして行政の判断に裁量権の逸脱・濫用があるかという問題の2つが議論され、いずれも当該決定を授権した法律の規定の解釈がその前提となる[64]。裁量の有無の判断にあたっては、文言上の手がかりに加えて、行政裁量を認める必要がある実質的な理由ないし合理性も考慮される[65]。社会保障法における行政裁量を支える実質的な理由は、一般的には「専門性」と考えられる。そこで以下では、行政裁量が認められる代表的な行為形式として行政基準と行政行為を取

---

(63)　原田大樹「行政訴訟と民事訴訟」自治研究93巻11号（2017年）44–63(55–56)頁。

(64)　大橋洋一『行政法Ⅰ　現代行政過程論（第3版）』（有斐閣、2016年）201頁。

(65)　曽和俊文『行政法総論を学ぶ』（有斐閣、2014年）180頁。

(66)　行政基準と行政行為の裁量の性格につき参照、原田大樹「行政立法と行政基準」法学教室449号（2018年）60–69(68)頁。

り上げ[66]、行政裁量の合理性の観点から裁量統制の手がかりとしてどのようなものが考えられるかを検討することとしたい。

1　行政基準の裁量統制

法律自身が給付内容の具体的な水準を定めず、その確定を行政基準に委ね、授権規定の中で詳細な条件付けをしない場合には、行政基準の策定に当たって行政裁量が認められることになる。この局面で行政裁量が認められる実質的な理由は、「専門性」を持つ行政機関が、給付システムの大枠を規定した法律の趣旨に従って具体的な内容を継続的に形成すること（法の継続形成）にあると考えられる。その際に、専門家から構成される合議制の機関が関与する手続があれば、裁量統制に際しては、その手続の中での判断過程に過誤欠落がなかったかどうかという点に重点が置かれうる。生活保護法の老齢加算廃止に関する最高裁判決[67]が判断過程の過誤欠落の有無を審査しているのは、こうした考慮に基づくものと思われる[68]。

行政基準の裁量統制に当たってはさらに、次の2点も重要な手がかりとなると考えられる。1つは、授権規定の趣旨解釈である。規律密度の要請からは、委任の目的・内容・程度が明確に法律の授権規定に書かれている必要がある[69]。もしそれが十分でない場合には、授権規定を含む法律が全体として定めている給付システムの目的に照らして授権規定を解釈する必要がある。その際には、法律の目的規定が大きな手がかりとなる。児童扶養手当法施行規則の規定をめぐる最高裁判決[70]では、授権規定の文理解釈では委任の範囲が確定できず、それゆえ法律の趣旨目的に立ち返った解釈が試みられていた。

もう1つは、基準策定手続の存否である。例えば、立法者が共通のリスクを抱える社会集団を組織化し、拠出と給付をその集団の中で完結させ、集団の民

---

(67)　最三小判 2012（平成 24）・2・28 民集 66 巻 3 号 1240 頁。

(68)　村上裕章「判批」法政研究（九州大学）80 巻 1 号（2013 年）205-218(211)頁、山下慎一「生活保護基準の設定に対する法的コントロール」季刊社会保障研究 50 巻 4 号（2015 年）389-400(392)頁。財政事情の考慮に入れた社会保障給付の行政決定とその法的統制の観点からの分析として参照、前田雅子「保護基準の設定に関する裁量と判断過程審査」曽和俊文他編『行政法理論の探究　芝池義一先生古稀記念』（有斐閣、2016 年）311-338(322-327)頁、同「社会保障における行政法の課題」行政法研究 20 号（2017 年）191-200(196-198)頁。

(69)　大橋・前掲注(64)36 頁。

(70)　最一小判 2002（平成 14）・1・31 民集 56 巻 1 号 246 頁。

主的なガバナンス構造と手続を法定した場合には、給付の水準や内容に関して当該集団が決定した基準の裁量統制は、手続的な瑕疵の有無を中心に審査することになると思われる[71]。あるいは、利害関係者の同数代表制に基づく合議制の機関が給付の水準や内容を決定する場合にも、手続的な瑕疵が裁量権の逸脱・濫用の評価に直結する可能性が高くなる[72]。このように、立法者が実体的な条件付けを行わず、手続や組織を中心とする決定プロセスを設定した場合には、裁量統制にあたっても手続的な要素の過誤がもたらす意味が大きくなると考えられる。

2 行政行為の裁量統制

　法律及び行政基準でもなお給付の具体的要件や内容が一義的に確定されていない場合には、個別の受給者を対象とする行政行為としての給付決定の段階に行政裁量が認められる。この局面で行政裁量が認められる実質的な理由は、「専門性」を持つ行政機関が、個別性の高い受給者の状況を細かく把握した上で、それに最も相応しい給付を行う給付の最適化要請にあると考えられる。年金保険（とりわけ老齢年金）や社会手当の場合には、受給者の需要を定型化して支給要件を法律で明確に定めていることから、行政行為の段階での裁量の余地は少ない。これに対して公的扶助・社会福祉分野では、歴史的にもまた現在でも、行政行為の裁量が幅広く認められている。もっとも、介護保険のように要介護認定の基準をある程度客観化し、要件裁量の余地を狭める制度設計も発展している[73]。

　行政行為の裁量統制に当たっても、専門家により構成される合議制機関が関

---

(71)　倉田聡「旭川市国民健康保険条例事件最高裁大法廷判決について」同『社会保険の構造分析』（北海道大学出版会、2009 年）216-231(228)頁［初出 2006 年］。もっとも、国民健康保険法の財政構造が保険者自治のモデルから相当程度逸脱している点や、保険者自治の名の下に少数派の権利が侵害される危険をどう考えるかという点には、行政法学・租税法学から懸念が提起されうるところである。この点に関する詳細な検討として参照、太田匡彦「社会保障における租税以外の費用負担形式に関する決定のあり方について」中里実他編『現代租税法講座第 1 巻　理論・歴史』（日本評論社、2017 年）93-136 頁。

(72)　医療保険における行政手続とその機能につき参照、笠木映里『公的医療保険の給付範囲』（有斐閣、2008 年）16-27 頁［初出 2006 年］、同「日本の医療保険制度における『混合診療禁止原則』の機能」新世代法政策学研究（北海道大学）19 号（2013 年）221-238(232-236)頁。

(73)　増田雅暢『逐条解説　介護保険法（2016 改訂版）』（法研、2016 年）44-47 頁。

与する手続が定められていれば、手続的瑕疵に着目した裁量審査の利用が考えられるところである。さらに、次の2点も重要な手がかりとなると考えられる。1つは、裁量を授権した法令の規定を中心にして導出される考慮事項に着目した審査である。例えば、障害を理由とする保育所入所拒否の事例では、保育所入所に関する児童福祉法及び関連法令の規定やその目的に照らして、裁量判断に当たって考慮すべき事項や考慮すべきでない事項が導出され、具体的な事実関係に照らしてそれらの事項がどのような形で考慮されたか、どの要素を重視（あるいは軽視）して決定がなされたかが追試的に審査され、判断過程に誤りがあれば裁量権の逸脱・濫用が認められることになる[74]。生活保護法63条に基づく費用返還義務[75]のように、根拠規定に考慮事項を導出する手がかりが十分には含まれないことも珍しくないことから、考慮事項の探究に当たっても仕組み解釈のアプローチが有用である。

　もう1つは、憲法が保障する基本権や行政法の一般原則を用いた審査である。考慮事項の導出や重み付けの際には、法令の不明確な規定を補充し、場合によっては修正する憲法適合的解釈が試みられるべきである。また、とりわけ義務付け判決を行う場合には、純粋な判断過程統制だけでは具体的な支給量まで確定させることが困難であり、不支給によって健康で文化的な最低限度の生活が脅かされる結果になることに注目した審査が求められる場面も想定できる[76]。

3　専門性と基本権

　公的扶助・社会福祉分野における行政裁量は、もともと戦後の生活保護法・児童福祉法・社会福祉事業法の立法の際に、専門職の制度とセットで導入されたものである。福祉事務所・児童相談所などの一般行政組織から一定程度独立した専門性のある組織に、社会福祉主事・児童福祉司といった専門職が配置され、高度の専門性を背景にケースワーカーが給付の内容を適時・適切に決定していくモデルが想定されていた[77]。そして、相手方の申請に基づかず職権で給付を実施する措置制度は、困窮者が気づいていないニーズを専門職が発見し

(74)　東京地判 2006（平成 18）・10・25 判時 1956 号 62 頁。

(75)　その法的性格につき参照、丸谷浩介「生活保護法 63 条による費用返還」週刊社会保障 67 巻 2710 号（2013 年）44-49(46)頁、稲森公嘉「生活保護費の過払いと費用返還の方法」週刊社会保障 68 巻 2781 号（2014 年）50-55(51)頁。

(76)　和歌山地判 2012（平成 24）・4・25 判時 2171 号 28 頁。

て給付を提供するアウトリーチの考え方に基づくものともされていた[78]。

　ところが、こうした理想は実際にはあまり実現されず、むしろ裁量が訴訟による解決を抑制する場面が目立つことになった。とりわけ公的扶助・社会福祉分野では、一般財源のインクリメンタリズムの下で財源が構造的に制約されていた。また、これらの部門も地方公務員の人事ローテーションの中に組み込まれることが多く、専門職が高度の専門性を背景に給付を決定するあり方は十分には実現されなかった[79]。さらに、1990年代に入ると、受給者の自律性を重視して、受給者の自己実現の観点から公的扶助・社会福祉サービスのあり方を考える見解が強まってきた[80]。そこで、行政裁量をめぐる法解釈や法制度設計に関して、新たな考え方が提示されてきている。

　その1つは、給付決定を統制する基本権の機能の重視である。受給者の自己決定や自己実現を重視するという観点からは、憲法13条が定める「個人として尊重」される考え方が、裁量統制に当たっても反映されるべきである[81]。また、社会保障法は確かに再分配過程を規律する法であって、その際に民主政のプロセスを経て決定された法律が重視されるべきであるけれども、こうした民主的決定の基盤として、政治的プロセスに参加する個人が他の個人に依存しない自律的な生活を営んでいる必要がある[82]。憲法25条の保障する生存権

---

(77)　社会福祉法令研究会編『社会福祉法の解説』（中央法規出版、2001年）119-123、138-141頁、児童福祉法規研究会編『最新児童福祉法・母子及び寡婦福祉法・母子保健法の解説』（時事通信社、1999年）70-76頁。必置規制との関係につき参照、前田雅子「分権化と社会福祉サービス」日本社会保障法学会編『講座社会保障法3 社会福祉サービス法』（法律文化社、2001年）287-313(296)頁。

(78)　大山正『老人福祉法の解説』（全国社会福祉協議会、1964年）125頁。

(79)　児童相談所の現状につき参照、藤林武史「児童相談所の現状と虐待防止最前線」自由と正義66巻6号（2015年）17-23(21-22)頁、岡聡志＝清水孝教「児童虐待事案における児童相談所の役割と他機関との連携について（上）」捜査研究65巻12号（2016年）12-21(21)頁。明石市における改革の取り組みにつき参照、泉房穂「法改正後初の児童相談所設置に向けて」市政66巻6号（2017年）39-41頁。

(80)　品田充儀「社会福祉法制の構造と変容」日本社会保障法学会編『新・講座社会保障法2 地域生活を支える社会福祉』（法律文化社、2012年）30-48(43-48)頁。

(81)　生存権と自律の関係につき参照、高田篤「生存権の省察」村上武則他編『法治国家の展開と現代的構成 高田敏先生古稀記念』（法律文化社、2007年）132-188(155-162)頁。社会保障法の法理念としての自由・自律を重視する見解として参照、菊池馨実「社会保障の法理念」同『社会保障の法理念』（有斐閣、2000年）135-149(143-146)頁［初出1999年］。

は、所得再分配の内容を決定する政治過程を機能させる前提条件として憲法上保障された権利であって、行政裁量のみならず立法裁量の統制の際にも生存権のこうした機能が十分に発揮されるような解釈論が示されるべきである。

　もう1つは、ベストの行政裁量行使を誘導する手続的・組織的な工夫である。違法のみならず不当な行政活動に対しても是正を求めうる行政不服審査は、行政裁量の適切な行使を事後的にコントロールする有力な手段である。2014年の法改正によって審理員による審理や行政不服審査会への諮問手続が導入されており[83]、こうした実施部局から一定の距離を置いた担当者・組織による判断代置が積み重ねられることで、実施部局の場合によっては偏った裁量行使のあり方が是正される可能性がある。また、行政機関と受給者との継続的な関係の中で生じる様々な苦情や要望に対応するオンブズマン制度も、行政裁量の行使のあり方を再検討させる契機を提供する[84]。さらに、給付内容を決定する際に、受給者本人の意向と給付提供者のサービスとをマッチングさせる媒介組織やサービス提供に関する行政計画の手続を設け、専門性を持つ資格者がこの手続を主宰しつつ様々な関係者の意向を取り込むことで、裁量権行使の際に必要な考慮事項に対応する諸情報を収集する媒介行政の理論モデル[85]を発展させることも考えられる。

Ⅴ　おわりに

1　行政法総論と社会保障法

　伝統的には、社会保障法（の一部）は行政法各論の一分野と扱われていた。これに対して現在では、社会保障法は独立した法領域であり、労働法と併せて

---

(82)　太田匡彦「対象としての社会保障」社会保障法研究1号（2011年）165-271(217)頁、原田大樹『現代実定法入門』（弘文堂、2017年）246-247頁。生活保護法上の自立の捉え方につき参照、前田雅子「個人の自立を支援する行政の法的統制」法と政治（関西学院大学）67巻3号（2016年）739-777(742-744)頁。

(83)　宇賀克也「行政不服審査法・行政手続法改正の背景と概要」法学教室420号（2015年）4-10頁。

(84)　大橋洋一「福祉オンブズマンの制度設計」同『対話型行政法学の創造』（弘文堂、1999年）111-159(150)頁［初出1997年］。

(85)　原田大樹「媒介行政と保障責任」同『行政法学と主要参照領域』（東京大学出版会、2015年）155-184(163-179)頁。

社会法に分類されることが一般的である。もっとも、法分野として独立することと、行政法学との関係が没交渉になることは同義ではない。現に、本稿で取り上げた社会保障法に関する様々な判例は、行政法総論においても必ず取り上げられる重要なものばかりであり、社会保障法学の解釈論や給付の裁量統制に関しても行政法学の議論が今なお強い影響を与えているように思われる。

　無数に存在する多種多様な行政法令の共通要素を抽出して人工的に作り上げられた行政法総論は、個別の行政法令との結び付きを維持して初めて成立しうる。行政法総論は、個別の行政法令の解釈論や立法論に指針を提供するのみならず、個別の行政法令の解釈論・立法論の発展動向を踏まえてその理論を作り替えていく営みを続けている。こうしたコミュニケーションを円滑に実現する工夫として、目的が共通な個別の行政法令をグルーピングして、そこに見られる解釈論・立法論の方向性を抽出する作業が必要となる[86]。行政法総論から見れば、社会保障法はそうした参照領域のひとつに位置付けられる。伝統的な行政法総論・各論が、総論から各論への一方的な法理の適用を主として念頭に置いていたことと比較すると、参照領域理論は総論と参照領域とが対等な立場でコミュニケーションを促進させ、お互いに発展していくモデルを描くものである[87]。

2　社会保障法の解釈論の独自性

　このような立場から、行政法総論から見た社会保障法の解釈論の独自性を2点にわたって指摘することとしたい[88]。第1は、生活者としての視点を重視した解釈である。社会保障法の中でも給付法においては、受給者の健康で文化的な最低限度の生活が社会保障給付によって支えられている場面が多い。そこで、給付を意図した法律の目的を実現する方向での法解釈（目的論的解釈）が試みられることになる。社会保障給付に関する諸規定は、人間の尊厳を維持する最低限度の生活を保障するように解釈されるべきである（最低生活保障原則）。その際には、受給者が何をどれだけ必要としているかを十分に把握した上での給付がなされる必要がある（応需給付原則）。社会保障給付が目指すの

---

(86)　夙に、杉村章三郎「行政法規解釈論」法学協会雑誌（東京帝国大学）54巻4号（1936年）650-677(676)頁がその重要性を指摘していた。

(87)　原田大樹「行政法総論と参照領域理論」同『行政法学と主要参照領域』（東京大学出版会、2015年）1-20頁〔初出2013年〕。

(88)　原田・前掲注(6)244-251頁。

は、単に経済的に自立した生活ではなく、ひとりの生活者として自律的な決定ができる前提条件を整えることにある[89]（自己決定支援原則）。

第2は、所得再分配の視点を組み込んだ解釈である。行政法学・租税法学では、租税による金銭負担とこれを元手とする国家による給付活動とを切り離す考え方が強い（租税収入中心主義）。これは、公金の使途決定を民主政の過程に委ね、その中で高額納税者が特殊利害を反映できないようにする工夫でもある。これに対して社会保障法では、給付とそのための費用調達とが直接的に連結している社会保険方式が存在しており、そこに保険者自治を組み込んで国家の民主政の過程とは異なる単位の民主的決定を実現する制度設計も可能である。このような法制度が設定されている場合には、自治が実効的に実現されている限りでその決定を尊重する解釈がなされうる（参加機会確保原則）。また、給付とそのための費用調達が直接には連結していない社会扶助方式も含め、給付制度が将来にわたって存続できるような方向で解釈がなされることもありうる[90]（持続可能性原則）。

3　社会保障法の解釈論の課題

このように、社会保障法においては、文理解釈を一応の出発点としつつも、目的論的解釈や論理解釈といった様々な解釈手法が使われる。そして、行政法学において重視される仕組み解釈の考え方は、社会保障法においても有効である。もっとも、仕組み解釈が行政過程の時間的な流れを包括する形で用いられる場合には、法制度の分析的アプローチとの緊張関係が生じることがある。また、仕組み解釈が拠出と給付を包摂する形で用いられる場合には、租税収入と財政支出を分離する考え方との衝突が起こりうる。こうした問題は、行政法総論と社会保障法学との対話の中で議論され、その解決策が洗練されていくことが期待される。

さらに、仕組み解釈の考え方を、給付システムに組み込まれた私人の行為にも及ぼすことが必要な局面も想定できる。例えば、介護保険法に基づき被保険者と介護保険サービス提供者とが締結する契約に対する統制法理は、その背景にある行政法的な給付のしくみを前提とする諸要請を反映させるべきであ

---

(89)　菊池馨実『社会保障法（第2版）』（有斐閣、2018年）118頁。

(90)　菊池・前掲注(89)113-120頁。医療保険の運営の効率化の観点を保険医療機関指定拒否要件に読み込んだ最一小判2005（平成17）・9・8判時1920号29頁は、そのような一例と言えるかも知れない。

る[91]。また、被保険者の需要を把握してサービス内容を調製する介護支援専門員（ケアマネージャー）の活動に対しても、行政裁量統制の法理を及ぼすことが考えられるかも知れない。

　社会保障法は、伝統的には国家と受給者との二面関係とされ、国家に対して受給者の受給権をいかに主張するかという点に関心が集中していた。しかし、本稿が示すように、社会保障法は所得再分配過程全般を規律する法であり、とりわけサービス給付においては民間の給付提供者や給付媒介者が登場して複雑な法関係が展開されている。こうした複合的な利害構造がさまざまな解釈論・立法論を生み出す源泉であり、それゆえ社会保障法は行政法学にとって最も重要な参照領域として、今後とも行政法総論にさまざまな刺激を与え続けるものと思われる。

　〔付記〕本稿は、野村財団研究助成「法学における媒介・調整機能の多角的研究」（研究代表者：入江秀晃・九州大学大学院法学研究院准教授）の研究成果の一部でもある。

---

(91)　原田・前掲注(6)340 頁、同・前掲注(49)151 頁。比較法研究の成果として参照、岩村正彦編『福祉サービス契約の法的研究』（信山社、2007 年）。

民法解釈と社会保障制度

熊 谷 士 郎

Ⅰ　は じ め に
Ⅱ　民法学と社会保障法学との交錯
Ⅲ　若干の横断的考察 ── 民法学への示唆
Ⅳ　お わ り に

民法解釈と社会保障制度〔熊谷士郎〕

I　は じ め に

　本稿は、民法学と社会保障法学がともに議論している共通のトピックを取り上げ、両法学において当該トピックについての問題意識やアプローチの仕方に有意な相違があるか否か、また、あるとするなら、それが何に起因しているのか、を検討し、そこから、今後の両法学、とりわけ民法学における議論を豊かにするための示唆を得ようとするものである。

　このようなテーマ設定には、直ちに、次のような批判が生じよう。問題意識やアプローチの仕方は個々の研究者によって異なるのであり、民法学・社会保障法学という括りによって対比し得るようなものではない、そもそも何をもって民法学および社会保障法学とするかということ自体がかなり議論のありうる問題であってその区別は容易になしえないのではないか（あるいは区別する必要がないのではないか）、等々。このような批判は、確かに相当な理由があると思われるが、なお、このようなテーマを検討することにも一定の意義を見出しうるのではないか。確かに、個々の研究者によって問題意識やアプローチの仕方は様々であり、またそうあるべきであると思われるが、共通のテーマを取り上げている研究者自身が、強くそれぞれの法学への帰属意識を明らかにしていることも多い（「本稿では、民法の観点から…」「本稿は…社会保障法学の視点から…」等）。もちろん、それぞれの論稿の問題意識には、様々な事情（出版社の依頼等）に基づく場合が考えられ、そもそも研究者個人によるものではない場合もあるかもしれないが、しかしそれでも一定の「民法の観点」、「社会保障法の観点」がやはり前提とされているともいえる。そして、後に見るように、明確な方法論的な差異とまではいえないものの、両法学に一定の「傾向」があるとはいえるように思われ、そこから、とりわけ民法学の議論の発展において有益な視点を導き出すことができるのではないか。これが本稿の目論見である。

　具体的には、恣意的ではあるが、民法学の契約法、不法行為法、家族法の分野に対応して、①いわゆる「福祉契約」をめぐる議論[1]、②JR東海事件をめぐる議論、③近親婚の関係にある事実婚と年金受給の問題、の3つのトピックを取り上げたい。

　以下、①～③のトピックごとに、民法学および社会保障法学それぞれの問題意識やアプローチに相違があるかを検討したうえで（Ⅱ）、若干の横断的分析

を行い、主に民法学への示唆を導きたい（Ⅲ）。

Ⅱ　民法学と社会保障法学との交錯

1　「福祉契約」をめぐる議論[2]

（1）問題意識の相違

「福祉契約」の問題は、一方で、民法学からみれば、従来いわゆる「措置」の対象であり民法学の対象とされていなかったものが、「契約」とされ民法学の検討対象となったことにより、他方で、社会保障法学からみれば、従来の検討対象であった「措置」が、「契約」とされたため私人間の法律関係をもその検討対象に含める必要が生じたことにより、両法学がそれぞれその検討対象として重複して論じているテーマである。

　もっとも、そのようなこのテーマに対するベクトルの違いが、両法学がこのテーマを取り上げる際の問題意識に相違をもたらしていると思われる。

　第1に、社会保障法学において、「措置から契約」への移行は、従来の検討対象の性質の変容を意味する。そのため、そもそもそのような「契約」化の当否および「契約」化の意義自体を問題とするものも多い[3]。それに対して、民法学においては、「福祉契約」においても民法ないし消費者契約法が適用されることを当然の前提にして議論を始めるものが多い[4]。

　第2に、「福祉契約」に民法ないし消費者契約法が適用されることを前提と

（1）　「福祉契約」という概念およびその射程は必ずしも明らかではない。結局は、「福祉契約」を他の契約と区別する理論的な意義がどこにあるかによることになろう。また、介護に関する契約についての用語も一致しているわけではない（大村敦志『新しい日本の民法学へ』（東京大学出版会、2009年）294頁以下（初出2005年）参照）。本稿では「福祉契約」自体について論じるものではないので、具体的な概念の精査をしないまま、主に社会福祉法2条にいう社会福祉事業に係る社会福祉サービスの契約を念頭に、カッコつきの「福祉契約」ないし「福祉契約論」という語を用いることにしたい。

（2）　包括的研究として、新井誠ほか編著『福祉契約と利用者の権利擁護』（日本加除出版、2006年）、岩村正彦編『福祉サービス契約の法的研究』（信山社、2007年）等参照。「福祉契約論」をめぐる議論状況については、丸山絵美子「ホーム契約規制論と福祉契約論」岩村・前掲42頁以下、石畝剛士「介護保険契約の規制枠組──序論」法政理論（新潟大学）44巻4号（2012年）103頁以下、執行秀幸「福祉契約──介護契約を中心に」椿寿夫＝伊藤進編『非典型契約の総合的検討』（商事法務、2013年）132頁以下（初出2010年）等参照。

する場合でも、両法学ではその問題意識に相違がみられるように思われる。両法学とも、「福祉契約」においては民法ないし消費者法の観点では十分に対応できないのではないか、という問題意識から「福祉契約」の特殊性とそれへの対応を検討するものが多いが[5]、社会保障法学の中には、現在の民法ないし消費法の理論水準から「福祉契約」を分析した場合にどのようなことがいえるか、といった観点から検討するものがある[6]。

　この点については、「従来、措置制度を前提に運用されてきた社会福祉サービスを提供する実務においては、契約的発想へのなじみがなかった」ところ、「『福祉契約論』の主張の中には、実務的にも、制度的にも、理論的にも、まずは契約法やこれまで形成されてきた契約法理、消費者契約法や消費者保護法理を、この領域において浸透させ、あるいは契約法・消費者法の観点から社会福

---

(3)　山田晋「福祉契約論についての社会法的瞥見」明治学院論叢（社会学・社会福学研究）117号（2004年）67頁以下、橋本宏子「福祉サービス利用契約における『支援された意思決定』を考える —— 障害者権利条約の発効を契機として」神奈川大学法学部50周年記念論文集（2016年）715頁以下等は、このように位置づけることができるように思われる。

(4)　笠井修は、「契約が福祉の手段たりうるか」という根本的な問いが生じるとし、「福祉の市場化の持つ負の側面を契約法理の修正により可能な限り是正するという視点をこえて、より積極的に新しい社会福祉法の体系と矛盾しない契約法理論、社会福祉法制度の中で適切に機能する契約法理論の形成が求められている」という（同「福祉契約論の課題 —— サービスの『質』の確保と契約責任」森泉章編『著作権法と民法の現代的課題 半田正夫先生古稀記念』（法学書院、2003年）662頁以下）。もっとも、具体的には「契約化」自体の当否は論じられていない。また民法ないし消費者法における「契約法理論」およびその修正と論者のいう「社会福祉法の体系と矛盾しない契約法理論」との関係は必ずしも自明でないように思われる。少なくとも、具体的な検討からは、民法および消費者契約法の適用がアプリオリに排除されるという前提を採っているわけではないように思われる（「消費者契約法をはじめとする消費者保護諸法の適用はある」（同663頁）という）。

(5)　社会保障法学のものとして、品田充儀「介護保険契約の特徴と法的問題 —— モデル契約書を参考として」ジュリ1174号（2000年）70頁以下、菊池馨実「社会保障法の私法化？」法教252号（2001年）119頁以下等、民法学のものとして、笠井・前掲注(4)666頁以下、新井誠「介護保険契約と成年後見・再論」千葉大学法学論集15巻3号（2001年）91頁以下等参照。もっとも、それぞれの主張内容は様々であり、異なるレベルの主張が含まれている（丸山・前掲注(2)55頁、執行・前掲注(2)133頁）。

(6)　岩村正彦「社会福祉サービス利用契約の締結過程をめぐる法的論点 —— 社会保障法と消費者法との交錯」同編・前掲注(2)16頁以下（初出1999年）、嵩さやか「社会保障法と私法秩序」社会保障法研究3号（2014年）27頁以下等参照。

祉サービス利用契約領域における実務・制度・理論を検証することを要請するという側面が含まれていたのではなかろうか」という指摘が注目される[7]。

（2）アプローチの相違

両法学は、そのアプローチにおいても一定の相違を見出すことができるように思われる。

第1に、社会保障法学においては、市民法と社会法の対比、自立と支援（自己決定とパターナリズム）といった抽象度の高いレベルでの理念的分析を行うものがある。これに対して、「福祉契約」をめぐる議論においては、民法学はこのような意味での抽象度の高い議論は具体的には行なっていないように思われる。これは、先に述べた（1）問題意識の第1の相違が反映していると思われる。つまり、社会保障法学においては、そもそも「契約」化自体の評価が論じられることから、より抽象度の高い議論が必要となるのに対して、民法学においては、「福祉契約」において、民法ないし消費者法が適用されることを前提として、「福祉契約」の特徴に応じた解釈論を展開することないしその正当化を論じることに焦点が当てられているからであると考えることができよう。

第2に、社会保障法学においては、「福祉契約」を論じる際には、今後の法制度の在り方ないし立法の在り方を考えるという観点から検討されることが多い[8]。これに関連して、「福祉契約」において、取り上げる検討対象も、サービス提供事業者と受給者の法律関係に限られず、苦情処理制度などの他の諸制

---

(7) 丸山・前掲注(2)62頁。ここには、「措置から契約」への立法過程において念頭に置かれた「契約」理解に「民法学・消費者法学などが発展させてきた現代的な契約観」がまったく反映されていなかったという問題背景があるといえよう（岩村正彦「社会福祉サービス利用契約をめぐる法制度と課題」同編・前掲注(2)6頁）。また「契約による権利義務関係の設定が社会保障の各分野に広がってきている現在では、契約法も含めた民法全体を視野に入れて（…略…）、社会保障法に関する権利義務関係の法的問題を考察することが求められる」（岩村正彦「社会保障法と民法 ── 社会保障法学の課題についての覚書」中嶋士元也先生還暦記念論集刊行委員会編『労働関係法の現代的展開 中嶋士元也先生還暦記念論文集』（信山社、2004年）393頁）、あるいは、「社会保障法の法源として、私法秩序を形成する民法をはじめとした民事法規の役割が重視されるようになってきた」（嵩・前掲注(6)28頁）といった、広く社会保障法学一般にかかわる問題意識の反映ともいえよう。

(8) 岩村・前掲注(6)3頁、品田充儀「介護保険契約の法的性格とその規制」神戸外大論叢51巻2号（2000年）63頁、大曽根寛『成年後見と社会福祉法制』（法律文化社、2000年）193頁等。

度についても及ぶことになる[9]。

　これに対して、民法学においては、「福祉契約」における特殊性に着目する際、民法等の解釈論としてどのようなことがいえ、またそれをどのように正当化すべきか、というアプローチが取られることがほとんどである。民法学においても、介護保険の仕組みや「運営基準」などに言及するものがあるが、そこでは、そのような制度が契約内容にどのような影響を与えるのか、という観点から取り上げられているといえる。そして、具体的な帰結としても、民法学においては、「福祉契約」の問題について立法によって解決することに対しては、まずは「解釈論」の成熟をまってから立法すべきとして、慎重な姿勢を示すものが多い[10]。ここには、民法学における「解釈論」の優位性が示されているように思われる。

　第3に、第2とも関連するが、民法学は「福祉契約」の具体的問題を論じる際に、より射程の広い一般的な私法（民法）理論（「契約の基礎理論」）との整合性を重視し[11]、さらには一般的な私法（民法）理論の構築へと向かう傾向が見て取れる[12]。すなわち、民法学における一般化・体系化という性格が示されているように思われる。

2　いわゆる JR 東海事件（最判平成 28 年 3 月 1 日民集 70 巻 3 号 681 頁（以下「平成 28 年判決」という。））をめぐる議論[13]

　まず、平成 28 年判決の内容を簡単に確認しておこう。

　平成 28 年判決の事案は、認知症にり患した A（当時 91 歳）が X（JR 東海）の駅

---

(9)　大曾根・前掲注(8)199 頁以下、正田彬『『措置から契約へ』支援費制度の問題点（下）』ジュリ 1249 号（2003 年）136 頁以下等参照。また、中野妙子「介護保険法および障害者自立支援法と契約」季刊社会保障研究 45 巻 1 号（2009 年）14 頁以下は、契約における家族の意義付けや契約方式における市町村の責任についても検討する。

(10)　小西知世「契約による福祉と事業者の応諾義務」新井編・前掲注(2)22 頁は、「立法への取り組みは、法解釈による問題解決を十分に検討し、その限界を見極めたのちの課題として位置付けるべきではなかろうか」という。また、石畝・前掲注(2)110 頁は、「介護保険契約の私法的規制にとって既存の法律では不十分であること、つまり解釈論としての限界を提示し、その上で、立法による特別な規制を必要とする理由が模索されねばならない」という。丸山・前掲注(2)65 頁も参照。

(11)　丸山・前掲注(2)65 頁は、立法化に慎重な立場を示すに当たり、契約の基礎理論を踏まえる必要性を指摘する。また、石畝・前掲注(2)122 頁以下の各規制モデルによる分析もそのような傾向を示すものといえるように思われる。

Ⅱ　民法学と社会保障法学との交錯

構内の線路に立ち入り、X の運行する列車に衝突して死亡した事故（以下「本件事故」という。）に関して、X が、A の妻 Y₁ および A の長男 Y₂ に対し、民法 709 条または 714 条に基づき、列車の遅延等による損害の賠償を求めたというものである。

最高裁は、①精神保健福祉法上の保護者や成年後見人は、法改正の経緯から、平成 19 年当時において直ちに民法 714 条にいう法定の監督義務者に該当するということはできず、また、民法 752 条は、夫婦間の義務であって、第三者との関係で夫婦の一方に何らかの作為義務を課するものではなく、民法 752 条をもって同条の規定をもって同法 714 条 1 項にいう責任無能力者を監督する義務を定めたものということはできない、としたうえで、次のように判示する。②「法定の監督義務者に該当しない者であっても、責任無能力者との身分関係や日常生活における接触状況に照らし、第三者に対する加害行為の防止に向けてその者が当該責任無能力者の監督を現に行いその態様が単なる事実上の監督を超えているなどその監督義務を引き受けたとみるべき特段の事情が認められる場合には、衡平の見地から法定の監督義務を負う者と同視してその者に対し民法 714 条に基づく損害賠償責任を問うことができるとするのが相当であり、このような者については、法定の監督義務者に準ずべき者として、同条 1 項が類推適用されると解すべきであ」り、「ある者が、精神障害者に関し、このような法定の監督義務者に準ずべき者に当たるか否かは、その者自身

（12）　具体的に一般的な法理論を提唱するものとして、「制度的契約論」を挙げることができるかもしれない。制度的契約論については、内田貴『制度的契約論 —— 民営化と契約』（羽鳥書店、2010 年）参照。それによれば、契約の中には、その「外部性」のため、すなわち「不可避的に、他の主体の同種の契約や、潜在的当事者集団、さらには社会一般に影響を与えるため、一方当事者は、個別契約の締結や履行において、当該契約の相手方当事者のみならず、それ以外の（潜在的）当事者への配慮が要求される」ものがあり、この「外部性」ゆえ、このような契約は、①契約締結の際に当事者間で個別合意をすることは、正義公平に反すると観念される（個別交渉排除原則）、②財・サービスは、受給者としての資格を有する者に、平等に、差別なく提供されなければならない（締約強制、平等原則、差別禁止原則）、③契約の拘束力が正当性を得るためには、契約内容やその運用に対して、財・サービスの潜在的受給者が、集権的に決定に参加できる仕組みが確保されている必要がある（参加原則）、④財・サービスの給付内容や手続きについて透明性が確保される必要があり、給付提供者は受給者に対して説明責任を負う（透明性原則、アカウンタビリティ）といった、古典的契約とは異なる特質を有するとされ、このような契約を「制度的契約」といい、介護契約はその一例と位置付けられている。

（13）　平成 28 年判決を契機とした論稿は枚挙にいとまがない。そこでは、民法 714 条の解釈論のほか、認知症高齢者の他者加害リスクに対する対応を念頭に置いた制度論・立法論も検討されている。平成 28 年判決の理解をめぐる議論状況の概観については、調査官解説である山地修・曹時 69 巻 6 号 1731 頁以下のほか、瀬川信久・民商 153 巻 5 号 698 頁以下、米村滋人・社会保障法研究 7 号 191 頁以下、中原太郎・別冊ジュリ 238 号 188 頁以下等参照。

の生活状況や心身の状況などとともに、精神障害者との親族関係の有無・濃淡、同居の有無その他の日常的な接触の程度、精神障害者の財産管理への関与の状況などその者と精神障害者との関わりの実情、精神障害者の心身の状況や日常生活における問題行動の有無・内容、これらに対応して行われている監護や介護の実態など諸般の事情を総合考慮して、その者が精神障害者を現に監督しているかあるいは監督することが可能かつ容易であるなど衡平の見地からその者に対し精神障害者の行為に係る責任を問うのが相当といえる客観的状況が認められるか否かという観点から判断すべきである」。具体的に Y₁ については、本件事故当時 85 歳で要介護 1 の認定を受けており、A の介護も Y₂ の妻 B の補助を受けて行っていたことから、A の第三者に対する加害行為を防止するために A を監督することが現実的に可能な状況にあったということはできず、その監督義務を引き受けていたとみるべき特段の事情があったとはいえないとし、Y₂ に関しては、A の長男であり、A の介護に関する話合いに加わり、B が A 宅の近隣に住み Y₁ による A の介護を補助していたものの、Y₂ 自身は A と同居しておらず、本件事故直前の時期においても月に 3 回程度週末に A 宅を訪ねていたにすぎないのであり、A の第三者に対する加害行為を防止するために A を監督することが可能な状況にあったということはできず、その監督を引き受けていたとみるべき特段の事情があったとはいえないという。

　以下では、民法学者および社会保障法学者が著した判例評釈を素材として、本稿の問題意識に即して検討していきたい。

（1）問題意識の相違

　平成 28 年判決で取り上げられた問題は、純粋に民法（714 条）の解釈をめぐる問題であり、社会保障法学とのかかわりは必ずしも自明ではない。

　社会保障法学が、平成 28 年判決に着目するのは、「精神保健福祉政策」および「高齢者の介護・医療政策」・「障害者の地域支援政策」との整合性という関心[14]、また、制度論的観点からということであろうと思われる[15]。

　これに対して、民法学の議論の焦点は、当然のことながら、このような最高裁の立場の法解釈論的正当化（責任主体としての帰責の根拠とその判断枠組の正当化）にあるといえよう[16]。もちろん、その過程で、政策的な視点も重視されることはあるが、それはあくまで法解釈論的正当化を論じる際の一考慮要素として位置づけられているに過ぎず、その政策的考慮の内容も、社会保障法政策

---

〔14〕　岩村正彦「最高裁平成 28 年 3 月 1 日判決の政策的意義」社会保障研究 1 巻 1 号（2016年）238 頁参照。

〔15〕　菊池馨実「認知症高齢者の他害リスクと法的対応」生活経済政策 231 号（2016 年）16 頁参照。

との整合性という観点もさることながら、むしろ被害者救済という観点が重視されているといえるように思われる。

（2）アプローチの相違

判例評釈という「型」の範囲内での限られた比較に留まることになるため[17]、両法学が行う作業（判決の意義・射程、関連する従来の判例・裁判例との関係、それらをめぐる学説の議論状況、判決の論理の分析等）に基本的な相違はない。また、その論じている具体的な内容についても基本的には有意な差を見出すことはできないように思われる。

ただ、あえて一定の傾向を抽出するとするなら、次の2点を指摘することができるように思われる。

第一に、民法学の力点が、一般的には、上述の判旨②の準監督義務者に関わる分析にあるのに対して、社会保障法学においては、上述の判旨①のうち精神保健福祉法上の保護者概念についても比較的詳細に扱われる傾向があるように思われる[18]。これは上述の（1）問題意識との関係から、精神保健福祉政策との整合性が注目されるからと考えることができよう。

第二に、社会保障法学においては、社会保障政策との整合性を正当化の根拠として重視した解釈論が展開されているということがいえるのかもしれない。例えば、社会保障法学における評釈には、上述判旨②の帰結について、「精神保健福祉政策」および「高齢者の介護・医療政策」・「障害者の地域支援政策」との整合性を欠く懸念を指摘し、それを回避するために、準監督義務者に該当する要件である特段の事情の存否の判断は慎重に行うべきとし、「より踏み込んでいえば、介護保険・医療保険の地域包括ケアや障害者総合支援等の地域ケアの推進にブレーキをかけることのないように見直す必要がある」といい、また、準監督義務者に該当するとされた場合でも、免責事由の存否の判断において、「認知症高齢者の介護・看護等をする同居の親族等に過酷な結果とならな

---

(16)　制度論を論じる際にも、民法学においては帰責の根拠が重視されているといえる。久保野恵美子「不法行為責任と『家族』の関わり」法時89巻11号（2017年）91頁以下、中原・前掲注(13)189頁等参照。

(17)　両法学とも、この問題については、制度論・立法論についても論じられることがあるが、それは「評釈の範囲を超える」（嵩さやか・社会保障法研究7号228頁）ということになろう。

(18)　岩村・前掲注(14)244頁以下、嵩・前掲注(17)218頁以下等参照。

いよう、免責事由の判断は緩和する方向で解釈すべき」というものがある[19]。ここには、上述の（1）問題意識が反映されているといえる。

ところで、平成 28 年判決の調査官解説によれば、準監督義務者として責任を負うか否かという問題を検討するに際しては、「なぜ精神障害者がした法律行為に監督義務者が責任を負うのかという帰責根拠に遡って責任の要件を考察するいわば帰責根拠アプローチと、被害保護という観点と認知症の者・介護家族の事情（地域ケア、ノーマライゼーション等の福祉理念を含む。）を比較考量して被害者の受けた損害をどのように公平に分担するかという観点から責任の要件を考察するいわば比較考量アプローチが考えられる」とし、これらは、相互に排他的なものではないという[20]。

これを参考にすると、民法学は、帰責根拠アプローチを重視するものないしは帰責根拠アプローチとともに比較考量アプローチを採るもの（とくに、被害者保護という観点を重視）であり、社会保障法学は、帰責根拠アプローチとともに比較考量アプローチを採るもの（とくに、地域ケア等の観点を重視）ないしは比較考量アプローチを重視するもの（とくに、地域ケア等の観点を重視）と整理することができるかもしれない。

3　近親婚関係にある事実婚（最判平成 19 年 3 月 8 日民集 61 巻 2 号 518 頁（以下「平成 19 年判決」という。））をめぐる議論[21]

まず、平成 19 年判決を確認しておこう。

平成 19 年判決の事案は、厚生年金保険の被保険者であった A（X の父の弟）との間で内縁関係にあった X が、A の死亡後、X は厚生年金保険法（以下「法」という。）3 条 2 項にいう「婚姻の届出をしていないが、事実上婚姻関係と同様の事情にある者」として法 59 条 1 項本文所定の被保険者であった者の配偶者に当たり、A の死亡当時、同人によって生計を維持していたと主張して、Y（社会保険庁長官）に対し、A の遺族としての遺族厚生年金の裁定を請求したところ、Y から、上記内縁関係は、民法 734 条 1 項により婚姻が禁止される近親者との間の内縁関係に当たり、X は法

---

(19)　岩村・前掲注(14)249 頁以下。

(20)　山地・前掲注(13)1757 頁。

(21)　この問題についても議論は豊富である。議論状況の概観については、調査官解説である、清野正彦・最判解民事篇平成 19 年度（上）85 頁以下のほか、森山浩江「近親婚的内縁配偶者の遺族厚生年金受給資格（1）」大阪市立大学法学雑誌 62 巻 3 = 4 号 496 頁以下、同・別冊ジュリ 239 号 56 頁以下等参照。

Ⅱ　民法学と社会保障法学との交錯

59条1項本文所定の配偶者とは認められないとして、遺族厚生年金を支給しない旨の裁定（以下「本件不支給処分」という。）を受けたことから、その取消しを求めたというものである。

　最高裁は次のように判示する。法が「遺族厚生年金の支給を受けることができる地位を内縁の配偶者にも認めることとしたのは、労働者の死亡について保険給付を行い、その遺族の生活の安定と福祉の向上に寄与するという法の目的にかんがみ、遺族厚生年金の受給権者である配偶者について、必ずしも民法上の配偶者の概念と同一のものとしなければならないものではなく、被保険者等との関係において、互いに協力して社会通念上夫婦としての共同生活を現実に営んでいた者にこれを支給することが、遺族厚生年金の社会保障的な性格や法の上記目的にも適合すると考えられたことによるものと解される」とするが、他方、「厚生年金保険制度が政府の管掌する公的年金制度であり（法1条、2条）、被保険者及び事業主の意思にかかわりなく強制的に徴収される保険料に国庫負担を加えた財源によって賄われていること（法80条、82条）を考慮すると、民法の定める婚姻法秩序に反するような内縁関係にある者まで、一般的に遺族厚生年金の支給を受けることができる配偶者に当たると解することはできない」という。そのうえで、「民法734条1項によって婚姻が禁止される近親者間の内縁関係は、時の経過ないし事情の変化によって婚姻障害事由が消滅ないし減退することがあり得ない性質のものである。しかも、上記近親者間で婚姻が禁止されるのは、社会倫理的配慮及び優生学的配慮という公益的要請を理由とするものであるから、上記近親者間における内縁関係は、一般的に反倫理性、反公益性の大きい関係というべきである。殊に、直系血族間、二親等の傍系血族間の内縁関係は、我が国の現在の婚姻法秩序又は社会通念を前提とする限り、反倫理性、反公益性が極めて大きいと考えられるのであって、いかにその当事者が社会通念上夫婦としての共同生活を営んでいたとしても、法3条2項によって保護される配偶者には当たらないものと解される。そして、三親等の傍系血族間の内縁関係も、このような反倫理性、反公益性という観点からみれば、基本的にはこれと変わりがないものというべきである」としながら、「我が国では、かつて、農業後継者の確保等の要請から親族間の結婚が少なからず行われていたことは公知の事実であり、前記事実関係によれば、Ｘの周囲でも、前記のような地域的特性から親族間の結婚が比較的多く行われるとともに、おじと姪との間の内縁も散見されたというのであって、そのような関係が地域社会や親族内において抵抗感なく受け容れられている例も存在したことがうかがわれるのである。このような社会的、時代的背景の下に形成された三親等の傍系血族間の内縁関係については、それが形成されるに至った経緯、周囲や地域社会の受け止め方、共同生活期間の長短、子の有無、夫婦生活の安定性等に照らし、反倫理性、反公益性が婚姻法秩序維持等の観点から問題とする必要がない程度に著しく低いと認められる場合には、上記近親者間における婚姻を禁止すべき公益的要請よりも遺族の生活の安定と福祉の向上に寄与するという法の目的を優先させるべき特段の事情があるものというべきである。したがって、このよ

うな事情が認められる場合、その内縁関係が民法により婚姻が禁止される近親者間におけるものであるという一事をもって遺族厚生年金の受給権を否定することは許されず、上記内縁関係の当事者は法3条2項にいう『婚姻の届出をしていないが、事実上婚姻関係と同様の事情にある者』に該当すると解するのが相当である」という。具体的には、XとAとの内縁関係の反倫理性、反公益性は、婚姻法秩序維持等の観点から問題とする必要がない程度に著しく低いものであり、上記の特段の事情が認められるとする。

　ここでも、民法学者および社会保障法学者が著した判例評釈を素材として、本稿の問題意識に即して検討していきたい。

（1）問題意識の相違

　この場面では、上述の2（JR東海事件をめぐる議論）とは異なり、社会保障法の領域に属する法律の解釈が問題となっている。

　最高裁のロジックを前提とする場合には、民法学は、公的な社会保険制度であるがゆえに、法の解釈においても考慮すべきとされる「婚姻法秩序」の内容として民法上の解釈を前提とすると考える限りにおいて関わるに過ぎない。その意味では、この判例をめぐる議論においては、社会保障法学と民法学が交錯することは必須ではないとも考えられる[22]。

　それにもかかわらず、民法学が平成19年判決に着目するのは、いわゆる内縁保護法理の延長に、この問題を位置づけているからであると思われる[23]。つまり、民法学においては、平成19年判決が取り上げる問題も、自らが主張する事実婚に関する民法理論の一適用場面と捉えることができると考えているのであろう。ここにも、民法学の一般化・体系化という性格を看取することができるように思われる。

（2）アプローチの相違

　ここでも判例評釈という形式との関係上、民法学においても社会保障法学に

---

(22)　森山・前掲注(21)大阪市大法学雑誌62巻3＝4号507頁は、「本件は、直接的には民法の規定の解釈・適用が問題となった事件ではないせいか、民法学者が本件についてコメントを加える際の視角は一様ではない」と指摘する。

(23)　森山・前掲注(21)大阪市大法学雑誌62巻3＝4号511頁以下参照。そこでは、いわゆる準婚理論における相対的効果説、「要保護性の理論」（沼正也、二宮周平）との関係が論じられている。二宮の平成19年判決の評価については、二宮周平・戸籍時報625号2頁を参照。

おいても、そこで行われる作業自体から大きな相違を導くことはできないように思われる。

もっとも、次の2点に留意すべきであろう。

第1に、民法学においては、上述の判旨が「厚生年金保険法の規定に基づき遺族厚生年金の受給権者を判断するに当たり、民法上の婚姻法秩序との整合性をふまえて解釈すべきとされた点については、ほとんど検討がなされてない」のに対して、「社会保障法・行政法の分野においては、活発な議論があるとはいいがたいものの、言及はされてきた」と指摘されている[24]。その理由としては、従来の内縁に関する議論は、「内縁の準婚的保護法理の展開の説明として、婚姻の民法上の効果を認めて保護を与えてきたことと、社会保障法上の保護が与えられてきたこととを並列的に扱うものも多」かったのであり[25]、このような「従来の内縁に関する議論を前提とするかぎりは、浮かび上がりにくい点であった」ことが考えられる[26]。

第2に、民法と社会保障法との関係についてである。評釈の中には、民法と社会保障法を原則と例外と捉えるものがある。一つは、民法は平均的市民像を前提としているのに対して、社会保障法は、個別人間像に着目することで、民法の例外を拾い上げる役割を果たしてきたという理解である[27]。そのうえで、「社会保障法領域においては、給付や負担の個人単位化、ジェンダーフリーなど、社会生活における属性を極力排除して、『個』に注目する理論展開が見られ、親族・家族法秩序とは、やや異なる独自の捉え方が展開されている」と指摘する。今一つは、民法は自由で対等な力関係の私人相互の生活関係を規律しているのに対して、社会法（労働法・社会保障法等）は一方当事者が何らかの意味で対等性を欠く社会的経済的弱者の実質的保護を図るものであり、民法の原理や既存の制度を修正するものと捉えるものである。そして、この前提から、平成19年判決は、「民法と厚生年金保険法の遺族給付における『配偶者』概念のギャップを埋めて、規範と生活事実の調和を社会保障的理念に立って図ったもので、大いに評価されなければならない」という[28]。

---

(24)　森山・前掲注(21)大阪市大法学雑誌62巻3＝4号516頁。例えば、西田和弘・判評588号176頁等がそれにあたろうか。

(25)　森山・前掲注(21)大阪市大法学雑誌62巻3＝4号515頁。

(26)　森山・前掲注(21)大阪市大法学雑誌62巻3＝4号516頁。

(27)　西田・前掲注(24)177頁。

もっとも、このような捉え方が当然にいえるのかについては検討の余地があろう[29]。具体的にも、家族法の議論において、「個」に着目する判断がなされ[30]、また、「事実の先行性」は、日本における家族法の特色とされている。

むしろ、家族法の特殊性について論じた次の指摘は、家族法の内部において、法解釈におけるアプローチの違いがあることを示している。

すなわち、我が国の民法の母法であるフランス法においても、家族法の特殊性が論じられるが、「フランスにおける議論は、すべての民法の具体的な規定を基礎として論じられる」のであり、「フランス民法の個別の規定を比較し、対照させ、家族法の規定の中にも多様な性格の規定があることを確認しつつ、それでもそれらの規定から析出される『ある種の傾向』について、論じられる」のであって、「その『傾向』から逆に民法の解釈が導かれることはない」。これに対して、日本における議論は、「近代市民社会の理念・哲学から直接的に家族法の独自性・特殊性が根拠づけられる。…略…家族法の特殊性をいう中川理論が、たとえば事実の先行性という理論によって、民法の規定自体を換骨奪胎する解釈論をたててきたことは、あきらかである」[31]。このような認識からは、現在の家族法において不十分なのは、「条文の文言・論理構造に注意しながら、解釈論を示す」[32]ことであるということになろう。

ここからは、社会保障法学の課題として「緻密な法解釈論の構築」[33]が挙げられるのと同様の背景を見て取ることはできまいか。

---

(28)　棚村政行「近親婚的内縁配偶者と遺族年金」早稲田法学 84 巻 4 号（2009 年）12 頁以下。

(29)　広中敏雄『民法解釈方法に関する 12 講』（有斐閣、1997 年）27 頁以下は、婚姻予約有効判決として有名な大判大正 4 年 1 月 26 日民録 21 輯 49 頁が下された 1910 年代当時は、準婚的な内縁保護は反制定法解釈とならざるをえないが、「制定法が —— 主として内縁の妻に社会法的保護を与える目的で —— とりあげはじめた」（同 32 頁）「1920 年以降の諸制定法（それらの根底をなすいわば法理念）を視野に入れて考えれば」、内縁不当破棄の事案で民法 760 条の準用を認めた最判昭和 33 年 4 月 11 日民集 12 巻 5 号 789 頁は、欠缺補充判決となるとする（同 38 頁）。水野紀子「内縁準婚理論と事実婚の保護」林信夫＝佐藤岩夫編『法の生成と民法の体系 広中俊雄先生傘寿記念』（創文社、2006 年）613 頁は、これを評して、「民法と社会法を同一視する傾向がみられる」という。

(30)　たとえば、ライフスタイルの自己決定権を内縁保護の根拠として要保護性の理論を展開する、二宮の見解はそのようにいえるように思われる。

(31)　水野紀子「親族法・相続法の特殊性について」能見善久ほか編『民法学における法と政策 平井宜雄先生古稀記念』（有斐閣、2007 年）759 頁以下。

平成 19 年判決の文脈に戻るなら、民法学において、内縁保護の要件を夫婦共同生活と要保護性とする「要保護性の理論」や「既成事実の事後救済の思想」[34]に基づいて平成 19 年判決を評価する立場と、生活の困窮という「生活実体のみをとらえて保護の対象とするのが社会保障である」という理解から平成 19 年判決を評価する立場[35]に径庭はないようにみえる。他方、社会保障法学において、厚生年金保険法の条文構造や従来の判例との整合性等を重視し[36]、また、民法学においても、民法の一般法としての性質や近親婚禁止規定の趣旨等を重視し[37]、平成 19 年判決に批判的な見解が主張されている。

このように見てくるなら、重要なのは、民法学と社会保障法学とが異なる原理に服するか否かではなく、むしろ「解釈論」におけるアプローチの違い（条文から離れた理念から直接に解釈論を展開するか、条文の文言・論理構造から解釈論を展開するか）であるということができるのではなかろうか。

Ⅲ　若干の横断的考察 ── 民法学への示唆

Ⅱの対比を横断的に見たとき、次の 2 点を指摘することができるように思われる。

第 1 に、民法学には一般化・抽象化を志向する傾向があるように思われる。本稿で取り上げたテーマに即してみるなら、Ⅱ 1 の「福祉契約」をめぐる議論にそのような傾向があり、Ⅱ 3 における内縁保護法理がそうであるといえよう。

民法学は、民法解釈の普遍性を無意識に前提としているようにも思われる。

---

(32)　道垣内弘人『信託法』（有斐閣、2017 年）ⅰ頁が、信託法学の不十分さを指摘する際に用いる文言である。「中川理論の『身分法の非合理性』概念は、民法の条文の意義と機能をそれぞれについて検討することを妨げ、民法の無力化を招いた」とする水野・前掲注(31)761 頁も参照。
(33)　岩村・前掲注(7)『労働関係法の現代的展開』391 頁。
(34)　中川淳・戸籍時報 621 号 64 頁。
(35)　片桐由喜・NBL856 号 8 頁。水野・前掲注(29)624 頁以下は、「社会保障法は、必要性の法である。もっぱら事実状態のみを考慮して、必要性をあるがまま把握する」というフランス法の文献を引用する。
(36)　渡邊絹子・週刊社会保障 2485 号 50 頁以下参照。
(37)　本山敦・司法書士 423 号 32 頁以下参照。

あるいは、民法が「私法の基本法」[38]と位置付けられる以上、あるいはそれは必然のこととしてもいえるのかもしれない。しかしながら、そのこと自体をどのように評価すべきであろうか。いわゆる民法の危機・空洞化の問題（特別法の発達等による民法の適用範囲の危機、新しい法現象に民法が対応していないことによる民法の妥当性の危機）もさることながら、特に近時の債権法改正においては政治的な妥協の産物としての部分がかなり多いようにも思われ、また思想的には一定の方向性が強まっているとも評価し得るようにも思われることからするなら、改めて、民法に私法の基本法としての資格があるのかを問う必要があるようにも思われる。

民法および社会保障法の原理（ないし解釈）を異なるものとみるのではなく、むしろ両者を融合しながら、より広い意味での私法の基本理論を構築する方向性を模索することがあってもよいのではなかろうか[39]。逆にいえば、社会保障法の原理（ないし解釈）の民法への浸食をより容易に認めるべきではないか[40]。

第2は、「解釈論」と「政策論」との関係である。

「社会保障の領域では、政策論の占める比重が大きい」といわれる[41]。Ⅱ1および2における社会保障法学の問題意識には、このような政策論への志向が見て取れるようにも思われる。

確かに、民法学の一般的な議論と比較した際に、その政策論への着目は一つの社会保障法学の特徴といえるかもしれない。

しかしその一方で、社会保障法学は「解釈論」を重視していることも確かである[42]。実際、例えば、Ⅱ2および3で取り上げた判決の社会保障法学者よる判例評釈においては、社会保障法の領域の解釈のみならず、民法の解釈についても、優れた解釈論が展開されている[43]。

逆に、政策論へのコミットの度合いは、民法においてもその領域によって（もっといえば個別の解釈論上の問題ごとに）異なる。不法行為の領域について

---

(38)　山本敬三「基本法としての民法」ジュリ1126号（1998年）261頁以下参照。
(39)　文脈は異なるが、西谷敏「市民法と社会法」水林彪＝吉田克己編『市民社会と市民法』（日本評論社、2018年）577頁は、「『社会法なき市民法』論と『市民法なき社会法』論のいずれをも排し、市民法と社会法を融合する道を探るのが現在の課題」という。
(40)　「制度的契約論」はこのような観点から位置づけることができるかもしれない。
(41)　岩村正彦『社会保障法Ⅰ』（弘文堂、2001年）3頁。

は、そもそも政策的判断に馴染みやすく[44]、また、Ⅱ3でみたように、家族法の領域においても条文から離れた理念から解釈論を展開する立場は、その理念を政策的判断と置き換えるなら、その傾向をより強く示しているといえるのではなかろうか[45]。翻って考えれば、民法の解釈論という場合に、おそらく念頭にある契約法の解釈においても、政策的判断によって正当化される場面は想定しうる[46]。

　そうだとすると、単純に民法学においては、社会保障法学よりも「政策論」を重視していないとは言い切れない側面もあるように思われる。

　ここには、「解釈論」と「政策論」との関係という壮大なテーマが控えており、そもそもそこで論じられる「解釈論」および「政策論」の内実の精査にはじまり軽々には論じ得るものではない[47]。ただ、多くの例外があるとはいえ、一般的には、民法学が「政策論」を主たる検討対象とは考えておらず、またそのような分析をするツールを豊富には有してはいないとはいえるように思われ

---

(42)　Ⅱ3(2)で引用した前掲注(33)参照。また、前掲注(41)で引用した見解は、それに続く文章において、「しかし、いかなる政策論も、既存の制度の根幹にある法理論ないし制度論を無視するものであってはならない」という。この点については、同じく政策的判断を重視する商法学において、「法解釈はそれを行う論者による政策判断を伴う作業であり、法解釈の説得力は、当該政策判断の妥当性に依存する」という理解が共有され（田中亘「商法学における法解釈の方法」民商154巻1号（2018年）38頁）、「法解釈と立法論がともに、政策目的を実現する手段として連続的に捉えられている点も商法学の議論の特徴」（同39頁）とされていることとは異なるものを感じる。

(43)　例えば、岩村・前掲注(18)240頁、嵩・前掲注(17)213頁、渡邊・前掲注(36)50頁等。

(44)　例えば、平井宜雄「法政策学序説（1）」ジュリ613号（1976年）は、「不法行為解釈論のいわば『行き詰まり』」が「法政策学という構想に赴かせた」といい（同61頁）、「要するに、今後の不法行為法の理論的研究に求められているものは、もはや新たに解釈論上の概念や論理を提唱することでもなければ、判例を新奇な観点から整理体系化することでもない。損害発生の危険を高度に有しながら有用性の故に許容せざるを得ない社会的活動を、どのようにコントロールし、生じた損害を誰にどのように配分するか、という制度の在り方の構想であり、それにもとづく現存の諸制度を評価改善するための理論の開発でなければならない」という（同63頁）。

(45)　紛争処理手続きの特殊性から、「財産法」対「身分法」の図式は「法的決定モデルが支配する分野」対「目的＝手段決定モデルが進出している分野」という図式に置き換えられるとする、平井宜雄「いわゆる『身分法』および『身分行為』の概念に関する一考察」同『法律学雑纂　平井宜雄著作集Ⅲ』（有斐閣、2011年）291頁以下（初出1986年）も参照。

(46)　民法416条の予見可能性の主体と基準時をめぐる解釈論等。

る。行動経済学、統計学などの実証的な知見と「解釈論」との関係をどのように解するかについては様々な立場が考えうるが、このような知見を摂取すること自体は民法学においてももっと積極的に試みられてもよいであろう。

また、「政策論」を重視する場合には、民法学においても私人間の法律関係のみを分析の対象とするのではなく、Ⅱ1における「福祉契約」について社会保障法学が行っていたように、一方で、より抽象度の高い理念的検討も、他方で、苦情処理システムなど契約を取り巻く制度等についての分析もより積極的に視野に入れるべきであろう。

他方、Ⅱ3でみたように、民法学においても、条文の文言・論理構造を重視するいわば伝統的な意味での「解釈論」を精緻化する必要性がある領域（家族法）も存在する。ここでも翻って考えれば、契約法および不法行為法においても、なお「解釈論」の精緻化が有用な場面は残されているのではなかろうか。伝統的な意味での「解釈論」をおよそ無意味なものと解するのでない限り、むしろ「解釈論」のさらなる洗練を民法学自体も行う必要があるように思われる。

Ⅳ　お わ り に

以上、雑駁な印象論に終始し、理論的な分析には程遠いものに終わった。民法学と社会保障法学との相違から民法学への示唆として導かれたものは、いわば民法帝国主義を脱すること、また、一方で、「解釈論」中心主義を脱し、制度論や政策論を検討対象とし、そのための分析ツールを豊富化すること、他方で、同時に、伝統的な意味での「解釈論」を洗練させていく必要もあること、である。これら自体も、目新しい主張というわけではない。本稿に仮に意義があるとすれば、それらを社会保障法学との対比という観点から導く可能性を示したということに過ぎない。

2004年に、「民法学に比肩しうる精緻な解釈論を練り上げ」ることが社会保障法学に課された厳しい課題とされ[48]、民法学の「解釈論」に過分の評価を

---

(47)　平井宜雄『法政策学（第2版）』（有斐閣、1987年）、岩村正彦ほか編集委員『岩波講座現代の法4 政策と法』（岩波書店、1998年）所収の諸論稿、常木淳「法の規範理論に向かって ── 法政策分析 vs 法解釈学」宇佐美誠編著『法学と経済学のあいだ ── 規範と制度を考える』（勁草書房、2010年）65頁以下、田中・前掲注(42)36頁以下等参照。

IV　おわりに

いただいたが、本稿でみたように、民法学においてもより精緻な「解釈論」を展開する必要性はなお高いのであり、汗顔の至りである。実際、現在の社会保障法学における「解釈論」は民法学におけるそれより優れたものも多い。精緻な「解釈論」という課題は、民法学および社会保障法学のいずれにも妥当するものであろう。そのうえで、「社会保障法学に比肩しうる視野の広い政策論を練り上げること」が民法学に課せられた厳しい課題といえまいか。民法学は社会保障法学から多くを学ぶことができるし、そうすべきである。

〔付記〕本稿は、JSPS 科研費 JP17K03473 の助成を受けたものである。

---

(48)　岩村・前掲注(7)『労働関係法の現代的展開』395 頁。

◆特集2◆ 福祉国家の変容と社会保障法
── 主要各国の比較研究の視座から ──（その1）

〈特集の趣旨〉

　社会保障制度は、第二次世界大戦後、先進各国を中心に本格的な発展を開始し、今日に至っている。いうまでもなく社会保障制度（あるいはこれに相当する制度。以下同じ）は、各国固有の政治的・経済的・社会的諸事情と密接に関連して、それぞれ独自の発展を遂げてきた。そうした中で、わが国では、法制度上の共通性や先進性、制度を支える法原理の特性などに着目して、社会保障法を専攻する研究者による比較法研究が積み重ねられてきた。

　ただし、従来の比較法研究は、どちらかといえば社会保障のうち特定の制度に焦点を当て、その立法過程を含めた法制度の分析等を行うことに主眼があり、各国の社会保障制度の全体像や特徴、法体系全体の中での位置づけなど、社会保障に関わる法制度を一国の法制全体の中でいわばマクロ的に捉える試みは、これまであまりなされてこなかったように思われる。

　他方、最近では、各国の社会保障制度の展開過程にあって、各国固有の事情に加えて、少子高齢化や経済・財政状況の悪化など、わが国と共通する諸事情が、社会保障制度に多少なりともインパクトを与えていることが容易に想像できる。こうした通約可能な事象を捉えて「福祉国家の変容」と呼ぶとすれば、社会保障制度の改革動向の法的分析にあたっても、「福祉国家の変容」との関連を無視するわけにはいかないであろう。

　本特集は、こうした問題意識から、従来の比較社会保障法研究の中核であった欧米の5カ国（イギリス・アメリカ・ドイツ・フランス・スウェーデン）を題材として、チャレンジングな各国比較研究を試みるものである。

　本号では、その第1弾として、アメリカを題材とした常森論文を掲載する。

〈本特集の論題〉
1　イギリス
2　アメリカ〈本号〉
3　ドイツ
4　フランス
5　スウェーデン

アメリカにおける福祉国家の変容と社会保障法制

常 森 裕 介

I　は じ め に
II　福祉国家としてのアメリカ
III　アメリカの雇用と福祉国家の基盤
IV　社会保障制度における国家の役割と福祉
　　国家アメリカの変容
V　お わ り に

I　はじめに

　わが国も含めた先進国の社会保障制度は、雇用と密接に結びつき、他の社会制度や家族のあり方の影響も受けつつ、変化してきた。一方給付を中心とする制度そのものの理解や、制度を支える法令の解釈を超えて、社会経済状況を含め横断的に社会保障制度を論じることは容易ではない。他国の社会保障制度との比較も、特定の制度に限定して行われることが多い。その中で社会保障制度のみならず雇用政策を含めた国家の機能全体を、福祉国家という枠組みで捉える福祉国家論は、社会保障制度と制度を取り巻く社会経済状況を包括的に捉えるためのヒントとなる。他方、福祉国家論そのものは既に多くの先行研究があるため、福祉国家論の枠組みを参照しつつ、社会保障法学の立場から分析を行うことが求められる。

　本稿では、社会保障と雇用の結びつきに着目して、アメリカという福祉国家の特殊性と普遍性を明らかにする。その際、社会保障制度全体を視野に収めつつ、特にオバマ政権下で 2010 年に制定された「患者の保護と負担可能な医療に関する法律」（Patient Protection and Affordable Care Act　以下、ACA）を中心的な検討対象とする。ACA は、雇用主提供型の医療保険だけでなく、個人レベルで医療保険加入を義務付けた点で、医療保障だけでなく、アメリカの社会保障制度全体に影響を与えた立法だといえる。

　アメリカは、他の先進国と比較し、公的支出の少なさがその特徴として指摘され、医療や年金に顕著なとおり、民間市場が大きな役割を担っている。また、合衆国憲法には社会権規定がなく、多くの社会保障制度の制度設計、運営が州に委ねられている。だが、ACA にみられるように、社会保障制度に対する連邦政府の関与は無視できない規模であり、連邦政府からの補助なしでは実質的に継続が困難な制度も少なくない。加えて、連邦政府は、直接的な給付主体としての役割のみを担っているわけではない。

　福祉国家論では、社会権に基礎づけられた国家から国民への給付が、福祉国家を構成する重要な要素とされる。社会保障法も、国家と国民の間の給付を通じた関係に重きをおく。しかし、国家は給付だけでなく、規制や税制優遇を通じて医療保障や所得保障を行うこともある。福祉国家としてのアメリカは、特にそのような性格が顕著である。国民もまた、国民としてだけでなく、被用

者、あるいは消費者として保護されることで、複線的に生活保障を享受する。エクスチェンジという規制を伴う市場で、民間医療保険への加入を義務付けたACAは、その一例である。さらに、先進国共通の課題である不法移民の問題は、国民としての地位を持たない者への保障をどう考えるかという点で、福祉国家における国家と国民の関係を問い直すものである。国家と国民の給付を軸とする関係を再検討することが、福祉国家論と社会保障法学を併せて検討する意味だといえる。

　Ⅱで福祉国家論におけるアメリカの位置づけ、アメリカの社会保障制度の特徴を確認する。Ⅲで社会保障制度と雇用の関係に着目し、移民問題を含め福祉国家の基盤が揺らいでいることを指摘する。Ⅳでは、Ⅱ、Ⅲをふまえ、ACAを主たる検討対象とし、福祉国家としてのアメリカにおいて、連邦政府及び州政府と国民の関係が、どのように変容したのかを明らかにする。

Ⅱ　福祉国家としてのアメリカ

　アメリカは、福祉国家論において、社会保障費等の公的支出が、他の先進国と比較して限定的であることから、福祉国家の理想的なモデルとは考えられてこなかったように思われる。確かに、社会保障制度に限ってみても、連邦政府が直接関与する制度は限られており、市場に委ねる部分も多い。ただし、私的な保障に分類される制度であっても、連邦政府や州が様々な形で関与している。Ⅱでは、福祉国家としてのアメリカの位置づけを確認したうえで、公私の組合せという観点から整理を行う。

1　福祉国家論におけるアメリカの位置づけ

（1）福祉国家を構成する要素

　福祉国家の定義には様々なものがありうるが、その主要な構成要素として、国家による経済政策及び雇用政策への関与、所得保障や福祉サービスを通じた再分配を挙げることができる[1]。労働力の脱商品化も、これら国家による関与や給付によって実現されると考えられる。上記の所得保障や福祉サービスを社会保障と捉えると、社会保障制度は、福祉国家において再分配の主要な手段と

---

[1]　加藤雅俊「福祉政治の理論 —— 多様性をめぐる権力・利益・言説分析」鎮目真人ほか編著『比較福祉国家 —— 理論・計量・各国事例』（ミネルヴァ書房、2013年）40頁。

なる。実際、社会保障給付費の対 GDP 比は福祉国家の発展を示す有力な指標であった[2]。ただし、福祉国家の規模や性格は社会保障給付の大きさによってのみ決まるわけではなく、例えば雇用政策も、社会保障制度と同様、福祉国家にとって重要な政策領域の１つである。

　本稿では、福祉国家を、国家が、労働市場政策と社会保障制度を通じ、国民の雇用と生活を保障する仕組みと捉え、社会保障法学の観点から、国家と国民が給付を通じて結びつく福祉国家の形が、どのように変容しているかという点に着目する。福祉国家論が国家の規模や性格に着目したものだとすれば、福祉国家を法学の視点から検討する意味は、国家による雇用と生活保障への関与のあり方を整理し、その結果国家と国民の間にどのような権利義務の基盤が形成されているかを明らかにすることにあるといえる[3]。特に、雇用と生活保障がどのように結びついているかという点に、各国の特徴が表れる。

　なお本稿では、アメリカを検討対象とするにあたり、「国家」というとき、ひとまず連邦政府を想定して論を進める。アメリカの特徴として、医療や福祉政策の策定、実施に関して、連邦政府が限られた権限しか持たず、州政府の権限が大きいことが挙げられる。しかし、連邦政府が直接運営する社会保障年金とメディケアが、財政支出において大きな割合を占めることからもわかるように、連邦政府は福祉国家としてのアメリカの中心に位置するといえる。1996年福祉改革のように、州の裁量が大きいとされる公的扶助分野においても、連邦法の改正が各州の動向に大きな影響を与えてきた[4]。もちろん、要件設定

---

(2)　三重野は、福祉国家が一つの形態に収斂していくと考えられた時代には、社会保障給付費は大きい方が望ましいと考えられていたと指摘する。三重野卓「社会保障給付費の構成に関する時系列的分析 —— 先進諸国のクラスター化の試み」海外社会保障研究 142 号（2003 年）31 頁。

(3)　福祉国家は、社会保障に代表される給付やサービスが社会権に基礎づけられていることを重要な要素とする。鎮目らは、財政移転や社会サービスが権利として給付されることを、福祉国家の基礎として挙げる。鎮目真人ほか「福祉国家を比較するために」鎮目ほか・前掲注(1)書 4 頁。また新川は「福祉国家の第一の特徴は、社会保障が施しや恵みではなく、社会権として確立していることに求められる」と指摘する。新川敏光「福祉国家変容の比較枠組」新川敏光編著『福祉レジームの収斂と分岐 —— 脱商品化と脱家族化の多様性』（ミネルヴァ書房、2011 年）6 頁。

(4)　アメリカにおける財政支出の動向や特徴について、渋谷博史「基軸国アメリカの軍事財政と日米福祉国家の枠組み」渋谷博史ほか編『福祉国家システムの構造変化 —— 日米における再編と国際的枠組み』（東京大学出版会、2001 年）28-35 頁。

等、各州によって制度設計は多様であり、そこには各州や地域の経済状況、財政状況が反映される。ただ、現在の連邦政府の役割の大きさをみれば、連邦政府の動向を把握することで、一定程度福祉国家としてのアメリカの姿を捉えることができると考える。

（2）福祉国家論におけるアメリカの位置づけ

エスピン・アンデルセンの福祉国家類型論において、アメリカは、労働力の脱商品化が進んでいない、自由主義モデルに分類される。アメリカの社会保障制度は、社会保険と選別的な公的扶助の二重構造をもち、その背景には企業福祉を充実させた労働組合の存在があったことが指摘される[5]。これは福祉国家としてのアメリカを、政府が運営する制度、雇用関係を軸とする民間福祉、税制優遇措置や規制の三つから成るものと捉える見方[6]とも重なる。

民間企業や市場の存在感の大きさも、アメリカの特徴である。典型的な例として、高齢者向けの医療保険であるメディケアと、低所得者向けの医療扶助であるメディケイドを除き、雇用主が提供する民間医療保険が医療保障を担ってきたことが挙げられる[7]。ただし、民間に委ねるといっても、その方法は分野によって大きく異なる。年金であれば、社会保障年金が普遍的な制度として存在する一方で、企業が提供する確定給付型年金が大きな役割を果たした時期を経て、現在は401k等の確定拠出型年金や個人退職勘定（Individual Retirement Accounts　以下、IRA）等の存在感も増している[8]。福祉や公的扶助においても、医療や年金とは異なる形で、国家と市場が協働している。

Hackerはアメリカにおける年金と医療の歴史を概観しつつ、公的な保障（社会保障年金やメディケア）と私的な保障（雇用主提供型の年金や医療等）がど

---

(5)　宮本太郎「比較福祉国家の理論と現実」岡沢憲芙ほか編著『比較福祉国家論――揺らぎとオルタナティブ』（法律文化社、1997年）18-19、30-33頁。

(6)　渋谷博史「アメリカ型福祉国家の分析視角」渋谷博史ほか編『アメリカの福祉国家システム――市場主導型レジームの理念と構造』（東京大学出版会、2003年）8頁。ボワイエは「アメリカでは、福祉の供給の多くは、労働者と企業によって交渉される労働契約に付加されており、社会全体の福祉の例は、人口のなかの特殊な範疇に対するものに限られている」と表現する。ロベール・ボワイエ（樋口均ほか訳）「福祉国家の多様性と分析のフレームワーク」渋谷ほか・前掲書66頁。

(7)　渋谷・前掲注(4)論文31-34頁。

(8)　アメリカの社会保障年金、私的年金の概要については、吉田健三『アメリカの年金システム』（日本経済評論社、2012年）29-44頁。

のように協働し、福祉国家としてのアメリカを成立させてきたか、という点に着目する。特に、市場に委ねられているように見える私的な保障が、政府による規制や支援を受けていること、公的な制度と私的な保障に対する規制・支援が同時に行われていることを強調する[9]。

Hackerの視点は、福祉国家としてのアメリカを捉えるために重要である。福祉国家論では、脱商品化の指標に代表されるように、雇用や生活保障を市場から切り離し、どの程度国家の給付によって行われるかという点が重視されてきた。だが、公的な規制や支援を伴う私的保障もまた、「公的」な制度の一つだといえる。福祉国家論におけるアメリカの位置づけ、福祉国家としてのアメリカの特徴、公私の協働という視点をふまえると、連邦政府が運営する各プログラムを前提としつつ、私的な保障が、どのような形で個人の利益や権利に結びついているかを、法制度の検討を通じて考察する必要がある。

2 アメリカの社会保障制度

現在のアメリカの社会保障制度が形成された分岐点として、1935年の社会保障法制定と、1960年代のメディケア及びメディケイド創設に代表される各制度の拡大を挙げることができる。社会保障法によって創設された社会保障年金は、現在に至るまでアメリカの所得保障制度の基盤となっている。社会保障年金は、1939年の改正を含め、質的な転換や対象範囲の拡大を経て、アメリカの社会保障制度の中で、最も普遍的な制度となった[10]。次に、公民権運動や福祉権運動を背景に「偉大な社会」がスローガンとなった1960年代は、特に医療保障にとって重要な時期だといえる。1965年に創設されたメディケア、メディケイドは現在に至るまで、それぞれ高齢者、低所得者の医療保障を支えている[11]。一方で、1996年福祉改革にみられるように、1980年代以降、財政

---

(9) JACOB S. HACKER, THE DIVIDED WELFARE STATE THE BATTLE OVER PUBLIC AND PRIVATE SOCIAL BENEFITS IN THE UNITED STATES 11, 29 (2002). 吉田はアメリカの年金システムについて、エリサ法の規制の強さ、社会保障年金の適用範囲の広さを指摘し、「単なる自由放任の体系ではない」、「第2階部分の企業年金の任意性、多様性、限定性、また近年の劇的な変化は、底堅い第1階部分の上でこそ成立してきた」と指摘する。吉田・前掲注(8)書46、48頁。

(10) 1935年法の詳細な内容については菊池馨実『年金保険の基本構造 —— アメリカ社会保障制度の展開と自由の理念』(北海道大学図書刊行会、1998年) 105頁以下。

(11) ケネディ、ジョンソン政権下での社会保障法の拡大については、菊池・前掲注(10)書248頁以下。

的な制約や受給要件の厳格化、給付の抑制が議論されるようになったことは、福祉国家の危機と呼ばれる先進国に共通する流れと重なる。

　社会保障法に基づく制度の創設、変遷とともに、他の関連する諸制度も整備された。1975 年の勤労所得税額控除（Earned Income Tax Credit　以下、EITC）の創設もその一つである。給付付き税額控除の機能を有する EITC は、1996 年福祉改革に代表される公的扶助の厳格化のなかで、働く低所得者を支えるセーフティネットの一つとなってきた[12]。私的年金の規制を担う ERISA 法（1974 年）の制定も、アメリカの年金制度の形を決める重要な出来事であった。ERISA 法は、企業が運営する年金制度に連邦政府が規制を加えるものであり、EITC は社会保障給付とは別の形で低所得者の所得を下支えする。アメリカの企業年金を、私的な保障と公的な保障が相互補完的に機能する福祉国家の一例だとする見方[13]は、社会保障制度全体に当てはまる。

　社会保障法の創設、「偉大な社会」に次いで、福祉国家としてのアメリカの転機となった制度改正は何であろうか。1980 年代、1990 年代と、アメリカの社会保障制度は維持、縮小を余儀なくされることが多かった。クリントン政権下での医療保険改革や、ブッシュ政権下での年金改革は、アメリカに定着した制度に挑戦するものであったが、いずれも成果を挙げることができなかった[14]。その中で挙げるとすれば、オバマ政権の誕生とオバマケアの成立だろう。

　2008 年前後の景気後退局面（いわゆるリーマンショック）へ対処するために

---

[12]　EITC の創設と展開については根岸毅宏『アメリカの福祉改革』（日本経済評論社、2006 年）105 頁以下。

[13]　吉田健三「比較福祉国家研究を超えて —— アメリカ福祉国家の位置づけ」社会科学研究 59 巻 5・6 号（2008 年）193-199 頁。

[14]　ブッシュ政権下の社会保障年金改革案は、従来の確定給付の部分を減らし、確定拠出型の個人貯蓄勘定を本格的に導入する一方で、加入者の年齢が上がるにつれて受給額保護のための規制が強化される側面ももっていた。佐藤隆行「社会保障年金改革をめぐる 4 つの対立軸」渋谷博史ほか編『アメリカの年金と医療』（日本経済評論社、2006 年）137 頁以下。クリントン政権は、アライアンス（組合）への加入を通じた「皆保険」を目指した改革では、予算不足、メディケアやメディケイド削減案の提示などを理由に失敗したものの、CHIP やメディケア・アドバンテージ（メディケアにおける民間医療保険の選択）の創設など、アメリカの医療保障にとって重要な改革に成功した側面ももつ。山岸敬和『アメリカ医療制度の政治史 —— 20 世紀の経験とオバマケア』（名古屋大学出版会、2014 年）132-148 頁。

打ち出された一連の立法は、オバマ政権の雇用や福祉に対する姿勢を示すことになった[15]。特にACAは、個人単位での医療保険への加入義務付け等、いくつかの重要な仕組みを含む。民間医療保険への加入義務付けという仕組みは、クリントン政権下での医療保険改革案と比較すると、市場を活用したアメリカに特徴的なものと評価することもできる。同時にACAは、医療保険加入について、個人の選択を制約する点で、従来の医療保障の手法とは一線を画す。

3 小 括

福祉国家論において、アメリカは、経済規模等では他の先進国と同等でありながら、国家による社会保障支出が少ないため、後進国としての位置づけを与えられることもある。例えば「アメリカ型福祉国家」という見方は、福祉国家類型論を踏まえつつ、雇用主提供型保険を通じた保障や、税制を通じた支出に着目することで、福祉国家としてのアメリカの独自性を描出するものである[16]。また公的な規制に支えられた私的な保障がアメリカという福祉国家を支えてきたことを強調するHackerの分析は、国家による支出のみが福祉国家の規模や性格を測る指標ではないことを示している。1935年の社会保障法制定、1960年代のメディケア、メディケイドの創設を通じて、連邦政府の関与も強化されてきた。

福祉国家としてのアメリカにおいて、連邦政府が直接運営する制度以上に重要なのが、雇用主を通じて提供される保障である。そのため、次に雇用と社会保障の関係から、アメリカを支える多様な人々に対する生活保障のあり方を検討する。

Ⅲ アメリカの雇用と福祉国家の基盤

アメリカの社会保障制度は、様々な形で雇用と結びつくことで提供されてきた。ERISA法で規制される確定給付型年金や、雇用主提供型の医療保険はその典型的な例である。これに対し、社会保障年金やメディケアは、連邦政府が運営する制度であり、国民としての地位に基づいて給付を受ける。また、雇用

---

(15) 永野秀雄「オバマ政権下で社会労働法制はどう変動したのか——特集にあたって」大原社会問題研究雑誌639号（2012年）2-3頁。

(16) 渋谷・前掲注(6)論文8頁。

Ⅲ　アメリカの雇用と福祉国家の基盤

主提供型の社会保障制度が大きな役割を果たすアメリカでも、中小企業を中心に拠出やプランの提示が難しく、被用者が雇用主を通じて年金や医療へアクセスできないという問題がある。国家から国民に対する給付を、雇用と結びついた給付が補完、代替するアメリカ社会保障制度の仕組みは、様々な課題を抱えている。加えて、移民問題も、国民としての地位と、被用者としての地位をもつ人々を前提とした社会保障制度に影響を与えるものである。

1　雇用と結びついた社会保障制度

（1）年　金

アメリカの社会保障制度は、様々な形で雇用と結びついている。年金制度は、連邦政府が運営する社会保障年金、確定給付型の企業年金、確定拠出型の年金に支えられている。社会保障年金においては、自営業者も含め、収入のある者には保険料納付義務が課せられ、一定期間以上の保険料納付を要件として給付が行われる。所得比例の年金であるものの、所得代替率を調整することで所得と給付の比例関係が制約され、再分配の効果を生じさせている[17]。確定給付型の企業年金は、各企業が任意に設立するものであるが、ERISA 法を中心とする規制が及ぶ。ERISA 法による規制は、拠出から給付まで様々な段階に及ぶが、約束された給付が行われるよう企業に保証を求めることは、企業年金を提供することのコストを上昇させる。実際に、確定給付型の企業年金を提供する企業は減少傾向にある[18]。

社会保障年金や、従来型の企業年金に加えて、確定拠出型年金や税制優遇を伴う貯蓄口座（IRA 等）の存在感が増している。オバマ政権下での myRA は、中小企業を中心に確定拠出型年金の自動加入制度に限界がみえたこと、税制優遇を伴う貯蓄促進策が、本来の目的である低中所得層に効果を発揮していないことから、将来的な IRA の自動加入を見据えて導入された制度であり、少額の貯蓄でも対象となる点が特徴である[19]。雇用主提供型の私的年金が退職後

---

(17)　社会保障年金の仕組みについては、吉田・前掲注(8)書 29-36 頁を参照。

(18)　ERISA 法の規制の意義、概要、確定企業型から確定拠出型へ移行する傾向については、吉田・前掲注(8)書 153 頁以下、230 頁以下を参照。吉田は、ERISA 法の意義について、最低基準の設定による任意性と多様性の抑制、罰則や執行力の確保、制度終了保険の設立を挙げる（同 153-157 頁）。

(19)　星隆佑「米国の新リタイアメントプラン myRA の導入」野村資本市場クォータリー2014 年春号（2014 年）12-15 頁。

の所得保障を担うアメリカでは、中小企業の被用者や被用者以外の自営業者等の中でも、特に低中所得層が加入できるプランを用意することが継続的な課題となっている。その中で、既に IRA の自動加入制度を導入している州もみられる。確定拠出型年金や IRA では、自動加入制度を使って、低所得者も含め、より対象範囲が拡大することが期待されている[20]。

（2）医　療
①　医　療

アメリカの医療保障は、高齢者の医療を対象とした公的医療保険であるメディケア[21]、低所得者向けのメディケイドから成り、その他の国民は、主に被用者として雇用主が提供する民間医療保険に加入することで医療へアクセスすることができる。そのため、メディケイドの対象とはならないものの、自営業者や無職の者、就業先で医療保険に加入することができない者、あるいは保険料を支払う能力がない者は無保険者になってしまうという問題があった。2010 年に成立した ACA は、このようなアメリカの医療保障の構造を前提としつつ、無保険者を減らすことを目指したものである。

アメリカの医療保障について、就業先で加入する民間医療保険が医療保障の中心を担っていることから、公的にカバーされる部分が限定されていると評価することもできる。ただし、各州ごとに民間医療保険に対する規制は種々実施されており、個人あるいは雇用主を通じて医療保険を購入する場合は、規制を受けた市場で契約を行ってきた[22]。またメディケイドも連邦貧困線以上の低所得者をも対象とする制度に変化しており、児童医療保険プログラム（CHIP）

---

(20)　John Rekenthaler et al., *Small Employers Big Responsibilities How Policymakers Can Address the Small Retirement Plan Problem*, Morningstar 10 (2017). http://www.morningstar.com/content/dam/morningstar-corporate/pdfs/policy/SmallEmployersBigResponsibilities.pdf（last visited Mar. 29, 2018）.

(21)　ただしメディケアにおいても部分的に民間医療保険との組み合わせがみられる。メディケアは、パート A（病院保険）は、社会保障税を財源とする強制加入の保険であるが、パート B（医師診療保険）やパート D（薬剤）は、任意加入である。そして様々な給付制限への対応として、民間医療保険に加入する高齢者も少なくない。高山一夫「アメリカの医療制度 2　米国の医療政策の展開」文化連情報 464 号（2016 年）25-26 頁。メディケアにおける公的医療保険と私保険の併存について、効率性や簡便さがメリットとして期待される一方で、各制度の加入者の間で負担面の格差が存在することが問題となっている。関ふ佐子「メディケア・アドバンテージにみる社会保険と私保険併存の模索」横浜国際経済法学 18 巻 3 号（2010 年）135-137 頁。

も、メディケイド拡大や民間医療保険への加入促進策の延長線上に位置づけられる。すなわち連邦政府が直接運営する医療保険としてのメディケアが存在感を示す一方、多様な規制、補助を通じて医療保障体制を構築してきたといえる[23]。

民間医療保険への加入を「強制」することで医療へのアクセスを確保するACAは、従来のアメリカの医療保障の構造を基盤としたものだといえる。ただACAは、連邦政府（メディケア）や州政府（メディケイド）、あるいは雇用主を通じて医療保障にアクセスするのではなく、個人として医療保険を購入する者の権利義務に介入した点で、従来のアメリカの医療保障体制とは一線を画す部分をもっているといえる。

② 長期ケア

医療制度と密接に関わる形で提供されているのが高齢者に対する長期ケアである。高齢者のケアを対象とする社会保険が存在しないなかで、メディケイドが大きな役割を果たし、メディケアやアメリカ高齢者法（Older Americans Act OAA）、民間保険が組み合わさって高齢者の生活を支えている。また、アメリカでは高齢者を対象とした介護が、医療や障害者を対象としたサービスと明確に区別されていない部分があることにも注意する必要がある。

社会保障法によるナーシングホームの規制から始まったアメリカの長期ケアは、メディケア及びメディケイドの創設、社会サービス補助金（社会保障法ⅩⅩ章）の創設（1975年）により、公的支援の対象を拡大した。高齢者の長期ケアはナーシングホーム等の施設中心であるものの、1970年代から在宅や地域での支援を強化する動きも続いている。PACE（Program of All-inclusive Care for the Elderly）はその一例である[24]。メディケアやメディケイドは、長期ケアの財源だけでなく、事業者に対する規制の根拠を各州に提供する役割を担っ

---

(22) アメリカでは、連邦最高裁によって、連邦政府が保険業を規制する権限をもつとされた一方で、立法により保険業の規制は原則として州に委ねられている。ただ医療保険ではHMO法（1973年）やERISA法等連邦政府による規制が行われており、また全米保険監督官協会（National Association of Insurance Commissioners NAIC）が策定するモデル法が、各州政府の医療保険に関する立法の基準となっている。中浜隆「オバマ政権の医療保険改革」国学院経済学65巻3・4合併号（2017年）88、89、132頁。

(23) アメリカの医療制度の概要、展開について高山一夫「アメリカの医療制度1──日米医療の比較」文化連情報463号（2016年）40-41頁、同「アメリカの医療制度5──メディケイドの拡充と連邦制」文化連情報467号（2017年）16-18頁を参照。

ている。特に施設、在宅いずれにおいてもメディケイドが大きな役割を負っている[25]。

他方で、長期ケアにおける民間保険の存在感は大きくない。民間医療保険と比較し、給付範囲が限定的であることや、雇用主を通じた加入より個人加入が多いことが指摘される。また、各州がメディケイドの受給要件適用において、民間保険に加入していることをどのように取り扱うかといった要素が、民間保険に加入するインセンティブの大きさを決める[26]。

本稿との関係で言及すべきプログラムとして、CLASS（Community Living Assistance Services and Supports）がある。CLASS は、ACA の一部として成立した、長期ケア給付を目的とする公的保険である。ただし、予算等の理由で施行されることなく、2013 年の改正時に関連規定が削除され、事実上廃止されるに至った。CLASS は、在宅や通所サービスの購入を目的とした金銭給付を行うために、被用者（自動加入）、自営業者に保険料拠出を求める仕組みを採っていた。ただ給付額（1 日最低 50 ドル）が、施設でのケアにかかる費用と比較し十分でない一方、将来必要となる費用を加入者の保険料負担で賄えるか不透明な面もあった。また、強制加入ではないため、逆選択のおそれが指摘されていた[27]。

アメリカの長期ケアは、従来からあるメディケアやメディケイドを軸とし、給付も施設中心である一方、PACE や CLASS のように、地域での長期ケアを想定した制度構築の動きもみられる。ただし CLASS の頓挫からもわかるとお

---

(24) アメリカの長期ケアについて、以下を参照。稗田健志「現代アメリカにおける高齢者介護政策の政治過程 ──『改革』なき漸進的制度変化の一事例として」季刊家計経済研究 88 号（2010 年）73-78 頁、新井光吉「アメリカの介護者支援 ── PACE による地域包括ケア拡大の可能性」海外社会保障研究 184 号（2013 年）31-34 頁。The HENRY J.KAISER FAMILY FOUNDATION, *Fact Sheet Long Term Care in the United States : A Timeline* (2015), https://www.kff.org/medicaid/timeline/long-term-care-in-the-united-states-a-timeline/ (last visited Apr.30 2018).

(25) 新井・前掲注(24)論文 32-33 頁。

(26) Jeffrey R.Brown & Amy Finkelstein, *Insuring Long-Term Care in the United States,* Journal of Economic Perspectives Vol.25.No.4, 124-125, 129, 133-135 (2011).

(27) Kirstin J.Colello & Janemarie Mulvey, *Community Living Assistance Services and Supports（CLASS）: Overview and Summary of Provisions,* Congressional Research Service, 1-10 (2013). http://www.ncsl.org/documents/statefed/health/CLASSOvrview21313.pdf (last visited May.21 2018).

り、高齢期の長期ケアを想定した新たな公的保険をアメリカで作ることは、追加的な保険料負担の大きさも含め、容易ではない。

2 個人レベルの加入

前述した myRA は、雇用主提供型の私的年金制度の限界の一端を示すものであった。社会保障年金は、被用者であるか否かを問わず収入のある者を広く被保険者として拠出を求めている。一方、雇用主が提供する確定給付型年金は、年金を提供する企業の被用者でなければ加入できないものであり、カバーする範囲は限定的だといえる。例えば確定拠出型年金や IRA の増加は、雇用と結びついた所得保障の限界を示すとともに、被用者ではない人々が所得保障システムへ参加する契機にもなる。その際、自動加入制度や自動的に掛金が上昇する仕組みを活用することで、退出する余地を残しつつ、加入や拠出額をデフォルトで設定することにより、単なる任意加入や貯蓄とは異なる効果を生み出すことができる[28]。

医療保障においても、医療費を対象とした個人レベルの貯蓄に税制上の優遇を与える、医療貯蓄口座（Health Saving Accounts　以下、HSA）が、一つの選択肢となりつつある。HSA は、高額免責保険と税制上の優遇を伴う貯蓄口座の開設を組み合わせて、医療費支出に備えるもので、特に個人レベルの加入が期待されている制度である[29]。またトランプ政権が ACA 廃止の代替案として提出した「アメリカン・ヘルスケア法案（American Health Care Act）」では、HSA の上限額の拡大が、加入義務付けに代わる医療保障の有力な選択肢となっていた[30]。

個人貯蓄口座と税制優遇措置の組合せは、所得課税と消費課税を組み合わせた租税政策であり、「アメリカ租税制度の消費課税化」の進行だと捉えられ、例えば個人口座への拠出は、社会保障税の課税ベースに影響を与えないと指摘される[31]。社会保障年金やメディケアだけでは十分ではなく、雇用主が提供

---

(28)　キャス・サンスティーン（伊達尚美訳）『選択しないという選択——ビッグデータで変わる「自由」のかたち』（勁草書房、2017 年）206-208 頁。

(29)　関口智『現代アメリカ連邦税制——付加価値税なき国家の租税構造』（東京大学出版会、2015 年）135-144 頁。なお関口は MSA（医療貯蓄口座）との対比で「健康貯蓄口座」と訳しているが、本稿では HSA も医療貯蓄口座と呼称する。

(30)　上野まな美「オバマケアからトランプケアへ向かう米国」大和総研（2017 年）https://www.dir.co.jp/report/research/economics/usa/20170425_011934.pdf（2018 年 3 月 29 日アクセス）5 頁。

する保障を受けられない人々は、消費者として保険会社等と契約したうえで、税制上の優遇を受ける。myRAのように、貯蓄額や貯蓄の習慣がない低所得層への保障を目的としつつ、結果的に高所得層が恩恵を受けるという問題はあるものの、個人レベルでの加入促進や補助は、アメリカで医療や年金へのアクセスを保障するうえで重要な手段だといえる。

3　不法移民の地位とアメリカの社会保障制度

社会保障年金やメディケアが国民全体を、雇用主提供型の医療保険や年金が被用者を対象とする一方で、アメリカの社会保障制度の構造に適合しないのが、様々な資格でアメリカに滞在する移民である。特に不法移民は、本来は就労できない立場であるにも関わらず、長期にわたって被用者としての地位を得ていることも多い。不法移民の就労や社会保障制度を考えることは、アメリカにおける国民としての地位と、被用者としての地位を再考する契機となる。

アメリカ合衆国の市民権を有する者をアメリカ国民とすると、移民とは「正規の手続に基づく合法的永住居住者」（以下、合法移民）を指し、合法移民は、後に永住権を得ることもあれば、帰化の要件を満たすこと等によって市民権を得る場合もある。これに対し不法移民は合法移民以外の者で、不法入国者、不法滞在者、あるいは正式な入国書類を有しない者を含む[32]。

移民問題は、歴代の政権にとって重要な政策課題であり続けてきた。時代や政治的立場によって移民問題への対処方法は異なるものの、不法入国に対する取締りを強化する一方で、現にアメリカ国内に滞在している不法移民については合法的地位を与えるという方法が採用されてきた。オバマ政権下で2012年、2014年に出された行政命令では、期限付き、条件付き（犯罪歴がないことや納税）で滞在を認める一方、社会保障給付へのアクセスは制限されている[33]。

雇用との関係では、不法移民に対する取扱いは一様ではない。全国労働関係法（NLRA）や公正労働基準法（FLSA）は、不法移民にも適用される可能性があるものの、裁判例をみると制限を課せられる例もある。失業保険は不法移民を対象としない一方で、労災補償については、州によって取扱いが異なる[34]。短期労働者としての資格を与えるゲストワーカー・プログラムも課題を抱えて

---

(31)　関口・前掲注(29)書167頁。
(32)　大沢秀介「移民と憲法問題 —— 司法は移民規制についてどこまで判断できるか？」大沢秀介ほか編『アメリカの憲法問題と司法審査』（成文堂、2016年）11-12頁。
(33)　西山隆行『移民大国アメリカ』（筑摩書房、2016年）59-72頁。

いる。特殊な技能をもたない労働者（H-2 ビザ）は、主として農業やサービス業に従事し、失職すると滞在資格も失う。また上記プログラムによって就労する者について、労働者として認められるべき法的権利や苦情申し立てが軽視されているといった問題が指摘される[34]。

　その他の社会保障制度についても、合法移民と不法移民の間には受給資格について大きな差が存在する。社会保障年金は、原則として不法移民を対象としていない。ただし、様々な形で就労、居住する中で、受給資格を得られる可能性もある[36]。

　医療については、メディケイドは、合法移民については 5 年経過後に受給資格が付与される可能性があるのに対し、不法移民の場合は緊急医療等に限定される[37]。ACA は、不法移民を対象としていないため、不法移民はエクスチェンジで医療保険を購入することができず、医療保険への加入義務も負わない。雇用主を通じた加入など、エクスチェンジにおける規制や支援の範囲の外で医療保険に加入することはできるものの、不法移民が無保険状態であることは、移民問題にとっても、無保険者問題にとっても大きな課題である[38]。貧困世帯のための一時的扶助（TANF）、補足的栄養保障（SNAP）等の公的扶助においても不法移民は受給資格をもたない[39]。

---

(34)　早川智津子「アメリカ合衆国における外国人労働者の生活保障 —— 労災補償と失業保険の事例から」日本労働研究雑誌 667 号（2016 年）54-60 頁。

(35)　中島醸「アメリカ移民制度改革と労働組合 —— ゲストワーカー・プログラムをめぐる対立（上）」千葉商大紀要 53 巻 1 号（2015 年）72 頁、同「アメリカ移民制度改革と労働組合 —— ゲストワーカー・プログラムをめぐる対立（下）」千葉商大紀要 53 巻 2 号（2016 年）61、65 頁。

(36)　不法移民が社会保障年金を受給するためには、受給資格期間を得るのに足りる期間の就労、合法的に就労できる地位の取得等の要件を満たすことが必要である。特に、現に就労している場合には、不法移民であることは、直ちに社会保障年金へのアクセスを拒む理由にはならないものの、いずれかの時点で合法的な地位を得ることが求められる。また社会保障番号の取得が前提となるものの、不正に社会保障番号を取得する事例もあり、事態を複雑にしている。Stephen Goss et al., *EFFECTS OF UNAUTHORIZED IMMIGRATION ON THE ACTUARIAL STATUS OF THE SOCIAL SECURITY TRUST FUNDS*, Social Security Administration Office of the Chief Actuary 2, 3, 5 (2013) https://www.ssa.gov/oact/NOTES/pdf_notes/note151.pdf（last visited Mar.30 2018）.

(37)　木下武徳「アメリカ：アメリカにおける移民増加と生活困窮者支援策」貧困研究 17 号（2016 年）67 頁。

アメリカの移民問題は、永住者等の合法移民にも関わる問題ではあるものの、焦点は不法移民の取扱いにある。不法移民は労働力として不可欠な存在である一方、アメリカ国内に滞在することが法的に認められていないため、雇用や社会保障制度に関わる諸権利を制約されている状態にある。不法移民は国民や永住者としての合法的地位を有しない一方で、被用者としての地位を有し、（実際には難しいとしても）民間医療保険に個人で加入できた場合には、公的な補助を伴わない形で、加入者としての保護を受けることになる。不法移民は、雇用と社会保障制度へのアクセスを考えるとき、矛盾を抱えた存在として、様々な課題を制度に突きつける。

4 小 括

Ⅲでは、社会保障年金やメディケアのように、連邦政府が直接運営する制度に加え、雇用主提供型の年金や医療が軸となる構造は維持しつつ、中小企業の被用者や自営業者を含めた個人レベルの保障の重要性が増していることを確認した。また不法移民については、本来は滞在や就労が不可能であるにも関わらず、事実上居住し、被用者としての地位を得ているため、社会保障制度の対象とすべきかが問題となっていた。

雇用主提供型を中心とする医療や年金の提供は、アメリカの社会保障制度の特徴である一方、不法移民は先進国が共通して抱える問題である。多様な立場の人々の生活を保障するためには、福祉国家の基盤である国家と国民の関係を改めて検討する必要がある。

Ⅳ 社会保障制度における国家の役割と福祉国家アメリカの変容

Ⅳでは、Ⅱ・Ⅲでみた福祉国家としてのアメリカの特徴及び現状をふまえた

---

(38) ACA 下の不法移民の無保険問題については以下の記事を参照。

Louise Norris, *How immigrants are getting health coverage*, health insurance. org（2017）https://www.healthinsurance.org/obamacare/how-immigrants-are-getting-health-coverage/（last visited Mar.23 2018）.

Tom Murse, *Is Medical Help for Illegal Immigrants Covered Under Obamacare? How the Affordable Care Act Treats Undocumented Immigrants*, ThoughtCO.（2018）https://www.thoughtco.com/does-obamacare-cover-illegal-immigrants-3367966（last visited Mar.23 2018）.

(39) 木下・前掲注(37)論文 67 頁。

うえで、ACA を素材として、従来の特徴を引き継ぎながら、連邦政府が個人レベルでの参加を保障する仕組みを検討する。医療保険に加入しない個人に対してペナルティを課す ACA は、差別禁止や規制を伴う市場を通じ、消費者として国民を保護することで、医療へのアクセスを確保するものであり、アメリカの社会保障制度にとって適合的かつ有力な手法だといえる。

1　ACA の成立

オバマ政権下で実施された社会保障関連の立法で最も重要なものの一つが、ACA である。ACA の内容は多岐にわたるが、個人が医療保険に加入しない、あるいは雇用主が従業員に医療保険を提供しない場合にペナルティとして罰金を科したこと、医療保険を購入するための取引所（エクスチェンジ）を創設したこと、差別や給付拒否の禁止等民間医療保険に対する規制を強化したこと、メディケイドの給付対象を拡大したことが挙げられる。ACA 施行後 1 年で、無保険者が 880 万人以上減少し、特に個人で民間医療保険に加入する者が1000 万人以上増加した。逆に雇用主提供型医療保険の加入者は微増であった[40]。

ACA における再分配の強化も指摘しておかなければならない。メディケイドの拡充（連邦貧困線 138 ％まで給付対象者を拡大）を実施しない州に対し、マッチング補助金を交付しないとする不交付規定を使った拡充の強制は 2012年の連邦最高裁判決で違憲とされたものの、新たな受給者について 100 ％連邦政府が補助する等連邦政府の支援、関与が強まっている[41]。また、本稿執筆時点では未実施であるものの、キャデラック医療保険税と呼ばれる新たな課税が予定されており、年間保険料が一定額以上（単身で 10,200 ドル、世帯で27,500 ドル以上）の加入者が対象となる[42]。

トランプ政権成立以降、ACA の主要部分を廃止するための法案が複数回提出されたが、共和党内の反発もあり、ACA は現在でも維持されている。もちろん、メディケイド等各州の立法措置に委ねられている部分があり、法制度の

---

(40)　高山一夫「アメリカの医療制度 3 ── オバマ医療改革法（ACA 法）と無保険者」文化連情報 465 号（2016 年）20-23 頁。個人加入である場合の罰金は世帯所得の 2.5 ％もしくは 695 ドルのうち高い方であり、企業については 50 人以上を雇用する企業が対象となっている（同 21 頁）。

(41)　高山・前掲注(23)論文（アメリカの医療制度 5）18 頁。

(42)　高山一夫「アメリカの医療制度 4 ── ACA 法と雇用主提供型医療保険の行方」文化連情報 466 号（2017 年）37 頁。

枠組みを変更しなくとも、予算をめぐる攻防の結果、ACA の機能を抑制することはできる。ただ、ACA を廃止した場合に無保険者が増加するといった試算もふまえると、ACA はアメリカの医療保障の基盤になりつつあるといえる[43]。

2　ACA における国民・被用者・消費者の保護

ACA は、様々な論点を含むが、最も大きな特徴は個々の国民に対し、医療保険への加入を義務付けたことである。ACA は、雇用主提供型医療保険が中心だったアメリカにおいて、個人に対する支援を重視した制度である。ACA は、雇用主が従業員を医療保険に加入させるための規制、補助も含んでいるが、これは従来からある雇用主提供型の延長線上に位置づけることができる。個人が規制や補助を受けて市場で医療保険を購入する仕組みを整備することこそ ACA の目標の一つだといえる[44]。

個人レベルでの医療保険加入を「強制」とみるかは、意見の分かれるところであるが[45]、加入しない場合にペナルティ（罰金）を科していることから、加入を義務付けるものと表現して誤りではないだろう。個人レベルでの加入義務付けの実効性を高めるうえで重要なのが、医療保険を購入するためのエクスチェンジや医療保険加入を妨げる差別を禁止する規制の存在である。加入を義務付けられた個人が民間医療保険に加入しようとした場合に、既往症による加入拒否等の差別的取扱いを受ければ、義務付けは実効性を減じられる。高額な保険料が原因で加入できない場合の補助も、同様に加入義務付けの実効性を高

---

(43)　トランプ政権下の ACA 廃止の動きについては高山一夫「アメリカの医療制度 8 ──共和党の医療制度改革法案とその顛末」文化連情報 470 号（2017 年）26-30 頁を参照。

(44)　Maher は、ACA は、個人レベルの医療保険市場で連邦政府の権限を行使し、集団レベルの市場の外に置かれていた人々の交渉を可能にするものだと述べる。Brendan S Maher, *The Benefits of opt-in Federalism*, 52 B.C.L.Rev.1733, 1773-1775（2011）. Brooks は、ACA によって、雇用主提供型中心だった医療保険が、エクスチェンジで補助を受けた個人が購入する形に移っていくという事態が起こり、これは準公的支出（quasi-public spending）が支配的になることだと述べる。John R. Brooks, *Quasi-Public Spending*, 104 Geo.L.J.1057, 1069（2016）.

(45)　Maher は、ACA を税などのような「強制」（mandate）と捉えるか選択と捉えるか、憲法上許容されるか議論がありうるとしたうえで、全ての人々が保険を得られること、上手く選択できることを目指したものだと述べる。Brendan S. Maher, *Some Thoughts on Health Care Exchanges : Choice, Defaults, and the Unconnected*, 44.Conn.L.Rev.1099, 1104-1105（2012）.

めることになる。

ACA の範囲は多岐にわたり、その中には、医療保障における国家と国民の関係のあり方が、複数併存している。医療扶助であるメディケイドの拡大では、実施・運営主体は州政府ではあるものの、連邦政府の補助金が不可欠であることをふまえると、国家が給付主体となり、国民が受給者となる。次に、雇用主提供型の医療保険加入を促進する政策は、使用者（企業）と被用者の間で医療保障が行われるのに対し、連邦政府や州政府は規制主体として現れる。国民は被用者として、国家の規制によって保護され、税制優遇等を通じて間接的に加入を促される。アメリカの医療保障制度が、この二つの手法を使って、医療へのアクセスを可能にしてきたことは、ここまで述べたとおりである。

これに対し、個人レベルでの加入義務付けでは、雇用と医療保障が結びついておらず、個々の加入者は消費者として保護を受ける側面をもつ[46]。これは、個人型確定拠出年金や IRA 等の税制優遇を伴う貯蓄口座と同様である。市場での選択を経て、医療保険を購入する際に、エクスチェンジでの情報提供や差別禁止を通じて保護を与える。規制や保護、財政的支援等医療保険の購入を促進する方法は多様である。例えば、ワンクリックでの購入を促進し、デフォルトで特定のプランを設定することにより、消費者を支援することができる[47]。加入の有無、どのプランに加入するかといったことについて、自ら選択することの重要性を強調することが、医療保険改革の障壁となってきた。エクスチェンジの中で、形式的には加入者の選択を尊重しつつ、実質的には保護を目的として選択の幅を狭める手法は、有効なものとして期待されている。ACA 成立の過程で議論のあったパブリックオプションも、それを選択した場合には連邦政府と国民を給付によって結びつけるものであるが、民間医療保険と併存する市場全体をみれば、選択を尊重しつつ実質的に保護を図る仕組みだといえ

（46） 医療を含めアメリカの社会保障制度では「公的な保障の中でも、消費者保護に類似する民間の規制が主要な要素を占めている」と指摘される。関ふ佐子「アメリカにおける医療保障改革 —— 公私混在システムの苦悩」論究ジュリスト 11 号（2014 年）73 頁。ACA では、医療保険に関するインフォームド・チョイスを可能にするため、消費者に対して手ごろな保険の選択肢を提示する情報の開示を義務付けるとともに、保険会社に対し保険料の値上げについての情報開示や説明責任を課している。キャス・サンスティーン（田総恵子訳）『シンプルな政府 —— "規制" をいかにデザインするか』（NTT 出版、2017 年）146-147 頁。

（47） Maher, *supra* note 45, at 1112-1113.

る[48]。他方で、州レベルで単一の保険者（シングルペイヤー）の制度創設を模索する動きもある[49]。ACA を、シングルペイヤーによる医療保障からの後退とみれば、ACA は発達途上の制度だといえる。だが、エクスチェンジを中心とする現在の姿こそ、福祉国家としてのアメリカの特徴を引き継ぎ、発展させたものということもできる。

3　アメリカ社会保障制度における国家と国民

では、ACA を通じて、消費者として医療保険の購入を支援することは、個人型確定拠出年金や IRA の購入を促進することと同じなのだろうか。ここで改めて ACA における個人レベルの医療保険加入義務付けについて考える必要がある。

ACA では、一定の条件を満たせば加入したとみなされるわけではなく、あくまで加入義務を負う個人が民間医療保険を購入しなければならない。加入していない場合に罰則は課せられるが、加入よりも罰則（罰金）を選択することもできる[50]。そのため、無保険者が生まれるリスクがあり、減少したとはいうものの、依然として多くの無保険者がいる。このように考えると、ACA による医療保険加入義務付けは、機能面でみれば、民間医療保険への加入を促進するツールの一つだといえる。

だが、社会保障制度における国家と国民の関係を見直す観点からは、別の見

---

(48)　Hacker は、オバマケアを論評する中で、パブリックオプションの重要性を説く。エクスチェンジでは、複数の保険者（民間医療保険）が競争し、加入者が選択する市場が想定されているものの、実際にはごく少数の保険者しかいない地域が存在し、また更なる民間保険会社の撤退も問題になっている。Hacker は、価格設定等の面でパブリックオプションは消費者に資するものであり、基礎的なプランを提供できると主張する。Jacob S. Hacker, *There's a simple fix for Obamacare's current woes : the public option*, Vox（2016）http://www.vox.com/2016/8/18/12520820/public-opinion-health-care-obamacare（last visited Jun.29 2018 ）

(49)　ニューヨーク州でシングルペイヤーの創設を目指した法案（New York Health Act）では、医療保障を目的とする連邦政府からの複数の補助金を統一し、評議員会を通じて管理する構想が示されている。Brianna Paolicelli, *Note : Single Payer and the Rising Cost of Health Care*, 15 Cardozo Pub. L. Pol'y & Ethics J.143, 158-160（2016）.

(50)　このため、「医療保険加入又は罰金支払いの選択制」とも表現される。高山・前掲注(40)論文 21 頁。また、これまでの雇用主提供型医療保険においても、被用者が保険料を拠出する拠出プランでは、大部分の州では、雇用主が被用者に医療保険加入を強制することはできず、保険料負担を理由に一部の被用者が加入しない事態が生じる可能性があった。中浜・前掲注(22)論文 91 頁。

方も可能である。前述したように、社会保障制度は、国家と国民が給付を通じて結びつく関係を軸とし、社会保障制度の規模を有力な指標とする福祉国家論も、国家による給付を、福祉国家形成の基盤と考えてきた。社会保障制度を根拠づける法制度も、給付に対する権利を中心とし、拠出や国民の義務も、国家による給付が前提となってきた。これに対し、国家が給付主体にならない形で医療へのアクセスを保障するACAの手法は、雇用主提供型の確定給付型年金や民間医療保険に対する規制・支援をふまえたもので、アメリカに特徴的なものだといえる。

　ACAでは、加入者の給付に対する権利や保険料拠出義務は、契約によって発生する。これは、保険者が民間医療保険会社であっても、実質的に州や地方政府が運営するものであっても、同じである。すなわち、保険料の補助等を除き、規制・支援する主体としての連邦政府や州政府に対する権利義務が生じるわけではない。合衆国憲法には、最低生活や必要な医療の保障を定めた規定はなく、メディケイドやメディケアも含め、制定法を通じてモザイク状の制度が構築された。例えば、雇用主提供型の医療保険に対する規制の一部はERISA法等従来の法制度によって継続的に行われる一方で、個人で加入する場合には、ACAによる規制を受ける点では同じであるものの、雇用主を通じて医療へアクセスするか、個人で加入するかによって、適用される法体系に違いが生じる場合もある[51]。

　アメリカでは、社会保障年金やメディケアのように、皆保険ではないものの、強制加入の公的保険が存在している。一方で、例えばメディケアは、公的な給付を補完するために私保険を活用する仕組みも内包している[52]。確定拠出型年金・IRAと社会保障年金の関係も同様である。アメリカにおいては、国家に対して医療保障を求める権利はない一方で、国家によって医療が保障されている状況が存在する。ACAを中心とする現行の医療保障は、結果的に再分配を生じさせるとしても、人々があくまで自らのリスクに対して、自身で選択し、権利義務を引き受けるという考え方に拠っている。

---

(51)　Maher, *supra* note 44, at 1776-1777. ただしACAは立法以前の保険契約には多くの場合適用されないため、州法も含めた適用関係を一様に説明することはできない。ACAの民間医療保険に対する適用については、中浜・前掲注(22)論文104頁以下に詳しい。

(52)　この点については関・前掲注(21)論文に詳しい。

ある福祉国家において、公的な給付と私的な給付のいずれが中心であるか、といった視点は片面的なものであり、両者の支出額を比較して析出できる福祉国家の性質には限界がある。むしろ老齢や疾病など社会保障法制度が取り扱う普遍的なリスクが、当該福祉国家においてどのような形の給付や規制を形成しているか、それらの給付や規制が、個々の受給者の地位といかに結びつき、彼らの選択に影響を与えているかをみなければならない。

4　福祉国家アメリカの変容 —— アメリカ社会保障制度の構造と移民問題

　給付を通じて国民と国家が結びつき、社会権に代表される権利がその関係を根拠づけるという福祉国家の一つの形は、アメリカの社会保障制度には必ずしも当てはまらない。他方で、アメリカの社会保障制度が、単に規制や補助、サービス提供者を含めた環境整備にとどまるともいえない。もちろん、個々人の自助を基調とすることや、保険やサービスそのものの提供が民間市場に委ねられているといった特徴はある。だが、給付以外の方法で国家が関与することで、生活保障が構築されていく福祉国家のあり方は、他の国にも部分的に当てはまる部分があるのではないだろうか。

　例えば、前述した移民に対する社会保障制度のあり方は、福祉国家における国家と国民の関係を問い直すものである。アメリカ国籍を有する者は、国民としての地位を基盤に就労し、被用者としての地位を得て、付加的な保険や貯蓄を必要とする場合には、消費者としての保護を受ける。だが、不法移民は、国籍や永住者としての地位を有しない一方で、被用者としての地位を得ている。また、消費者として貯蓄や金融商品の購入を行う可能性もある。もちろん、現行制度上、国籍や永住資格をもたずに就労すること、雇用主提供型の年金や医療保険に加入すること、あるいは個人単位の貯蓄を保有することには多くの困難が伴う。ただここで着目すべきは、移民の存在が、アメリカ社会保障制度の何を問い返すかということである。

　公的な保障が不十分と言われるアメリカも、年金でいえば社会保障年金、確定給付型年金、確定拠出型年金及び IRA 等の貯蓄勘定といったように、国民、被用者、消費者という各地位に基づいて得られる保障を重ねる形で、制度が構築されてきた。これはわが国も含め、他国も類似した状況だといえよう。アメリカの移民政策は、不法移民を厳しく取り締まると同時に、現に滞在している者については合法化することを繰り返してきた。その大きな理由は、出身国に

帰すことが現実に困難であるだけでなく、アメリカの労働市場において不法移民が貴重な労働力だからである。不法移民は、国民としてではなく、被用者としてアメリカという福祉国家とつながっている。緊急医療等を除いて、国民として連邦政府からの給付を受けられない一方で、労働法規や労働保険による保護だけでなく、医療へのアクセスが必要になる。その際、被用者として民間医療保険と契約することや、将来的に個人としてエクスチェンジの中で民間医療保険を購入することができれば、給付に該当する支援は受けられないとしても、実質的な保護を受けられる可能性はある。これは個人型確定拠出年金やIRA についても同様である。

　現在のアメリカ社会保障制度は、アメリカ市民や永住者を中心とした制度で、不法滞在者が給付を受ける余地は極めて限定されており、雇用主を通じた保障を受けることも難しい。しかし、本稿で検討してきたとおり、福祉国家としてのアメリカは、国家と国民を給付関係で結びつけるのとは別の形で、医療保障や所得保障の体系を構築し、人々は複数の立場で利益を享受し、そこに従来とは異なる形での権利義務関係が生まれている。本稿では、福祉国家を、国家が、労働市場政策と社会保障制度を通じ、国民の雇用と生活を保障する仕組みと捉えた。アメリカという福祉国家の変容は、雇用と生活保障の結びつき、国家と国民の関係及びそこから生じる権利保障のあり方にこそ生じているといえるだろう。

V　おわりに

　本稿では、福祉国家としてのアメリカについて、社会保障と雇用の関係に着目し、検討を行った。ACA を主たる検討対象とし、民間医療保険への加入を促すという枠組みと、加入しない場合にはペナルティを課す仕組みが、給付とは異なる国家と国民の関係を考える契機となることを示した。他方で、シングルペイヤーが運営する制度や、市場でパブリック・オプションを用意することを求める動きもあり、現段階でアメリカの医療保障の是非を評価することは難しい。また ACA に含まれる各給付、規制、補助における権利義務関係は複雑であり、本稿で詳細に検討することはできない。ただ、社会権に基礎づけられた社会保障給付とは異なる権利義務関係の一端を示すことはできたと考えている。

アメリカにおける福祉国家の変容と社会保障法制〔常森裕介〕

　本稿では雇用主を通じた保障や、個人レベルで民間医療保険を購入する場面に着目したが、種々の貸付制度、あるいは私的慈善事業といった領域では、連邦政府や州政府が給付以外の方法で生活、雇用、教育等の保障に関与している。税制上の優遇措置という形で支援していることも多く、給付を代替、補完している。これらの制度を検討することは、社会保障制度の定義や範囲に関わるだけでなく、給付を軸とした体系を再検討する契機になる。福祉国家としてのアメリカは、実験的な政策も含め、権利に基礎づけられた給付以外の手法で生活保障を行うという点で、今後も様々な示唆を与えてくれるだろう。

◆ 特集3 ◆ 社会保障法と基本概念（その1）

〈特集の趣旨〉

　社会保障分野では、毎年目まぐるしく法律改正がなされ、社会保障法の研究も、個別領域におけるこうした改革動向を跡付けることに終始してしまっている感がないとはいえない。このこともあり、社会保障法の全体を広い視野から捉えた検討や、社会保障法学のいっそうの展開を目指すための理論的前提ともなり得る基本概念・規範概念を深く掘り下げた考察は、これまで十分には展開されてこなかった。

　本特集は、社会保障法を理論的に考察する上で不可欠な基本概念につき、その規範的意義を含め、包括的に検討することをねらいとするものである。具体的には、「権利」「義務」といった法律学固有の規範概念の社会保障法における意義、「公平」「公正」「平等」といった経済学等の学問的アプローチでも用いられる概念の社会保障法における意義、21世紀に入り多くの社会保障制度の展開にあたって重視されている「自立」および「自立支援」の概念についての各論文を予定している。

　ところで、本号ではこれらの3本の論考に先立ち、最近の社会保障制度改革において頻繁に用いられつつある「持続可能性」概念に焦点をあてた論文を掲載することとした。上記の諸論文と同列に配置するのではなく、先んじて掲載する理由は、これらの諸論考で扱う基本概念と異なり、「持続可能性」がそもそも規範的な概念としていかなる内実を有するかにつき、慎重な検証を要すると思われたことに加えて、「持続可能性」の意義を探究することを通じて、従来の社会保障制度や社会保障法理論を根本的に問い直すことにつながるかもしれないと考えたからである。本号の「持続可能性」論文で示された、21世紀福祉社会に向けた新しい社会保障制度と社会保障法理論の胎動を、いわば「露払い」として、次号の諸論文での理論展開を待ちたい。

〈本特集の論題〉
1　社会保障法と権利・義務
2　社会保障法と公平・公正・平等
3　社会保障法と持続可能性〈本号〉
4　社会保障法と自立

社会保障法と持続可能性
―社会保障制度と社会保障法理論の新局面―

菊 池 馨 実

I　は じ め に
II　社会保障の持続可能性
III　社会保障の規範的基礎付け
IV　社会保障の変容
V　社会保障の市民的基盤
VI　持続可能性を支える基盤の再構築に向
　けた法的課題
VII　むすびにかえて

I　は じ め に

　持続可能性（sustainability）は、従来、主として環境保護との関連で論じられてきた[1]。「環境と開発に関する世界委員会」が 1987 年に公表した報告書「Our Common Future」によれば、「将来の世代の欲求を満たしつつ、現在の世代の欲求も満足させるような開発」に焦点が当てられ、その後も、持続可能な開発との観点に立ち、国際的な枠組みでの取り組みが進められている[2]。

　他方、日本では、近時、社会保障制度との関連でも持続可能性が語られるようになった。後述するように、一般的には、国家財政上の厳しい制約下での社会保障費の自然増への対応の必要性という文脈の中で、あるいは 21 世紀超少子高齢社会・人口減少社会の到来への対応の必要性という文脈の中で語られることが多いようにみられる[3]。

　本稿の目的は、社会保障法学の視座から、社会保障法（制度）における持続可能性の意義を明らかにした上で、持続可能な社会保障法（制度）の構築に際して求められる制度的・法理論的対応のあり方について試論的に検討することにある。さらに、そうした制度的・法理論的対応の必要性が、社会保障制度や社会保障法の歴史的展開過程の延長線上に生じたものであること、そして社会保障制度と社会保障法が新たな局面に置かれていることの一端を明らかにすることも目指している。

　以下では、Ⅱで、社会保障における持続可能性の諸側面につき整理をした上で、とくに社会的基盤との関連に焦点を当てて議論を展開する。Ⅲでは、社会保障の市民的基盤を支える規範的・理念的基礎付けに関わる議論に着目し、とりわけ筆者が従来から主張してきた社会保障法理論を発展的に展開し、より安

⑴　大久保規子「国内法における持続可能な発展原則の意義と位置付け」法社会学 87 号（2015 年）140 頁。

⑵　1992 年にリオデジャネイロで開催された国連環境開発会議（UNCED）の「地球サミット」において、環境分野での国際的な取組みに関する行動計画である「アジェンダ 21」が採択され、その後、1993 年に設置された国連持続可能な開発委員会（CSD）を経て、2013 年持続可能な開発に関するハイレベル政治フォーラムが設置され今日に至っている。

⑶　大久保・前掲論文注⑴147 頁は、日本の社会保障法では、フランスの都市法やドイツの環境税のように、環境と福祉の統合的な施策により持続可能な発展を図るという発想に乏しいと指摘する。

定的な法理念を提示すべく、考察を行う。Ⅳでは、Ⅲで抽出された規範的なレベルでの今日的問題状況が、社会保障制度の歴史的展開過程に着目することによっても、同様に導き出され得るものであることを示す。Ⅴでは、社会保障を支える市民意識（市民的基盤）に着目し、その脆弱化を招いた背景と、その対処をも射程においた近時の政策展開、とりわけ地域共生社会に向けた構想に着目し、到達点を明らかにする。その上で、Ⅵにおいて、持続可能性を支える基盤の再構築に向けた法的諸課題つき、「支援」「地域」「事業」といった概念に着目しながら、若干の検討を行うことにしたい。

Ⅱ　社会保障の持続可能性

1　社会保障の持続可能性

Ⅰで示唆したように、社会保障の持続可能性は、一般的には以下の2つの側面から語られているようにみられる。

第1に、社会保障の財政的基盤との関連である[4]。社会保障は、基本的に給付の体系であり、給付を行うためには財源が必要である。したがって、高齢化のさらなる進展の中でも、将来にわたる給付と負担の均衡が図られねばならない。法律上も、「受益と負担の均衡がとれた持続可能な社会保障制度の確立を図る」ことを法目的として定める2012（平成24）年社会保障制度改革推進法（同1条）や、法律の題名にその趣旨が示されている2013（平成25）年「持続可能な社会保障制度の確立を図るための改革の推進に関する法律」として法制化されている。2016（平成28）年「公的年金制度の持続可能性の向上を図るための国民年金法等の一部を改正する法律[5]」では、短時間労働者への被用者保険の適用拡大、国民年金第1号被保険者の産前産後休暇期間における保険料の免除、年

---

(4)　吉成俊治「平成27年度（2015年度）社会保障関係予算——社会保障に対する信頼と制度の持続可能性」立法と調査362号（2015年）89頁以下、金子和裕「平成29年厚生労働行政の課題について——持続可能性確保のための医療・介護の見直しと働き方改革」同384号（2017年）90頁以下参照。

(5)　同法の趣旨は、「公的年金制度について、制度の持続可能性を高め、将来の世代の給付水準の確保等を図るため、持続可能な社会保障制度の確立を図るための改革の推進に関する法律に基づく社会経済情勢の変化に対応した保障機能の強化、より安全で効率的な年金積立金の管理及び運用のための年金積立金管理運用独立行政法人の組織等の見直し等の所要の措置を講ずる」こととされる。

金額の改定ルールの見直し、GPIF の組織等の見直しなどが行われた。

第2に、社会保障の人口的基盤との関連である。「今後、就業者数の総人口に対する割合が下がっていくことが見込まれる中で、まずは、希望出生率 1.8 の目標は必ず実現する必要がある[6]」との提言に象徴されるように、人口減少社会が進展する中で、出生率をいかにして回復していくかに政策の焦点が当たっている。こうした言説は、個人の自由や自律を尊重する立場からは、特定の「善き生」の国家的推奨にならないように警戒する必要性があるものの、婚姻や出産を希望しながら社会経済的要因によって妨げられているとすれば、その障壁を除去する方向での政策展開を、無碍に否定すべきものではないだろう[7]。

以上の2点に加えて、より根源的には、以下に挙げる2つの側面が、持続可能な社会保障制度の構築にあたって、より本質的な問題と考えられ、これらの側面についての検討が、本稿の主題となる。

まず、社会保障の前提となる社会的基盤、すなわち家族・企業・地域が脆弱化していることを踏まえた政策的対応の必要性である。この点については、2で論じる。

次に、社会保障を支える市民的基盤が脆弱化していることを踏まえた理論的・政策的対応の必要性である。このことは、社会保障を支える基盤となる市民・住民意識の希薄化・脆弱化の側面と、こうした市民・住民意識の下支えとなり得る社会保障の規範的・理念的基礎付けにかかわる側面とに分けて論じる必要があり、本稿でも、それぞれⅤ及びⅢで扱う。

2 社会保障の社会的基盤

社会保障法学では、社会保障の法主体として、従来一般的であった「国家」及び「個人」の二元的把握[8]ではなく、国家と個人の間にある様々な構成組織

---

(6) 自由民主党一億総活躍推進本部「一億総活躍社会の構築に向けた提言」（2017〔平成 29〕年 5 月 10 日）。

(7) ひと・まち・しごと創生法 2 条 3 号は、同法の基本理念として、「結婚や出産は個人の決定に基づくものであることを基本としつつ、結婚、出産又は育児についての希望を持つことができる社会が形成されるよう環境の整備を図ること」を挙げる。

(8) わが国の社会保障法学の基礎を構築した荒木誠之によれば、「社会保障とは、国が、生存権の主体である国民に対して、その生活を保障することを直接の目的として、社会的給付を行う法関係である」とする。荒木誠之『社会保障法読本〔第 3 版〕』（有斐閣、2002年）249 頁。ただし、荒木によれば、国家が社会を代表するものとして捉えられていた点は見逃せない。同『社会保障の法的構造』（有斐閣、1983 年）30 頁。

Ⅱ　社会保障の持続可能性

（いわゆる「社会」）の固有の役割や法主体性に着目されるようになった[9]。これらの「社会」を構成する単位は、社会保障の前提あるいは社会保障を補完するものとして位置付けられ得る。こうした社会構成単位のうち主なものとしては、家族・企業・地域を挙げることができる。

　第1に、社会保障には、老親の経済的扶養の外部化（ないし社会化）としての公的年金、身体的扶養の外部化としての介護保険、児童扶養の外部化としての保育施設など、家族が有する扶養機能の外部化（代替）という側面がある。そしてこうした外部化の方向性は、家族形態の多様化という大きな流れの中での不可逆的変化とみることができ、将来的に家族の扶養機能の回復に期待した制度構築を行うことは適切でない。とりわけ単身世帯や高齢者のみ世帯の増加[10]は、様々な要保障事由の発現に際して、生活保護をはじめとする社会保障制度による生活保障に依存する場面を増やすこととならざるを得ない。例外として、未成年子の養育は将来的にも家族の第一義的機能として残り続けると思われるものの、このことは、児童養育を私的なイベントとして捉えるのではなく、最近の「こども保険」構想[11]、「人づくり革命[12]」をめぐる政策動向などにみられるように、公的支援を通じて環境整備していく必要性はむしろ高まっていくものと思われる。

　第2に、企業も、生活給体系や企業福祉制度（扶養手当、退職金・企業年金、社宅・住宅手当など）の普及を通じて、家族を含む勤労者世帯の生活保障への配慮という側面において、社会保障制度の代替的役割を果たしてきた。しかしながら、賃金体系の変更、企業福祉の変容（たとえば、確定給付型企業年金の給付水準引下げ、確定拠出年金の拡大）など、グローバル経済下にあって、企業の

---

(9)　加藤智章『医療保険と年金保険』（北海道大学図書刊行会、1995 年）5 頁、倉田聡『社会保険の構造分析』（北海道大学出版会、2009 年）32 頁。

(10)　2015（平成 27）年時点で、単身世帯は全世帯の 26.8 ％を占め（1985〔昭和 60〕年には 18.4 ％）、65 歳以上の者のいる世帯（全世帯の 47.1 ％）のうち単身世帯が 26.3 ％、ともに 65 歳以上の夫婦世帯が 25.3 ％を占めた（1985〔昭和 60〕年にはそれぞれ 12.0 ％、10.6 ％）。国立社会保障・人口問題研究所「社会保障統計年報データベース」第 12 表及び第 13 表。

(11)　自民党財政再建特命委員会・2020 年以降の経済財政構想小委員会「『こども保険』の導入──世代間公平のための新たなフレームワークの構築」（2017〔平成 29〕年 3 月）参照。

(12)　「新しい経済政策パッケージ」（2017〔平成 29〕年 12 月 8 日閣議決定）では、幼児教育の無償化、待機児童の解消が謳われた。

社会保障法と持続可能性〔菊池馨実〕

役割は縮減の方向に向かいつつある。ただし、このことは従来企業が担ってき
た生活保障の役割をすべて国家が引き受けるべきということにはならない。以
下述べるように、企業と国家との役割区分の必要性が認められる。国家の側か
らみた場合、このことは一方における法令によるルール化（労働法的規制）と、
他方における直接的な制度実施（社会保障法的関与）の両側面から捉えられる。

　まず、一定の場面では雇用保障の強化の方向性があり得る。具体的には、同
一労働同一賃金原則の導入[13]、最低賃金の引上げ[14]のほか、労働権（憲法27
条1項）の射程を拡大し、たとえば雇用労働に至らない「就労」に係る災害補
償・労働安全衛生規制[15]といった、労働基準法・労働契約法上の労働者概
念[16]を超えた就労者保護の拡大などが考えられる[17]。

　他方において、従来企業が担ってきた生活保障の役割を国家が代替し、社会
保障制度としての対応を検討すべき領域も存在するように思われる。具体的に
は、生活困窮者自立支援法上の住居確保給付金（同5条）として導入された仕
組みを、普遍的な所得制限付き住宅手当（家賃補助）として拡充していく[18]、

---

(13)　2018（平成30）年通常国会で「働き方改革を推進するための関係法律の整備に関する
　　法律」が成立し、パートタイム労働法をパートタイム・有期雇用労働法と改め、不合理
　　な待遇の禁止（同8条。これに伴い労働契約法20条を削除）と、通常の労働者と同視
　　すべき短時間・有期雇用労働者に対する差別的取扱いの禁止（同9条）を定めるととも
　　に、労働者派遣法にも不合理な待遇と差別的取扱い（不利益取扱い）の禁止の規定をお
　　く等の改正がなされた（同30条の3・30条の4）。水町勇一郎『「同一労働同一賃金」
　　のすべて』（有斐閣、2018年）参照。
(14)　最近の最低賃金の引き上げは、もはや生活保護との整合性の要請を大きく超えて労働
　　者全体の賃金上昇を目指すものになっていると指摘するものとして、関根由紀「2007年
　　改正最低賃金法と社会保障の関係性を改めて考える」季刊労働法254号（2016年）21頁。
(15)　菊池馨実「社会保障法学と労働法学」（日本労働法学会編『講座労働法の再生 第6
　　巻 労働法のフロンティア』日本評論社、2017年所収）285頁。
(16)　皆川宏之「労働法上の労働者」（日本労働法学会編『講座労働法の再生 第1巻 労働
　　法の基礎理論』日本評論社、2017年所収）73頁以下。
(17)　労働権は、労働市場におけるディーセントな雇用労働の保障のみならず、働くこと・
　　就労を通じて社会とのつながり（社会的包摂）を求める人々の就労も、保障すべき基本
　　的ニーズとして承認するものと理解されるべきであり、雇用労働関係を前提としない福
　　祉的就労においても、広く就労の意思を有する者が労働権の権利主体とされるべき旨、
　　私見を引用しつつ述べるものとして、有田謙司「労働権の再構成と『就労価値』論」
　　DIO334号（2018年）10頁。菊池・前掲論文注(15)285-286頁参照。
(18)　菊池馨実「雇用社会の変化とセーフティネット」（荒木尚志編『岩波講座現代法の動
　　態3 社会変化と法』岩波書店、2014年所収）99頁。

あるいは手当支給とまではいかなくとも住まいの確保に関する公的支援の拡大を図る方向性が考えられる[19]。児童養育に対する（家庭内保育を含む）普遍的な支援に加えて、子ども自身の育ちに着目した支援との観点からは、2010(平成22)年に時限的に導入された子ども手当のように、普遍的な家族手当（児童手当）の実施・拡大も検討課題となろう。

　企業が担ってきた生活保障の役割の国家による制度化とは別に、費用負担者としての企業の役割の拡大が考えられてよい。この点で、2018(平成30)年子ども・子育て支援法改正法による事業主拠出金に係る拠出金率の引上げと充当対象の拡大という方向性は、将来的な労働力の確保という観点から積極的に評価されるべきであり、2014(平成26)年及び2016(平成28)年改正により部分的に実現した短時間労働者への被用者保険の適用拡大のさらなる促進も、正規労働者との平等取扱いとの観点から積極的に図られる必要がある。介護休業期間中における介護保険料免除も、今後の課題であろう。

　第3に、地域（社会）も、社会保障制度（とりわけサービス給付）の代替的役割を果たしてきた。しかしながら、①サービス保障（医療・保健・社会サービス保障）を支える人材の枯渇、②生活支え合いのための人的資源の枯渇、という二つの意味合いにおいて、人びとの生活の基盤ともいうべき地域が脆弱化・希薄化している。

　かつて、戦後日本における社会保障と社会との関係性についての典型的な捉え方として「日本型福祉社会論」が展開され、1979(昭和54)年「新経済社会7カ年計画」によれば、公的福祉を最小限にとどめ、企業活力を重視しつつ、家族と地域の自発的な相互扶助を組み合わせるという方向性が示された[20]。とりわけ高齢者介護などの場面において、家族の機能に多くを依存する方向での政策展開は望ましいと言えず、もはや可能でもないことは先に示唆した通りである。公的責任の縮減（による公費節減）を意図した「日本型福祉社会論」の再来にならないよう十分警戒しながらも、後に検討するように、法制化を通じた地域の再生を企図することにより、社会保障制度を支える市民的基盤の再構築に向けた転換点となることが期待される。

---

(19)　2017(平成29)年「住宅確保要配慮者に対する賃貸住宅の供給の促進に関する法律」（住宅セーフティネット法）改正により、住宅確保要配慮者への入居円滑化（居住支援法人による入居相談・援助、家賃債務保証の円滑化）が図られた。

(20)　田中拓道『福祉政治史』（勁草書房、2017年）203頁。

Ⅲ　社会保障の規範的基礎付け

1　目的に着目した社会保障法理論

社会保障法学の通説的見解によれば、社会保障の目的は国民の生活保障であり[21]、所得再分配は社会保障がもつ機能として捉えられてきた[22]。目的か機能かをめぐる議論は措くとして、社会保障制度による所得再分配は、20世紀福祉国家の下での貧困・生活困窮への国家レベルでの効率的な対応手段であり、これにより相当程度、国民の経済的貧困の軽減に成功したものと評価できる[23]。

これに対し、私見は、自律（autonomy）の支援と自立（independence）の支援が、社会保障の本来的・根源的な目的であると捉えてきた。ここでいう自律とは、個人が主体的かつ自由に自らの生き方を追求できること（目指されるべき目標）と捉えられる。また自立とは、行為主体として独立できている状態をいい、経済的・身体的・精神的・社会的な諸側面から捉えることができる[24]。こうした整理を行った上で、自立支援とは、人びとが非「自立」状態にある場合、様々な施策を通じて「自立」した状態に至るよう公的なサポートを行うことと捉えられる。そしてそのサポートのために重要な役割を果たすのが社会保障制度である[25]。

ここで留意すべきなのは、「自立」支援そのものが最終目的ではないことで

---

(21)　前掲注(8)の荒木の見解を参照。

(22)　菊池馨実『社会保障法（第2版）』（有斐閣、2018年）10-11頁。最近、行政法学において、社会保障における所得再分配に着目し、「社会保障法は、個人の自立した日常生活を支えるための所得再分配を規律する法」と捉える見解がみられる。原田大樹『行政法学と主要参照領域』（東京大学出版会、2015年）186頁。同様に、社会保障の法学的把握における財政的契機の重要性を認識し、再分配の構造に着目した見解として、藤谷武史「グローバル化と『社会保障』」（浅野有紀ほか編『グローバル化と公法・私法関係の再編』弘文堂、2015年所収）223頁。

(23)　猪飼周平「ケアの社会政策の理論的前提」社会保障研究1巻1号（2016年）46-47頁。

(24)　近時の生活保護自立支援プログラム、生活困窮者自立支援制度の展開においても、日常生活自立・社会生活自立・就労自立（経済的自立）の三層構造による理解がなされている

(25)　菊池馨実「社会保障法と持続可能性」（楜澤能生編『持続可能社会への転換と法・法律学』成文堂、2016年所収）201頁。

ある。「自立」支援を通じて、「自律」的な生が達成され得る。何かを達成すること自体に価値を見出すのではなく、各人それぞれにとっての善き生の遂行に向けた可能性が開かれていること自体に意義があり、自らの生を追求できることそれ自体に価値があると捉えられる。これは、換言すれば、帰結〔結果〕ではなく、プロセスに焦点を当てた議論であり、かつての憲法25条論が念頭に置いていたような形式的な結果平等の実現（換言すればセーフティネットの確保）ではなく、憲法13条の理念に根差した実質的な機会平等の実現を重視した議論ということができる。そしてこの「自律」の尊重の規範的含意として、個人の「自尊」（self-respect）の尊重が含まれている[26]。

　憲法学においても、憲法25条の意義を論じる際、「社会保障の目的に「自律」（自立）があること ——「憲法25条の保障するものの実体を『自由』や『自律』の原理と連続性をもったものと意識し続けること」が重要であること[27] —— に関して、憲法学説では共通了解が生まれつつある[28]」との評価がなされるに至っている。

2　生存権論の限界と自律基底的社会保障法理論

　憲法25条1項は、「すべて国民は、健康で文化的な最低限度の生活を営む権利を有する」と規定し、同条2項は、「国は、すべての生活部面について、社会福祉、社会保障及び公衆衛生の向上及び増進に努めなければならない」と規定する。上述のような最近の憲法学説の動向に留意する必要はあるものの、この規定（とりわけ1項）は、これを具現化した生活保護法上の生活保護基準（生

---

(26)　田中拓道「福祉政策における承認」（田中拓道編『承認』法政大学出版局、2016年所収）344頁は、最低限度の生活を保障する「再分配パラダイム」や、労働市場へと人びとを送り返して「自立」を強制するワークフェア型の「社会的投資パラダイム」に対し、各人が人生の目的をみずから選びとり、生き方を選択できる条件を保障すること、その前提として一人ひとりに「自尊」の感情を保障する「承認パラダイム」の理念を提唱する。承認パラダイムの下では、ベーシック・インカムのように就労と給付が切り離されるわけではないものの、民間の就労、公的就労、非営利活動への参加など、各人にできるかぎり広い社会参画への選択肢を提供する個別支援とサービスが必要となる点で、私見の問題意識と共通する。

(27)　西原博史『自律と保護』（成文堂、2009年）79頁。

(28)　植木淳「社会保障法と憲法」社会保障法研究6号（2016年）19頁。佐藤幸治『日本国憲法論』（成文堂、2011年）362頁注16は、「社会保障制度をもって、憲法13条を基軸に、憲法25条をそれと有機的に連結させ、各人がその生を主体的に構想し、達成できる存在であり続ける条件整備の1つと捉える傾向がある」とする。

活保護 8 条）がそうであるように、基本的には物質的・物理的な意味でのナショナルミニマムないしセーフティネットの確保を図るものであったと捉えられる。そしてその実現手段と考えられたのが、金銭・現物・サービスといった諸々の「給付」であった。こうした給付自体、重要な保障の態様ではあるものの、これだけでは、社会とのつながりを持てないといった「社会的排除（social exclusion）」の側面を捉え切れないという問題を抱えていたことを否定できない。

憲法 13 条に依拠しつつ、個人の「自律」や「主体性」を基盤に据えた社会保障の法的把握を行う私見は、社会保障制度における個人を、保護の「客体」ではなく、積極的能動的な権利義務の「主体」として捉え直すとともに、社会保障の目的を個人の自律支援（のための自立支援）と捉え、こうした問題性を克服する理論枠組みを提供するものであった（自律基底的社会保障法理論[29]）。すなわち、私見でいうところの自律支援のための自立支援策とは、物質的な給付に限定されるものではなく、例えば、雇用労働による就労自立の前提としての、あるいはそれ自体固有の価値をもつ中間的就労等の社会的活動に向けた「相談支援」を含むものとして捉えられる。この「相談支援」と伝統的な社会保障「給付」の法的性格の異同をどう考えるかという問題がある。詳しくは後述するとして（VI 1）、ここでは、従来、相談支援の法的位置付けが本格的に議論されてこなかったのであり[30]、ソーシャルワークないしケースワークの法的吟味の必要性が改めて問われているとのみ指摘しておきたい（生活保護 27 条の 2）。

---

(29) 私見に対する批判とその応答については、菊池馨実『社会保障法制の将来構想』（有斐閣、2010 年）28-39 頁参照。最近では、棟居徳子「社会保障法における『人間像』と『人権観』── 国際人権基準からの一考察」法学セミナー 748 号（2017 年）46 頁が、人権二分論を批判しつつ、私見が依拠する「自律した個人」像を離れ、人権をフラットに捉えるとともに、人間の多様性・差異を「そのままの状態で」捉えるべきことを主張する。ただし、人間の多様性・差異をそのままの状態で捉えた「人間の尊厳」による根拠付けが、社会保障法学の規範論としてどれほどの（私見でいえば、個人の「発達」「成長」を積極的にサポートする施策を推進するための規範的基盤となり得るといった意味での）実質的意義ないし実効性を持ち合わせているのか、筆者には判然としない。また棟居が引用し、積極的に評価している遠藤美奈の議論は、「自由基底的利益からの基礎付けを否定するものではなく」、人間の尊厳による「補完的な基礎付け」であり、別の意味での「二分論」的な（価値的な序列づけの問題が生じかねない）構想であるようにもみられる。遠藤美奈「憲法に 25 条がおかれたことの意味」季刊社会保障研究 41 巻 4 号（2006 年）342 頁参照。

3　社会保障の理念的基盤

　先に示唆したように、社会保障を支える市民的基盤が脆弱化していることを踏まえ、希薄化・脆弱化しつつある市民・住民意識の下支えとなり得る社会保障の規範的・理念的基礎付けの問題を、改めて問い直す必要があると考えられる。社会保障法学において、このことを社会連帯論の立場から捉えた場合、社会保障の理念的基盤である「連帯」意識の脆弱化と再構築の必要性という問題が生起されるであろう。また、連帯論との位置関係は明確でないものの、伝統的な共同体主義（communitarianism）の立場からは、地域（社会）の再生を図るとの見地から、共通善の実現を目指した共同体の擁護を見据えたアプローチが求められることになろう。たしかに、今日の共同体主義は、市場経済や個人の自由も尊重する「リベラル・コミュニタリアニズム」と呼ぶべきものかもしれないけれども[31]、共同体（国家）の論理を優先して個人の尊厳が貶められてきた日本の過去の経験や、「個」の確立が図られていないといわれる日本人の気質から、地域（社会）に代表される共同体を基盤とした「厚い」共通善の議論を展開することには抵抗感を禁じ得ない。

　それでは、個人の「自由」「自律」を強調する自律基底的社会保障法理論の立場から、市民的基盤の希薄化・脆弱化という事態に対し、規範的にどのように向き合うべきだろうか。このことは、社会保障を支える理念的基盤が脆弱化している中で、私見の立場からそれをいかに鍛え直していくかという問題に関わる。この点に関しては、さしあたり現時点で、以下のような理論的可能性を指摘しておきたい。

　第1に、自律的個人をめぐる「人間像」の再確認と、その回復に向けた制度的対応というアプローチである。私見においても、従来から「基礎付け主義」と言われることがあるように[32]、とりわけ強制性を伴う社会保険が日本の社会保障制度のあり方として排除されていないことの消極的正当化[33]として、

---

(30)　井上匡子「社会構想の基礎概念としての"ケア"のために」（日本法哲学会編『ケアの法　ケアからの法』有斐閣、2017 年所収）75 頁は、ソーシャルワーカーや SW 機能を既存の法執行機関や法システムの中に位置づけていくのかという視点は、希薄であったとする。

(31)　小林正弥「福祉哲学の新しい公共的ビジョン」（広井良典編著『福祉の哲学とは何か』ミネルヴァ書房、2017 年所収）102 頁。

(32)　倉田・前掲書注(9)61-62 頁。

対価性（ないし受益可能性）の観念と親和的な一種の「（社会）契約」的な説明を行ってきた[34]。ただし、そこでの「自律」的人間像は、他者との関係性（かかわり）を見据えたものであり、自己利益のみを追求する存在でもない[35]。それは、互恵性ないし相互性（reciprocity）に開かれた人間像とも両立し得るものであり、共済の観点と親和的な「緩やかな交換」関係[36]、あるいは「お互いさま」の意識などとも相容れないものではない[37]。

　要するに、強制性を伴う社会保険の基礎付けに際し、功利主義的な合理的人間像を前提とした説明も可能ではあるものの、社会保障の制度設計にあたり、自律的個人を合理的人間として捉えるべき必然性はない。むしろ人間が本来兼ね備えているはずの互恵性・相互性、共感といった属性をもつ個人として捉えた上で、それを（再）涵養する方向での制度的対応が積極的に求められてよい[38]。

　第2に、可謬主義リベラリズムからの知見が参考になる[39]。私見によれば、各人それぞれにとっての善き生の遂行に向けた可能性が開かれていること自体に意義があり、自らの生を追求できることそれ自体に価値がある。ただし、個々人は自己の善き生のあり方について完全には知り得ているわけではなく、自己の生の目的についてもしばしば誤った判断を下すことがある。各人の善き生の追求に関して我々に共通して求められる最も重要なことは、既存の自己の

---

(33)　社会保険の仕組みを設置することにかかわる積極的正当化ではないことに留意されたい。

(34)　不確実に発生し得る社会的リスクの現実化に際して、個人の自由を過度に制約せず、むしろ実質的に促進する範囲での強制保険の仕組みも、憲法制定権者（究極的には国民）は排除しなかったものと想定され得る。

(35)　菊池・前掲書注(29)30-31頁。我々の選択は常に人を巻き込むものであり、他者との関係性の中にあるという認識は、社会的不正義の緩和への責任へとつながる。井上・前掲論文注(30)77頁。

(36)　太田匡彦「権利・決定・対価(3)」法学協会雑誌116巻5号（1999年）805-806頁。

(37)　最近の動物行動学の知見によれば、そもそも人間は、本来的に共感（empathy）を備えているとの議論が展開されている。フランス・ドゥ・ヴァール『共感の時代へ』（紀伊国屋書店、2010年）。

(38)　こうした見方は、ケア論と対立するものとしても捉えられるべきではない。本論で述べる相談支援の法的把握も、「ケアの法化」とも呼ぶべき現象の一端として捉えることができるように思われる。佐藤彰一「『意思決定支援』は可能か」日本法哲学会編・前掲書注(30)69頁参照。

(39)　施光恒『リベラリズムの再生 —— 可謬主義による政治理論』（慶應義塾大学出版会、2003年）。

Ⅲ　社会保障の規範的基礎付け

善き生の構想を批判的吟味と修正に常に開き続けておくことである[40]。こうした批判的吟味を行っていくための機会の保障のための外的条件としても、一定の社会保障制度が正当化される[41]。さらに、自省的主体性の発達の内的条件として、自己客体視の能力（自分自身や自己の置かれた状況を客観的にみつめることができる能力）と、認知的柔軟性（異なる見解を受容し、それとの比較の上で自己の既存の認識や判断に内在する誤りを認め、柔軟に修正していく能力）が求められ[42]、批判的吟味のための前提として、個人が高い self-esteem（自己概念と結び付いている自己の価値と能力の感覚）を獲得することも求められる[43]。

　こうした複合的な諸条件を念頭においた場合、自己の善き生の構想を批判的吟味と修正に常に開き続けておくための条件としては、正（正義）の実現手段としての権利（人権）に限定する必要はなく、むしろ権利としてのみ確定するのに馴染まない諸条件も存在するように思われる。「健康で文化的な最低限度の生活」に係るセーフティネットの経済的側面などは法的権利としてしっかりした保障が図られるべきであるとしても、自己の支えとなり得る多様なセーフティネット（あるいはスプリングボード）の「幅」「高さ」「弾力性」などは、すべて規範的に導出されるというよりも、その時々の社会経済等の発展段階を前提とした民主主義（国や地方自治体のほか、より小規模な単位の地域レベルのものも含まれる）のフォーラムや、個別具体的な相談支援の場面での当事者の（協働的）意思決定に委ねられるべき（あるいは委ねざるを得ない）場面があるのではないか。また、地域（社会）の位置付けも、それ自体の歴史や伝統に価値を見出すというより、個々人が善き生の探求のための能力を涵養できるようにするために必要とされるところの、多様性を備えた人的ネットワークの源泉とし

---

(40)　同書 91 頁。

(41)　ある個人にとって、他のすべての個人は自己の善き生の構想の吟味に有益な貢献をなす潜在的可能性を有しており、最低限の文化的生活の保障は、その保障の直接の受益者ではない他の個人の観点から見ても望ましいものである。同書 106-107 頁。

(42)　同書 108 頁。たとえ、知的に障害を負う者であっても認識の潜在的源泉であると捉え、彼らの人権を尊重する必要がある。同書 210 頁。

(43)　同書 131-132 頁。こうした感覚の発達は、適切な社会的環境の下ではじめて可能となるものであるから、近隣のコミュニティの維持のための政策や貧困家庭の援助を行う政策、公教育に関する政策などが重要となる。同書 133 頁。人権制度としても、いわゆる生存権、教育を受ける権利、親密な人間関係を経験できる共同体のなかで育つ権利などが必要とされる。同書 211 頁。

社会保障法と持続可能性〔菊池馨実〕

て捉えることができるのではないかと思われる。

Ⅳ　社会保障の変容

次に、Ⅲでの社会保障の規範論的ないし法内在的な議論から導出された知見を、社会保障それ自体の歴史的展開からも跡付けてみたい。

1　伝統的な社会保障の捉え方

1942年にイギリスで発表され、戦後イギリスのみならず各国の社会保障制度の発展に影響を与えたベヴァリッジ報告書によれば、「社会保障」という用語は、「失業、疾病あるいは災害によって稼得が中断された場合にこれに代わって所得を維持し、老齢による退職や本人以外の者の死亡による扶養の喪失に給付を行い、出生、死亡、結婚などに伴う特別の出費を賄い、そうすることで所得を保障することを意味している[44]」ものと捉えられた。また日本の社会保障制度の基盤を形成した1950(昭和25)年社会保障制度審議会勧告によれば、「社会保障制度とは、疾病、負傷、廃疾、死亡、老齢、失業、多子その他困窮の原因に対し、保険的方法又は直接公の負担において経済保障の途を講じ、生活困窮に陥った者に対しては、国家扶助によって最低限度の生活を保障するとともに、公衆衛生及び社会福祉の向上を図り、もってすべての国民が文化的社会の成員たるに値する生活を営むことができるようにすることをいう」ものとされた。

これらの例にその一端が示されているように、伝統的に社会保障は、各国毎の相違に留意する必要はあるものの、①困窮の原因となるべき一定の社会的事故ないし要保障事由の発生に際してなされる、②所得保障ないし経済保障、を中核として捉えられてきた。

たしかに、その後の社会保障の発展過程において、捉え方も変化してきた。たとえば、日本では、予防――治療――リハビリテーションからなる一連の過程を捉えた「医療保障」の理念が一般化した。また、所得水準に関わりなく、生活上のハンディキャップに対し、普遍的なサービスを提供する社会福祉の制度概念も一般的となった。ただし、前者については、歴史的には医療費保障

---

(44)　ウィリアム・ベヴァリッジ（一圓光彌監訳）『ベヴァリッジ報告 社会保険および関連サービス』（法律文化社、2014年）187頁。

（治療費の保障）や休業期間中の所得保障への対応から発展してきたことは否定できず（医療費保障から医療保障へ）、後者についても、生活保護法上の保護施設であった養老院が老人福祉法上の老人福祉施設である養護老人ホームに移行したことに示されるように、公的扶助における貧困者・生活困窮者への対応から社会福祉領域が分化してきたとの歴史的経緯がある。そして、医療保障や社会福祉の各領域でなされる給付も、所得保障の範疇を超え出ているものの、現物・サービスなどの実体的給付である点では依然として共通性を有する。

2 従来の捉え方の限界と政策展開

しかしながら、こうした社会保障（法）の捉え方に対しては、以下述べるように、次第にその限界が明らかになってきた。このことは、「健康で文化的な最低限度の生活」にとどまらない相対的に高い水準の生活の保障が目指されるに至った日本の社会保障の進展と、その下支えとなるべき経済発展が背景にあることは言うまでもない。

第1に、要保障事由の発生に際しての公的給付という社会保障の捉え方の限界が明らかになってきた。こうした事故ないしリスクに着目した捉え方は、貧困や生活困窮をもたらし得る事故ないしリスクの発生という事態に対する消極的な（帰結主義的な）意味での保障に着目した捉え方ということができる。ただし、こうした捉え方では、人びとの「発達」や「成長」に向けたサポートといった積極的・プロセス的な意味での保障（換言すれば実質的な機会平等）を規範的に支える論理とはなり難い。しかし、今日的に求められているのは、セーフティネットの確保にとどまらず、人びとが能動的かつ主体的に生きていくための積極的な公的・社会的支援でもあると思われる。

たとえば、子どもに関しては、戦後は「多子[45]」、最近では「児童養育」ないし「育児」が、親ないし養育家庭にとっての（経済的・物理的な）「生活負担[46]」になるとの発想が強かった。こうした発想は、従来の社会保障の捉え方には馴染みやすいものの、子ども自身の法益に着目した「育ち」の保障といった発想とは当然には整合的でない[47]。

第2に、所得保障や現物・サービス保障といった従来の社会保障の保障方法の限界も明らかになってきた。こうしたいわば実体的な社会保障の捉え方は、

---

(45) Ⅳ1で挙げた社会保障制度審議会勧告の捉え方を参照。

(46) 山田晋「児童扶養と社会保障法」季刊社会保障研究29巻4号（1994年）392頁。

所得再分配を通じた経済的貧困への対応や、医療・介護等のニーズへの対応を念頭におくものであり、物質的ニーズの充足では対応し切れない「社会的排除」の状況に対処する必要性や、それに対する「社会的包摂」策の重要性を十分に説明することができなかったと言わざるをえない。

これに対し、近年、一定程度の所得・現物・サービス保障を所与の前提として、さらに社会とのつながりをもつことができない「孤立」の状況を打開するための社会的包摂策が重要であることが広く認識されるに至った。そうした施策により、稼働能力がある場合、最終的に雇用労働に就くことを通じて、生計手段を獲得するとともに自己実現を図ることが可能となる。また雇用労働に至らなくとも、中間的就労などを含む社会的活動を通じて、社会とのつながりを確保し、社会の一員としての自尊感覚をもつことが可能となる[48]。

以上 2 つの意味合いにおいて、社会保障を所得保障及び医療・社会サービス保障といった実体的な給付（所得再分配的な「20 世紀型社会保障」）で捉えきることの不十分性が明らかになった。すなわち、定型的な要保障事由の発生に際しての国の所得再分配機構を通じての物質的給付の供与のみでは、必ずしもさまざまなニーズをもつ個人の自律に向けた積極的な支援とはなり得ず、社会的包摂も十全には図れない。そこで求められるのが、各人のニーズやさまざまな生活上の困難を受け止める相談支援である。こうした支援は、他の実体的給付に結びつけるための「点」での支援にとどまらず、必要に応じて「寄り添い型」あるいは「伴走型」支援であることが求められる。

相談支援を、従来型の社会保障給付と有機的に関連付けて、あるいは単体として本格的に展開していくことが、「21 世紀福祉社会」の目指すべき方向性であり、社会経済の進展・成熟化の必然的な帰結であると考えられる。

（47）　その点で、「次代の社会を担う子どもの健やかな育ちを支援する」ことを法の趣旨として掲げた子ども手当（2010〔平成 22〕年）を、社会保障法の中にどう包摂するのかにつき、従来の社会保障法学は必ずしも法理論的に説明してこなかったのではないかと思われる。

（48）　私見は、就労を通じて人生の肯定の基盤が形成されることに重きをおく「就労価値」論と親和的である。その射程は、雇用労働に限らず、福祉的就労にまで及ぶものであり、こうした広い意味での就労は、それ自体価値あるものとして位置付けられ得る。有田謙司「『就労価値』論の意義と課題」日本労働法学会誌 124 号（2014 年）116 頁、菊池馨実「貧困と生活保障」日本労働法学会誌 122 号（2013 年）118 頁。前掲注(17)参照。

ここでの相談支援の特徴は、従来型の実体的給付に妥当する定量的な最低生活保障の考え方（こうした定量的把握は、生存権〔憲法25条1項〕的な発想に馴染むといえよう）では把握し切れない非定量的、手続（プロセス）的な性格をもつということである。

　相談支援の充実については、近時、制度化に向けた明確な方向性がみられる。

　第1に、介護保険導入以後、顕著にみられる計画化の流れである。ここでの計画とは、行政権が一定の公の目的のために目標を設定し、その目標を達成するための手段を総合的に提示する[49]という意味でのいわゆる行政計画ではなく、個々の受給者のニーズに合わせた実体的給付のための手続的保障というべきものである。ただし、ここには後述する生活困窮者自立支援法上の自立支援計画など、明確には「給付」化されていないものがある一方、居宅介護サービス計画費の支給（介保46条）、計画相談支援給付費の支給（障害総合支援51条の4以下）、障害児相談支援給付費の支給（児福24条の25以下）など、法律上「給付」として法定化されているものもみられる。その限りでは、計画策定に係る「権利」としての把握に比較的馴染みやすい面がある。

　第2に、近時、生活上生じ得る特定の困難に際し、個別ニーズに配慮した支援の枠組みが、場合により生活支援給付とセットで設けられるようになってきた。その具体例として、犯罪被害者支援（犯罪被害者等基本法・犯罪被害者等支援法）、触法障害者・高齢者等に係る地域生活定着促進事業（生活困窮者自立支援法）、がん患者支援（がん対策基本法）などが挙げられる。

　第3に、様々な生活上の困難を抱えた生活困窮者（ひきこもり、ホームレスなどを含む）に対する相談支援を軸に据えた立法として、2014（平成26）年生活困窮者自立支援法が制定された。この法律は、経済的困窮を前提とするものの、相談支援に特化した性格を帯有するものであり、社会保障の歴史的展開過程の中で画期的な位置づけがなされ得る。

　以上のような相談支援の社会保障法への本格的組入れに伴う法的諸問題については、Ⅵ1で論じる。

---

(49)　塩野宏『行政法Ⅰ（第6版）』（有斐閣、2015年）234頁。

V　社会保障の市民的基盤

1　市民的基盤の脆弱化の背景

　Ⅱ1では、社会保障を支える市民的基盤の脆弱化への理論的・政策的対応の
2側面として、社会保障を支える基盤となる市民・住民意識の希薄化・脆弱化
と、そうした市民・住民意識の下支えとなり得る社会保障の規範的・理念的基
礎付けの問題を指摘した。このうち後者についてはⅢで論じたので、以下では
前者の側面について触れ、そうした事態への制度的対応の必要性につき論じて
おきたい。

　私見によれば、社会保障制度を支える基盤となる市民・住民意識の希薄化・
脆弱化の背景には、人びとの社会保障制度に対する不信感・不公平感が横た
わっていると考えられる[50]。

　このうち、社会保障制度に対する不信感の背景として考えられるのは、まず
もって将来的な社会保障財政への不安・不信であろう。たしかに、持続可能性
の財政的基盤に対する疑念が、社会保障制度への信頼を揺るがしていることは
否定できない。こうした観点から、財政面での持続可能性の確保を意識した制
度改革が要請される。具体的には、サービス給付の重点化・効率化（医療の高
度化に伴う医療保険の給付範囲の見直し、要支援者などに係る介護保険給付の適正
化など）、同じくサービス給付（医療保険及び介護保険）の利用者負担及び保険
料負担のあり方についての検討などが、今後の課題となり得よう。

　次に考えられるのは、社会保障を支える思想（理念的基礎付け）の欠如であ
る。先述のように、生存権理念ないし「健康で文化的な最低限度の生活」保障
では捉え尽くせない社会経済的な発展段階に至った日本において、それに代
わって依拠すべき新たな思想ないし理念がいまだに浸透するに至っていないの
が現状である（Ⅲ参照）。そうした基盤がない中では、ともすればその時々の
政治経済状況に応じた場当たり的な法改正とならざるを得ず、そうした対応が
さらに社会保障に対する不信感を増長することとなり兼ねない。

　次に、社会保障制度に対する不公平感には、世代間の(不)公平と世代内の
(不)公平がある。このうち前者は、従来の高齢者中心型社会保障に対する現

---

(50)　菊池・前掲論文注(25)214-216頁。

役・若年世代の不公平感である。2013(平成25)年社会保障制度改革国民会議報告書（以下、国民会議報告書）において、現役世代は雇用、高齢者世代は社会保障という意味での「高齢者中心型」1970年代モデルから、現役世代の「雇用」、「子育て支援」、「低所得者・格差」・「住まい」の問題も課題として捉える全世代型社会保障の21世紀（2025年）モデルへの転換を図ることとされたのも、世代間の公平への配慮とみることができる。

　これに対し、後者は、第1に、子どもの貧困・非正規雇用などに象徴される格差・貧困の拡大・固定化に起因する社会経済的弱者の側の不公平感である。この点については、国民会議報告書が、年齢別負担から負担能力別負担への転換に言及しており、2017(平成29)年改正による介護保険に係る一定以上所得のある利用者自己負担3割への引上げなど、その方向での制度改正もなされつつある。第2に、意外に重要だと思われるのが、度重なる負担引上げの対象となる一方、給付面での恩恵を受けている実感がもてない中間層以上の現役世代がもつ不公平感である[51]。直近の制度改正によれば、子ども・子育て支援策の強化が図られているとはいうものの、待機児童対策や、「人づくり革命」による幼児教育の無償化[52]など、基本的には子育て世代の就労支援と結びついたものに重心が置かれている。費用負担ないし拠出面に着目した場合、2014(平成26)年改正による被用者保険に係る後期高齢者支援金への全面総報酬割導入、平成29年度税制大綱[53]における配偶者控除及び特別配偶者控除見直し、2017(平成29)年改正による介護保険第2号被保険者の加入する被用者保険に係る介護納付金についての総報酬割導入など、中間層以上の現役世代がほぼ一方的に負担増の対象とされ続けることをどう考えるかという問題がある。この点については、個人型確定拠出年金（IDeCo）を含む企業年金等における自助的取組みの支援措置拡大、子どもを養育する世帯に対する（保育に限られない）普遍的な給付など、現役世代が財政負担のみならず社会保障（関連）制度の恩恵を受けていることを実感できる仕組みづくりの必要性を指摘できる。

---

(51)　井出栄策ほか『分断社会を終わらせる』（筑摩書房、2016年）60頁は、救済に値する人への支援だけを再分配政策と決めつける「救済型の再分配」が分断を招く旨指摘する。
(52)　前掲注(12)「新しい経済政策パッケージ」では、3歳から5歳までのすべての子ども達の幼稚園、保育所、認定こども園の費用を無償化する一方、0歳から2歳児までは家庭内保育に関心が向けられていない。
(53)　2016(平成28)年12月22日閣議決定。

社会保障法と持続可能性〔菊池馨実〕

2 地域共生社会の構想

他方、社会保障を支える社会的基盤を、地域に着目して再構築するとの視点からは、最近取り組みがなされつつある地域共生社会の構想に向けた政策的取組みが注目される。この構想は、20世紀型社会保障から21世紀福祉社会への転換に向けた重要なカギを握る構想となり得る。

地域共生社会の構想に向けた政策的取組みとしては、以下の3つの流れを指摘できる。

第1に、障害者制度改革が挙げられる。2011(平成23)年障害者基本法改正により、「地域社会における共生」(3条)等の文言が挿入された。

第2に、地域包括ケアシステムの構築に向けた一連の法改正が挙げられる[54]。具体的には、2005(平成17)年介護保険法改正による予防重視型システムへの転換、新たなサービス体系(地域密着型サービス・地域包括支援センターなど)の導入に端を発し、その後、2011(平成23)年同法改正による複合型サービスの導入など、2014(平成26)年医療介護総合確保法による地域医療構想の策定、地域支援事業の充実など、2017(平成29)年介護保険法等改正による介護保険の保険者機能強化、共生型サービスの導入などがある。

第3に、包括的な地域の基盤づくりに向けた地域力強化に向けての検討が挙げられる。具体的には、厚生労働省「『地域共生社会』の実現に向けて(当面の改革工程)」(2017〔平成29〕年2月7日)において、公的支援のあり方を「縦割り」から「丸ごと」へと展開する改革の必要性、つながりのある地域をつくる取り組みが地域住民の主体性に基づいて「他人事」ではなく「我が事」として行われることの重要性を指摘したのに続いて、2017(平成29)年介護保険法等改正において、「我が事・丸ごと」の地域づくり・包括的な支援体制の整備のための社会福祉法改正として、①「我が事・丸ごと」の地域福祉推進の理念の明確化(社会福祉4条[55])、②この理念を実現するため、市町村による包括的な支援体制づくりの努力義務化(同106条の3)、③市町村及び都道府県地域福祉計画策定の努力義務化(同107条・108条)が行われた。さらに、2017(平成29)年

---

(54) 地域包括ケアシステムとは、「地域の実情に応じて、高齢者が、可能な限り、住み慣れた地域でその有する能力に応じ自立した日常生活を営むことができるよう、医療、介護、介護予防、住まい及び自立した日常生活の支援が包括的に確保される体制をいう」(「持続可能な社会保障制度の確立を図るための改革の推進に関する法律」4条4項など)。

(55) 注(85)参照。

134

12月社会保障審議会生活困窮者自立支援及び生活保護部会報告書（2017〔平成29〕年12月）に基づき、2018（平成30）年2月生活困窮者自立支援法等改正法案が国会提出され、同年6月成立した。

同改正法による生活困窮者自立支援法改正では、基本理念・定義の明確化が図られた。注目されるのは、第1に、法3条の定義規定において、「生活困窮者」を、従来の「現に経済的に困窮し、最低限度の生活を維持することができなくなるおそれのある者」との文言の前に、「就労の状況、心身の状況、地域社会との関係性その他の事情により、」という文言をおいた点である。依然として経済的困窮が前提ではあるものの、それをもたらす要因と関連付けることにより、法解釈上、経済的困窮の度合いが相対化される余地を生じた。問題の背景事情を踏まえた早期の予防的な支援も、法の枠組みの中で行いやすくなると考えられ、このことは、生活困窮が経済的困窮との関連でのみ捉えられるものではないという社会的排除の本来的捉え方からは、一歩前進と評価できる。

第2に、基本理念を謳う新設の2条2項で、「生活困窮者に対する自立の支援は、」地域における関係機関「及び民間団体との緊密な連携その他必要な支援体制の整備に配慮して行われなければならない」と規定した点である。必ずしも文言上明確ではないものの、この点は、生活困窮者への自立の支援と並んで、本法のもうひとつのねらいである地域づくりの視点を法文化したものである。

VI 持続可能性を支える基盤の再構築に向けた法的課題

このように、近時の法改正を通じて、地域に基盤をおき、相談支援という手法を通じて、社会保障の持続可能性を高める方向での取り組みがなされつつある。ただし、こうした方向性は、これまで日本では本格的にはみられなかったものであり、法学分野における理論的蓄積にも乏しく、今後、社会保障法学において理論的に探究すべき課題は少なくないものと考えられる。以下では、いくつかの論点につき、試論的な整理を行っておきたい。

1 相談支援の法的位置付け

相談支援は、生活保護や福祉サービス領域などにおいて、金銭・現物・サービスなどの実体的給付の一環として、あるいは実体的給付と関連付けて行われることがある。相談支援が、生活保護法上の相談・助言（生活保護27条の2）

社会保障法と持続可能性〔菊池馨実〕

のように、保護の変更、停止又は廃止（同62条3項）といった不利益な処分にも結び付き得る指導・指示（同27条）権限の行使を背景として[56]、事実上強制されるとすれば、その正当性が問題となり得る[57]。強制に至らないとしても、後述するように、支援と、個人の自律・自己決定との間の緊張関係を意識しておく必要がある[58]。また、居宅介護サービス計画費の支給（介保46条）、計画相談支援給付費の支給（障害総合支援51条の4以下）、障害児相談支援給付費の支給（児福24条の25以下）など、支援そのものではなく、支援計画策定に対する費用の支給を「給付」として法定化している場合もある。ただし、この場合の給付は、「計画」（プラン）の策定にとどまり、支援そのものを給付化しているわけではない点に留意する必要がある。相談支援自体は、実体的な給付というより、いわばプロセス（手続）的な給付ともいうべき性格のものであり、上記のような支援「計画」の策定といった手法以外に、定量的な権利としての法的構成に馴染まない面がある[59]。

　相談支援のあり方を考える場合、利用者（被支援者）の権利利益（法的観点）と支援者の専門性（社会福祉的観点）との相克が問題となる。利用者（被支援者）への支援を法的に担保するためには、一定の手続的な保障（例えば、支援

---

(56)　従来より、生活保護受給者に対する自立支援プログラムの法的根拠を生活保護法27条に求める考え方と、同法27条の2に求める考え方がある。私見は前者の立場をとる。菊池・前掲書注(22)292頁。この点につき、前田雅子「個人の自立を支援する行政の法的統制 ── 生活保護法上の自立とその助長」法と政治67巻3号（2016年）9頁は、たとえ法的根拠を27条の2に求めるとしても、その根拠だけでは、保護実施機関が別途、27条に基づく指導・指示を行うことを否定する法解釈上の論拠としては十分であるとはいえないとし、自立支援プログラムと27条に基づく指導・指示が分断して捉えられている点を疑問視している。

(57)　同じく生活保護自立支援プログラムとの関連で、秋元美世「生活保護と自立支援」週刊社会保障2326号（2005年）46頁以下は、同意、相互義務、パターナリズムを挙げる。同『社会福祉の利用者と人権』（有斐閣、2010年）第4章参照。

(58)　前田雅子「社会保障における行政法の課題」行政法研究20号（2017年）199頁は、各人の社会環境や関係性に応じた非定型ニーズの受け皿となる支援が、個人の生の有り様を考慮に入れることで、行政機関が必要の認定を行うに際して個人の自律領域に介入するおそれが大きくなる旨指摘する。

(59)　たとえば、生活困窮者自立支援事業において、自立が果たされていない限り支援を継続すべきで、支援期間の制限が許されないとまでは言えないように思われる。菊池馨実「生活困窮者自立支援のあり方等に関する論点整理のための検討会（第2回）メモ」（平成28年11月14日）。

Ⅵ　持続可能性を支える基盤の再構築に向けた法的課題

に際しての勘案事項の明確化、支援計画の策定など）が有意義な手段となり得るのに対し、こうした手続化を過度に進めた場合、支援者による専門職性に裏打ちされた臨機応変な個別的対応（裁量）の不可避性と衝突する面がないとはいえない[60]。その意味では、手続化の手段・内容（例えば、法令による規律をどこまで必要とし、ガイドライン等による緩やかな基準設定等にどこまで委ねるか）などにつき、慎重な検討が必要である。

　利用者と支援者双方の関係性を、相互に向き合う（契約的な）権利義務主体として構造的に把握することが適切でないとすれば、行政法学で展開されている公私協働論にも示唆を得ながら[61]、「協働」「協議」といった思考枠組みで捉えることが考えられる[62]。この点で、生活保護や社会福祉などの領域を念頭におきながら、支援の実践には社会福祉学、ソーシャルワークの知見が参照され、自立支援のプロセスにおいては、受給者等の自立支援という目的を実現するため多様なアクターの関係する公私協働が要請されるとし、この協働を給付プロセス上で具体化する仕組みとして「協議」が構想されるとする前田雅子

---

(60)　医療分野における EBM（Evidence-based Medicine）が想起されるものの、相談支援においては、個別的性格が強く、科学的根拠に基づく選択という手法には馴染み難いと考えられる。

(61)　山本隆司「日本における公私協働」（稲葉馨＝亘理格編『行政法の思考様式』青林書院、2008 年所収）171 頁以下、同「日本における公私協働の動向と課題」新世代法政策学研究 2 号（2009 年）277 頁以下。前田雅子「障害者・生活困窮者——自立支援の対象と公法」公法研究 75 号（2013 年）209 頁は、障害者・生活困窮者などの自立支援の分野では、受給者本人の意思・利益が中心となる点で、従来の行政法における、民間のもつ情報・技術の行政過程への組み込みや、多様な主体の価値や利害の表出・調整をつうじた公益の実現に照準を合わせた検討とは利害状況に大きな違いがあるとはいえ、異なる立場・知見をもつ支援関係者等が、支援目標を共有し具体化していくために、それぞれの役割・責任を果たして相互に協力・連携することが求められるという点で共通性を見出すことができ、協働という枠組みが有用である旨述べる。

(62)　大久保規子「協働の進展と行政法学の課題」（磯部力ほか編『行政法の新構想Ⅰ』有斐閣、2011 年所収）223-225 頁、233-234 頁は、「協働」概念を①多元的協働（行政、市民、NPO、事業者等、立場の異なる主体が、それぞれの価値や能力を理解・尊重すると同時に、相互に批判を受け入れ、共通の認識をつくり、対等なパートナーとして連携・協力して、様々な社会問題・公的課題に取り組むこと）、②分担的協働（規制緩和や行政の効率化の観点から、公的任務（とくに公共サービス）の民間開放を行うこと）に分類し、日本の行政法学は、どちらかといえば協働を②と捉え、あるいは両者を明確に区別することなく、その適用法理について考えてきた旨、また日本独自の展開を見せつつある①の法理について、個別具体的に検討すべき旨指摘する。

社会保障法と持続可能性〔菊池馨実〕

の議論は、相談支援単体というより、給付プロセス上の行政決定と関連付けた指摘ではあるものの、参考になる[63][64]。

こうした「協働」「協議」の契機にも関わる相談支援は、定量的な実体的権利としての法的構成には馴染み難い面を有する。こうしたいわばプロセス的（手続的）な「給付」は、私見にいう自律基底的社会保障法理論の立場からは、憲法13条を根拠とする「参加」「情報アクセス」「選択」といった規範的要請の一環として、相談支援のあり方を枠付けるための規範的指針との観点から尊重されるべきものと考えられる[65]。

相談支援は、国家レベルでの所得再分配により効率的な貧困減少効果をもたらした20世紀型社会保障の網の目からこぼれ落ちた人々に対し、地域を基盤としたきめ細かな個別的福祉的支援を行う21世紀福祉社会に不可欠の仕組みである。ただし、金銭・サービスによる実体的給付のあり方が、費用負担（拠出）のあり方との兼ね合いで議論されるべきであるのと同様、相談支援についても、費用（コスト）のあり方をめぐる議論を避けて通るわけにはいかない[66]。この点で、生存権や社会連帯といった規範概念と異なり[67]、近時の政策展開の中核概念である地域共生社会に、こうした相談支援に係る「負担」を

---

(63) 前田・前掲論文注(58)199頁。同・前掲論文注(61)212頁は、「協議」に相当する運用ないし現象の典型例として、児童福祉法に根拠のある要保護児童対策地域協議会（児福25条の2以下）を指摘する。2018（平成30）年生活困窮者自立支援法改正では、都道府県等が関係機関等により構成される会議（支援会議）を組織することができることとなった（同9条）。同法改正以前の論考であるが、同・前掲論文注(56)22頁は、協議の仕組みが自立に関する保護実施機関の価値評価（特定の善き生）を相対化するとともに、その判断を合理的ならしめるものと考えられるとの見地から、支援調整会議の仕組みを保護受給者の自立支援についても制度化すること、少なくとも運用上導入することが要請されているとする。

(64) 筆者はかつて、政府と福祉受給者の関係を対立当事者的に相争う関係にあるとみるのではなく、裁量的・継続的な社会的同盟（Social Bond）関係にあるものと捉える「共同的意思決定（cooperative decision-making）」モデルを提唱したJ・ハンドラー（Joel F. Handler）の議論を紹介した。菊池馨実『社会保障の法理念』（有斐閣、2000年）90-92頁。

(65) 菊池・前掲注(29)18-20頁。

(66) 猪飼・前掲論文注(23)48頁にいう、生活支援モデルの3類型のうち、歴史的観点からみた「社会保障モデル」、「医学モデル」から「生活モデル」に向かっての重点の移行という指摘は的確であるものの、「社会保障モデル」のような効率性に欠ける（手間暇がかかる）点において、費用（コスト）の問題を避けて通ることはできないように思われる。

基礎付ける規範的含意は希薄であると言わざるを得ない。さらに、生活困窮者自立支援制度との関連でいえば、もともと自立に困難を抱える生活困窮者が対象であることとの関連で、就労率や増収率といった指標のみで政策の評価を行うとした場合、地方自治体や事業者は短期間で効果が出やすい対象者を選別する（クリームスキミング）危険性があり、短視眼的な費用対効果分析に馴染まない面がある。中長期的にみて、生活困窮者の社会的包摂が図られること、そしてそれによって地域の基盤づくりが図られることが法の目的であることに留意する必要がある[68]。いずれにせよ、費用（コスト）の問題に正面から取り組まないとすれば、かつての「日本型福祉社会論」を想起させるような公的責任回避による地域への「丸投げ」「安上がり」の議論との批判を免れないだろう。

2　地域社会の位置付け

　本稿の問題関心からは、社会保障を支える社会的・市民的基盤につき、地域を起点にして再構築を図るという視点が重要である。近時、障害者総合支援・地域包括ケア・生活困窮者支援といった分野を中心に、地域共生社会の構想に向けた政策的取組みが進みつつある。これらの分野も社会保障制度の一環として位置付けられる以上、憲法25条2項が「社会福祉、社会保障」の向上・増進について国に課している義務との関連で、「各制度の事業主体や給付・サービスの提供主体について国が担うべき役割に関して、憲法25条は何らかの規範設定を行っているのか[69]」という問題設定がなされ得る。この点につき、①国は制度設計および所得保障の責任、地方公共団体はサービス実施・監督責任を負う、「生活を営む権利」実現の責任は社会団体に対しても向けられる、②「生活を営む」ためには"抽象的個"を支える所得保障（国の責任）だけでなく、その"具体的回復"を図る地域社会（地域社会が提供する福祉サービス）も必要であって、後者の制度設計もまた"社会保障における「自由」の理念"

---

(67)　生存権理念は、それが財政状況によっても削減され得ないギリギリの「健康で文化的な最低限度の生活」の保障を目指すものであるとすれば、強力な規範的含意を有すると言い得るし、連帯も、現行法上、社会保険を基礎付ける理念として用いられ（国年1条、高齢医療1条、介護1条）、拠出を支える規範的根拠となっている。

(68)　後述する「事業」の枠組みを用いることは、個人レベルの権利義務ひいては個人レベルでの受益にとどまらず、社会全体にとっての受益に照準を定めることを可能にすると思われ、そうした費用対効果分析の手法の開発が望まれる。

(69)　岩村正彦「社会保障改革と憲法25条」（江頭憲治郎＝碓井光明編『法の再構築〔Ⅰ〕国家と社会』東京大学出版会、2007年所収）114頁。

社会保障法と持続可能性〔菊池馨実〕

を制度的に支える重要な要素であると、私見[70]を引用しつつ論じる岡田正則の見解が注目される[71]。岡田は、一方的な請求権の行使ではなく、福祉サービスの受給を通じて社会参加の機会を得て、それにより新たなサービス提供の財を生み出し、他者の請求権を充足するような相互循環的な社会関係をめざすアプローチとして、相互行為論的アプローチに着目する[72]。「小さな自治」（地域自治）による福祉サービス受給権の保障システムを構想することが必要であるとし、自治体内分権制度として、2004（平成16）年地方自治法改正によって創設された地域自治区・地域協議会を取り上げているものの（地方自治202条の4以下）、こうした制度の導入だけでは「小さな自治」の活性化につながらず、中央省庁の管轄配分に基づく諸種の縦割りのシステムによって福祉サービス供給自体も分断されている旨指摘する[73]。

　地域共生社会に向けた近時の政策的取り組みは、実体的な福祉サービス（給付）のみならず、相談支援に射程を拡げたものであることに加えて、公的支援のあり方を「縦割り」から「丸ごと」へ展開することを志向している点で、岡田の指摘に応え得るものとして積極的に評価できるように思われる。他方、「小さな自治」（地域自治）の仕組みをどう組み込むか、あるいは自治体内分権の仕組みとの連携については、依然、課題として残されている。

　地域社会への着目は、社会保障・福祉立法に限定されるものではない[74]。なかでも基本法的な法律として、2014（平成26）年まち・ひと・しごと創生法が挙げられる。同法では、目的規定において、「我が国における急速な少子高齢化の進展に的確に対応し、人口の減少に歯止めをかけるとともに、東京圏への人口の過度の集中を是正し、それぞれの地域で住みよい環境を確保して、将来にわたって活力ある日本社会を維持していくため」、「国民一人一人が夢や希望を持ち、潤いのある豊かな生活を安心して営むことができる地域社会の形成、地域社会を担う個性豊かで多様な人材の確保及び地域における魅力ある多様な

---

(70)　菊池・前掲書注(64)第3章。

(71)　岡田正則「福祉サービス供給の拡充と地域自治」社会保障法25号（2010年）161頁。

(72)　同論文162頁。

(73)　同論文163-169頁。

(74)　飯島淳子「『社会』改革と行政法理論」（宇賀克也＝交告尚史編『現代行政法の構造と展開』有斐閣、2016年所収）4-6頁によれば、近時の立法では、「社会」を直接の名宛人とする規定が増加しており、「社会」改革の類型として、地域社会像の提示を行う立法群と、地域社会に対して一定の役割を担わせる立法群があるとする。

就業の機会の創出を一体的に推進すること（まち・ひと・しごと創生）」が重要であるとの認識が示されている（同１条）。基本理念において（同２条）、「国民が個性豊かで魅力ある地域社会において潤いのある豊かな生活を営むことができるよう、それぞれの地域の実情に応じて環境の整備を図ること（同条１号）などが挙げられているものの、人口減少への対応、活力ある日本社会の維持のための地域社会の形成等を目指すという法律の建て付けは、国・地方自治体・企業などの法人・家庭（世帯）・個人といった法主体への直接的な働きかけとは異なる「社会」への立法者の直接的関心の高まりを示しているように思われる。このことは、国家が個人を社会の「資源」として一方的に取り込む危険性を惹起するとともに[75]、先述した相互行為論的アプローチの重要性を生起する。

　国が担うべき役割に関する憲法25条による規範設定の問題とも関連して、相談支援を重要な構成要素とする地域共生社会の実現を通じて、国ではなく地方自治体ごとの運営と、さらに細分化された地域ごとの実施に依拠せざるを得ないことから、自治体間・地域間格差が不可避的に生じざるを得ないことにも留意する必要がある。一般的にいえば、金銭・現物・サービスによる物質的・物理的な意味での生活保障とは性格を異にする相談支援は、お互いに顔が見える地域コミュニティに近い単位での運営・実施に委ねることを通じて、よりよく機能し得るということができる[76]。ただし、事業の必須化、事業推進に向けた財政支援、事業運営ガイドライン等の発出など、国の仕組みづくりの役割は依然として重要であり、憲法25条２項の「社会保障、社会福祉」の向上、増進義務との関連で規範的に求められるものと思われる。

　国家と個人の間にある社会構成単位のうち、社会保障との関連で重要な位置付けを与えられる家族は、民法上の親族関係や「世帯」概念によって、法的に

---

(75)　飯島・同論文９頁は、国家が生活者個人を「資源」として把握し調達することは、「個人」の観念それ自体を否定することへと向かうおそれがあり、単なる個人を超えた「社会」という視座は、個人から「社会」に重心を移したとしてもなお、自らの生活すなわち生き方を自ら決するという個人の根源的な領域までを塗り込めるようなものであってはならないとする。

(76)　その意味で、相談支援は、国家レベルでの所得再分配型社会保障が、強制加入の社会保険という仕組みを介して、「顔の見えない連帯」「非人称の連帯」を装置化したものであったのとはいわば逆向きのベクトルを有すると言い得る。ただし、相談支援と所得再分配（による実体的給付）は排斥し合うものではなく、両立すべきものである。

社会保障法と持続可能性〔菊池馨実〕

把握され得る。企業も、「事業主」「使用者」といった概念で法的主体としての存在把握は容易である。これに対し、法的概念としての地域（社会）は、それほど自明ではない。現行制度上も、高齢者を対象とした地域包括ケアシステムが、おおむね30分以内に必要なサービスが提供される日常生活圏域（具体的には中学校区）が単位として想定されているのに対し[77]、精神障害にも対応した地域包括ケアシステムの構築の観点からは、2次医療圏を意識した障害保健福祉圏域が基準になっているようにみられる[78]。また生活困窮者自立支援制度では、生活保護と同様、福祉事務所単位（市区町村及び福祉事務所未設置の都道府県）の色彩が濃いようにみられる。将来的に地域共生社会を一元的に実現していくためには、このような制度間の地域の「ズレ」を意識し、その解消に向けた筋道を描く作業が不可欠となる。

　国の責任のあり方とも関連して、地域での相談支援を形骸化させず、実効的なものにするための支援者の専門性の担保をどう図るかも課題である。考えられる方向性としては、支援者の訓練・研修等の充実と、経済的・社会的地位の向上（具体的には、労働条件〔賃金・契約期間等〕の改善と、「資格」職化〔CSW（コミュニティ・ソーシャルワーカー）など〕の二側面）が挙げられる。

3　事業の法的位置付け

　地方分権化に伴い、地方自治体は、できるだけ地域に密着した形で、高齢者医療・介護、障害者福祉、子ども・子育て、生活困窮者支援等の分野の諸課題につき、地域ごとに行政計画を策定・実施し、その効果を評価し、改善策を計画に盛り込むといった形で、PDCAサイクルを回しながら政策に取り組んでいくという方向性が顕著になっている。その際、行政は給付・サービス等の直接的な実施主体としてではなく、「事業」の実施主体でありながらも、社会福祉法人・NPOといった民間団体等が直接的な給付・サービス等の実施を担うという展開が各制度で主流になってきた。その典型例として、介護保険法上の地域支援事業や、生活困窮者自立支援法上の各種事業を挙げることができる。

　こうした「事業」の法的性格は、社会保障分野においては、従来、社会保険各法（たとえば、労災保険法の給付に付随する労働福祉事業）における給付などをめぐって問題となってきた[79]。

----

(77)　地域包括ケア研究会「地域包括ケア研究会報告書── 今後の検討のための論点整理」（2009〔平成21〕年）6頁。

(78)　第90回社会保障審議会障害者部会（2018〔平成30〕年6月27日）資料2-8頁。

VI　持続可能性を支える基盤の再構築に向けた法的課題

　これに対し、最近の制度改革における「事業」の展開は、①地域支援事業のように、一見すると、個別法上、本体の保険給付の付随的位置付けにとどまるようにみられるものであっても、国が進めようとする政策（地域包括ケア）との関連ではむしろ中核的な位置付けが与えられるものが存在する点、②生活困窮者自立相談支援事業のように、金銭・サービスといった「給付」ではなく、相談支援に軸足をおくものが目立つ点、③②と関連して、そうした事業を、「行政処分」や「権利・義務」といった法学にとって馴染み深い法概念で捉えることが難しくなっている点で、新たな法的検討を要する課題を提起している(80)。

　とりわけ、①と関連して、地域包括ケアシステム・地域共生社会といった個別法（地域包括ケアであれば、医療法・介護保険法・医療介護総合確保促進法、地域共生社会であれば、生活困窮者自立支援法・社会福祉法・介護保険法・障害者総合支援法・児童福祉法）の範疇を超えた、制度横断的な大きな政策目的を実現するために、多様な規制や給付等の手法を組み合わせていくという最近の政策動向に対する法的統制のあり方を探求する必要性が生じている(81)。こうした制度横断的で幅広い政策目的を実現するにあたってのひとつの統制手段として、基本法ないし理念法の制定の必要性を指摘できる(82)。また、医療介護総合確保促進法上の総合確保方針のような包括的政策指針の策定にとどまらず、個々の被支援者に係る支援計画の策定による相談支援プロセスの確保等を含め

---

(79)　中央労基署長（労災就学援護費）事件（最一判平 15・9・4 訟月 50 巻 5 号 1526 頁。労働福祉事業の一環としての労災就学援護費の処分性を認めた例）、コック食品事件（最 2 判平 8・2・23 民集 50 巻 2 号 249 頁。保険給付と特別支給金との差異から、特別支給金が損害をてん補する性質を有するとはいえないとされ損害賠償額からの控除を否定した例）。

(80)　従来は、法令に明確な根拠をもたないいわゆる要綱行政に基づく補助事業の下での法的統制手法としての信義則・平等原則・比例原則の適用の可否などが、典型的な議論であったようにみられる。

(81)　小早川光郎「規制行政と給付行政」（芝池義一ほか編『行政法の争点（第 3 版）』有斐閣、2004 年所収）9 頁は、「規制行政にせよ給付行政にせよ、それを事業として捉えてその事業全体の適正な実施・運営を問題とするのと、規制なり給付なりの特定の相手方の権利義務の問題こそが重要だと考えるのとでは、議論の立て方が異なったものになる可能性もある」と指摘する。飯島・前掲論文注(74)11 頁も、事業としての行政という理論枠組みが、社会全体にとっての受益を梃子に、給付行政と規制行政を同時に視野に入れるものであるとする。

た手続的保障を図るほか、相談支援に際しての参加、情報アクセス、選択等の
規範的価値の尊重（憲法13条参照）といった法的統制が図られ得る。

　事業それ自体の適正な実施・運営に焦点を当てるアプローチは、行政上の法
律関係という範疇で掬い取れない行政活動を視野に入れた枠組みを提供する。
「事業」の展開を通じて、個人の権利としての把握ではなく、国・地方自治体
に対する規範的統制を通じての制度的保障という枠組み（責務・責任）によ
り、相談支援を軸とした社会保障政策の展開が図られていく可能性が開かれて
いるように思われる[83]。

4　地域志向型議論における実践的課題

　最後に、地域の再構築をめぐって、いくつかの実践的な課題につき触れてお
きたい。

　地域の再構築を通じて社会保障の持続可能性を高めることが期待されるとし
ても、現に脆弱化・希薄化した地域を再構築するのは容易なことではない。戦
後70年以上を通じて、人びとが敢えて捨て去ってきたものを再構築すること
の意義を改めて問い直す必要がある。2018（平成30）年生活困窮者支援法等改正
の端緒となった厚生労働省「『地域共生社会』の実現に向けて（当面の改革工
程）」（2017〔平成29〕年2月）によれば、「地域共生社会」の実現が求められる背
景として、対象者ごとの「縦割り」である公的支援制度の限界と、転換の必要
性、「社会的孤立」や「制度の狭間」などの課題と、人と人のつながりの再構
築の必要性が謳われ、公的支援を「丸ごと」へと転換すること、つながりのあ
る地域をつくる取組みが「他人事」ではなく「我が事」として行われることを
目指すとされた。このうち、「縦割り」を排しての「丸ごと」の発想には違和
感がないとしても、「我が事」の発想は、地域（ムラ）社会における「おせっ

---

(82)　医療介護総合確保促進法では、厚生労働大臣に対し、地域における医療及び介護を総
　　合的に確保するための基本的な方針（総合確保方針）を定めなければならないこととして
　　いる（同3条）。ただし、地域包括ケアシステムは医療・介護・介護予防のみならず、住
　　まい及び自立した日常生活の支援の包括的確保を射程においており、その意味での包括的
　　基本法足り得ているかという問題がある。生活困窮者自立支援法は、2018（平成30）年改
　　正により、生活困窮者の定義及び基本理念が整備されたものの、（拡張されたとはいえ依
　　然として）経済的困窮を対象とする立法であり、相談支援の基本法と位置付けられるには
　　至っていない。
(83)　この点に、憲法学における基本権保護義務論との接続可能性があると考えられる。飯
　　島・前掲論文注(74)11頁。

かい」、他者の私的領域への介入に立ち戻ることを意味することとなりかねない。管見の限りでは、先進的な実践[84]が目指している地域づくりとは、「他人事」を「我が事」として捉えるといったものではなく、地域が様々な人によって成り立っているということに、お互いの顔が見える距離感で気付き合えるといった、もっと緩やかなものであるように思われる[85]。さらに、ここでの地域とは、私見の立場からは、個人の生き方を超越した「共同体」の歴史・伝統などに係る固有の価値を再認識し、優先するような規範的性格を帯びるものであってはならないと考えられる。

　さらに、地域づくりは一時的なものではないという点にも留意する必要がある。地域の再構築を通じて、「支えられる」側が「支える」側にもなり得るという意味での循環型社会が、目指されるべき方向性であることには疑いを入れないとしても、そうした循環は、一朝一夕で生まれるものではない。現実には、（行政を含めた）「支援者」による、地域を「耕し続ける」継続的な営みが必要である。そのためには、少なくとも相当程度の期間にわたって、先導的に道を切り拓いていく力量をもつ人材がいる地域が相対的な優位性をもつことは否定できない[86]。そうした面では、地方自治体・地域ごとの格差は、金銭給付と異なり、医療・保健・福祉等のサービス給付に係る体制整備と並んで、あるいはそれ以上に、相談支援の体制整備に当たって避けることのできない課題で

---

(84)　筆者が調査した中で示唆を得た実践例として、釧路社会的企業創造協議会（北海道釧路市。櫛部武俊副代表）、共生地域創造財団（宮城県石巻市。奥田知志代理事）、NPO法人Jin（福島県浪江町。川村博代表）、中核地域生活支援センターがじゅまる（千葉県市川市。朝比奈ミカセンター長）、みんなの保健室わじま（石川県輪島市。中村悦子代表）、share金沢（石川県金沢市。奥村俊哉氏〔社会福祉法人佛子園常務理事〕）、豊中市社会福祉協議会（大阪府豊中市。勝部麗子福祉推進室長）、野洲市市民生活相談課消費生活センター（滋賀県野洲市。生水裕美課長補佐）などが想起される。これらの例に鑑みても、地域づくりの実践主体は、公私の別を問わず、特定の法人等の形態にも限定されない多様なものであり得ることが伺えよう。

(85)　菊池馨実「地域づくりと市民的基盤の強化」週刊社会保障2919号（2017年）35頁。2017（平成29）年改正により、社会福祉法に、「地域住民等は、……福祉サービスを必要とする地域住民……が日常生活を営み、あらゆる分野の活動に参加する機会が確保される上での各般の課題……を把握し、地域生活課題の解決に資する支援を行う関係機関……との連携等によりその解決を図るよう特に留意するものとする。」との規定がおかれた（同4条2項）。住民自治の責務性に重点をおくことにより、地域自治組織を通じた共同体意識の醸成と維持等の間接的な誘導の仕組みの整備による規範性の確保を論じるものとして、飯島淳子「地方自治と行政法」磯部ほか編・前掲書注(62)206-207頁。

社会保障法と持続可能性〔菊池馨実〕

ある。

次に、成長戦略との関連である。従来、「地域」に焦点を当てた議論の多くは、いわゆる「定常型社会」論[87]に象徴されるように、必ずしも国家レベルでの経済成長至上主義を前提としてこなかったようにみられる。しかし、実際には、社会保障と経済成長は一定程度不可分に結びついており、高度に発展を遂げた資本主義経済を前提に据えた場合、日本経済の一定の成長を前提とした財政的基盤の確保を抜きにして、社会保障の持続可能性を論じることは困難ではないかとの疑問が生じる[88]。他方、公的年金が地方経済に与える影響[89]や、医療・介護供給体制の整備が地方の雇用創出に及ぼす影響などに鑑みた場合、社会保障が経済成長に貢献する側面も見逃すことはできない。

本稿で論じてきたように、相談支援をひとつの核とした地域共生社会に向けた取組みは、社会保障の歴史的発展過程の延長線上に位置付けられる。そうした取り組みを通じて、社会保障の重要な基盤となる地域の再構築につながることが期待される。ただし、そうした社会保障の側の取り組みだけで、本来的な意味での「地域社会」の再生をなし遂げるのは難しい。産業振興（による就労創出）・住宅・文化・教育などとの関連も考慮に入れた「まちづくり」である必要性がある[90]。

最後に、「地域」のあり方を論じるにあたっては、全国一律の「地域」ではなく、都市部と地方部（とりわけ過疎地域）を意識的に分けた議論が必要であ

---

(86)　勝部麗子『ひとりぼっちをつくらない ── コミュニティーソーシャルワーカーの仕事』（全国社会福祉協議会、2016 年）、菊池まゆみ『地域福祉の弱みと強み ──「藤里方式」が強みに変える』（全国社会福祉協議会、2016 年）参照。

(87)　広井良典『定常型社会』（岩波新書、2001 年）。

(88)　たとえば、平成 26 年財政検証における将来の経済状況の仮定及び経済前提として、ケースＡからケースＨまでの 8 つのケースを設定した中で、低成長ケース（ケースＦ・Ｇ・Ｈ）では所得代替率の将来見通しが 50 ％を大きく下回る（35 ％〜 45.7 ％）ことが想定されている。

(89)　年金給付額の対県民所得比は、島根県で 19.7 ％、対家計最終消費支出費は、同県で 26.5 ％と最も高い。第 17 回社会保障審議会年金部会（平成 25 年 11 月 27 日）資料 1-4 頁。

(90)　このことは、東日本大震災被災地域（とりわけ福島第 1 原発爆発事故で避難を余儀なくされた自治体）の住民帰還をめぐる地域コミュニティの再構築をめぐる過程を垣間見る中で、痛切に感じざるを得ない。福島大学行政政策学類・早稲田大学東日本大震災復興支援法務プロジェクト共催シンポジウム「地域包括ケアから地域共生社会へ ── 原発被災地域の現状を踏まえた医療・介護・福祉の課題と展望」（2017〔平成 29〕年 11 月 4 日。福島大学Ｌ棟 L2 教室）。

146

る。地方においては、人的・物的資源の絶対的限界という深刻な課題に直面せざるを得ない一方、相対的に「人の顔がみえる」コミュニティであるというメリットもないわけではない。このことは、理論面のみならず、地域包括ケアなどを含めた政策展開の場面でも、行政の側に求められる視点であるということを強調したい。

Ⅶ　むすびにかえて

　本稿では、持続可能な社会保障制度の構築に向けた処方箋として、①地域に着目した社会的基盤の再構築、②個人の自律を基礎に据えた理念的基盤の構築、③社会保障を支える市民的基盤の再構築、④相談支援・事業といった新しい政策展開のための法的基盤の整備といった諸側面につき論じてきた。このほか、別稿では、⑤政治過程において社会保障を必要以上に「政争の具」にしないための仕組みづくり（社会保障制度審議会〔2001（平成13）年廃止〕に代わる恒常的な会議体の設置）、⑥世代融和的アプローチの必要性（後期高齢者医療制度による一方向的な財政調整の廃止、（高齢者）介護保険制度の若年障害者への拡充による「障害」の普遍化）、⑦生存権（憲法25条）アプローチに加えて平等・差別禁止（憲法14条）アプローチの充実（個人の福利〔welfare〕の向上による生活保障に加えて差別禁止法制による社会改革の必要性[91]）、⑧社会保障教育の推進[92]、といった事項について言及している[93]。

　冒頭で述べたように、持続可能性は、近時、社会保障分野においても盛んに語られるに至ったとはいえ、社会保障法学における分析はほとんどみられない状況にある。持続可能性を支える基盤の再構築に向けた「相談支援」「地域」「事業」などの概念に係るさらなる分析なども含め、今後の検討課題は多いと言わねばならない。

---

(91)　西原博史「社会的排除と差別」（浅倉むつ子＝西原博史編著『平等権と社会的排除』成文堂、2017年所収）32頁は、社会的排除の過程そのものを実体的な権利侵害だと位置づける枠組みを世界の憲法学が昔から用意しており、それが差別論であるとする。

(92)　2015（平成27）年公職選挙法改正により、選挙権年齢が18歳以上に引き下げられた際、高校生等を対象に主権者教育が行われ、2016（平成28）年参院選の際の10歳代の投票率は全国平均を下回ったものの、20歳代を上回った。

(93)　菊池・前掲書注(22)120-121頁。

社会保障法と持続可能性〔菊池馨実〕

〔附記〕本論文は、平成 28 年度科学研究費助成事業〔学術研究助成基金助成金〕〔基盤
研究（C）（一般）〕〔課題番号 16K03354〕による成果の一部である。

◆特集4◆ 社会保障法の法源（その3）

〈特集の趣旨〉

　法源すなわち法の解釈および適用に際して援用され得る規範は、憲法、条約、法律などの成文法と、慣習法、判例法などの不文法から構成される。社会保障法においては、慣習法の果たす役割が小さいといった特徴がみられるものの、その他の法源は法の解釈および適用に際して重要な役割を果たしている。しかしながら、社会保障法におけるこれらの法源の役割・特徴などをめぐっての包括的な理論的検討は、これまであまりなされてこなかった。

　本特集は以上のような視点から、社会保障法と憲法、判例法のかかわりに焦点を当てる。また実定法の一分野である社会保障法は、とりわけ行政法や民法とのかかわりが深い。そこで法源としての法律に着目した論稿として、社会保障法と行政法規や私法秩序とのかかわりについて論じる。こうした作業は、わが国の法体系全体の中で社会保障法を位置づける理論的営為の一環でもある。

　本特集の論考としては、既に、笠木映里准教授による社会保障法と行政基準についての論文、嵩さやか准教授による社会保障法と私法秩序のかかわりについての論文が第3号に掲載され、第6号では、植木淳教授執筆の社会保障と憲法についての論文が掲載されている（肩書きは掲載時のもの）。本号では、第3弾として、加藤教授による社会保障法と判例についての論文をお届けする。

〈本特集の論題〉
1　社会保障法と国際法規
2　社会保障法と憲法　〈第6号〉
3　社会保障法と行政法規　〈第3号〉
4　社会保障法と私法秩序　〈第3号〉
5　社会保障法と判例　〈本号〉

[社会保障法研究　第8号／2018年8月]　*149*

社会保障法の法源としての判例

加 藤 智 章

Ⅰ　は じ め に
Ⅱ　社会保障法の特徴と社会保障法における
　　裁判例
Ⅲ　裁量統制論の系譜 —— 朝日訴訟、堀木訴
　　訟および老齢加算東京訴訟最判
Ⅳ　下級審裁判例の意義 —— 保険医療機関の
　　指定に関する事例を中心に
Ⅴ　判例研究を通した社会保障法学のあり
　　方、問題点、将来の課題

社会保障法の法源としての判例〔加藤智章〕

I　はじめに

　本稿の課題は、社会保障法における法源のひとつである判例に着目して、判例の重要性・その役割、社会保障法学の判例・裁判例への向き合い方の現状と課題、ひいては現在の社会保障法学のあり方・問題点、将来の課題等を展望する、というものである。しかし、社会保障法の全領域にわたって網羅的に個別具体的な判例法理の紹介を行うことが目的ではない。あくまでも判例法が社会保障法の解釈および適用に及ぼす影響という視角から、裁量統制論などいくつかの素材をてがかりに検討を進めてゆきたい。

　以上のようなことから、本稿では、まず社会保障法学の特徴と社会保障法における裁判例の位置づけについて概観する（Ⅱ）。次に、社会保障法の法源としての判例として、二つの系譜について考察を進めたい。ひとつは、朝日訴訟、堀木訴訟および老齢加算廃止訴訟へと連なる裁量統制論ともいうべき判例の系譜である。これらの訴訟は、社会保障法学における検討対象の中核をなす生活保護、児童扶養手当および国民年金をめぐる紛争であり、いかなる制度設計をするか、具体化された制度をどのように運用するかという場面で行使される立法裁量、行政裁量をどのように統制するかをめぐり、判例と学説との間でいわば論戦が繰り返されてきた。学説は概ね判例に批判的であるが、学説も一枚岩ではない。給付行政として展開される社会保障制度にあって、憲法学、行政法学と時には対立し時には協働して学説を展開しており、社会保障法学がどのように判例と向き合ってきたかを検証することができる。これが第一の系譜に関する検討である（Ⅲ）。いまひとつは、下級審裁判例が扱っている問題もまた、社会保障法学によっては必要不可欠な考察対象であるが、このような下級審裁判例の蓄積と学説の応接によって、議論が深まることによって学説が収束され、その学説を意識した裁判例が示される系譜である。この系譜に該当するものとして、保険医療機関の指定に関する事例を紹介検討したい（Ⅳ）。最後に、以上の検討を踏まえて、できる範囲で社会保障法学のあり方・問題点、将来の課題等を展望する（Ⅴ）。

　ここで用語の定義をしておきたい。まず、法源についてである。本特集では「法の解釈および適用に際して援用され得る規範」として定義され、憲法、条約、法律などの成文法と慣習法、判例法などの不文法から構成される。次に、

判例についてである。判例とは過去に下された裁判を意味するが、とくに下級
審裁判所に対する拘束力を持つ判断と定義しておきたい。判例はこの拘束力を
通じて、一定の法的安定性を確保している。そして、これら判例のなかから形
成された法を判例法という。

Ⅱ　社会保障法の特徴と社会保障法における裁判例

1　社会保障法学の特徴と役割

　社会保障という概念自体、第二次世界大戦以降に定着したものであり、社会
保障法学は新しい法学分野である。しかし、その独自性を確立しているかにつ
いてはなお議論の余地がある。

　ところで、社会保障法は4つの特徴をもつといわれる[1]。①法政策論ないし
立法論の持つ重要度が高い、②経済・社会の変化に対応して変容する（法改正
により、法解釈論も影響を受ける。裁判例と行政解釈との相剋が発生する）、③社会
保障法を構成する立法が多くの場合、行政に関する立法としての性格を有す
る、④多種多様な実定法と密接な関わりを持っている、という特徴である。

　このような特徴とも関連して、社会保障法学の果たすべき役割は、概ね次の
3点に集約されると思われる。①政策指針等の提示、②制度構造の分析・説
明、③法解釈の探究である[2]。①政策指針等の提示については、社会保障制度
が国民の生命健康と密接に結びつき、所得保障や雇用保障という機能を有する
以上、経済・社会の変化に対応した法政策や立法を講じることが要請される。
このため、法政策論や立法論の比重が高くなり、制度設計や政策指針に関する
検討材料の提供が求められる。②の制度構造の分析・説明も、制度設計や政策
指針に関する検討材料の提供と密接に関連する。筆者がここで想定しているの
は、比較法的な研究を前提にわが国の社会保障制度がいかなる特徴を有してい
るのか、あるいは日本が抱えている問題について、諸外国ではどのような政策
対応をしてきたのか、さらには現在の社会保障制度をどのように理解すること
ができるのか等々を分析・説明するという役割である。③の意味は、このよう

---

(1)　岩村正彦『社会保障法Ⅰ』（弘文堂、2001年）22頁以下。
(2)　これらの役割分類は、荒木誠之の指摘する政策論としての社会保障論、法学の分野に
　　おける社会保障法論、外国の立法や制度の紹介を主とする比較制度論という研究傾向に
　　も親和的である。荒木誠之「社会保障の法的構造」熊本法学5号（1965年）1頁。

に政策指針の提示や制度構造の分析説明が社会保障法の大きな使命であるとしても、社会保障法学の役割はそれに尽きるものではない。むしろ他の法学分野と同じように、③法解釈の探求もまた社会保障法学にとって大きな役割あるいは使命のひとつということである。

かくして、社会保障法における法解釈論の形成にとって、裁判例の分析検討が重要な機能を果たす。多種多様な実定法との関わりという点からいえば、社会保障をめぐる法的紛争は、憲法学や行政法学あるいは民法学など他の法学分野の議論状況を前提とした検討が必要である[3]。この意味では、総合法学としての性格を有する社会保障法学は他の法学分野との協働作業が強く求められる。

2　社会保障法における裁判例

（1）裁判例の概観

ここで社会保障をめぐる裁判例の動向を概観すれば、社会保障制度が生存権を法的基盤として展開されてきたこととの関係で、朝日訴訟や堀木訴訟のように、人権としての社会保障に焦点があてられることが多かった。また、社会保障法を構成する立法が多くの場合、行政に関する立法としての性格を有すること、また専門技術的な条文に依拠することから解釈の余地が少ないため、社会保障法における法解釈論では、行政当局の示す行政解釈の比重が大きいといわれている。同時に、社会保障法における法的紛争は、行政機関を相手に私人が争う形になることが多い。このため、そもそも訴訟に至ることが少なく、本人訴訟が比較的多いこともあり、判例の形成、裁判例の蓄積が進んでいないという特徴も指摘される。しかし、介護保険制度の導入における"措置から契約へ"という標語から明らかなように、私人間の契約関係による領域も拡大する傾向にある。このように多様化・複雑化する社会保障制度の全体像を理解するにあたって、制度運用上の問題の所在を示唆する裁判例の検討は非常に重要な

---

(3)　嵩さやか「社会保障法と私法秩序」社会保障法3号（信山社、2014年）、笠木絵里「社会保障法と行政基準」社会保障法3号（信山社、2014年）、植木淳「社会保障法と憲法」社会保障法6号（信山社、2016年）、菊池馨実「社会保障法の私法化？」法教252号（2001年）121-122頁等参照。岩村正彦「社会保障法と民法 ── 社会保障法学の課題についての覚書」中嶋士元也先生還暦記念編集刊行委員会『労働関係法の現代的展開 中嶋士元也先生還暦記念』（信山社、2004年）、同「社会保障改革と憲法25条 ── 社会保障制度における『国家』の役割をめぐって」江頭憲治郎＝碓井光明編『法の再構築I国家と社会』（東京大学出版会、2007年）。

使命（作業）である。

（2）裁判例の蓄積

社会保障法の領域は、伝統的な実定法学分野とは異なり、訴訟の数がそれほど多くなかったこと、本人訴訟が比較的多いことにも影響を受けて、裁判例の蓄積が少ないと言われてきた。事実、1977(昭和52)年に刊行された社会保障判例百選の初版（別冊ジュリ56号、有斐閣）は102件の事案を掲載している。この102件中22件は最高裁判決であるが、残り80件のうち14件は社会保険審査会ないし労働保険審査会の裁決であった（ただし、これら審査会の裁決も社会保険や労働保険に関する法的ルールの形成に寄与していることを見過ごすべきではない[4]。）。これに加えて、判例百選第2版（1991年）が刊行されるまで14年を要した。7年周期といわれることからすれば、1回スキップしたことになる。しかしその後は、社会保障制度の浸透・定着により紛争事案の増加に応じて、裁判例の蓄積がみられるようになってきた。これを反映して、2000年、2008年、2016年と版を重ね、第5版では117件の収載裁判例のうち最高裁判決は56件で約半数を占めるに至っている。

このように、社会保障制度審議会が社会保障制度の枠組みを示した1950年を出発点としても70年近くが経過しており、社会保障法を構成する法の解釈・適用をめぐって、一定の判例法理が構成されている領域も少なくない。

（3）裁判例の機能

裁判例の蓄積は、いかなる制度のどのような領域に法的紛争が発生するのかを明らかにするとともに、事案の解決に対する判断要素を豊富化し、事案に即応した解決法理を導くことができるようになる。このような機能に加えて、以下ではふたつの類型について言及しておきたい。第1は法改正や規則改正をもたらす機能である。訴訟の提起は生活保護基準や併給禁止規定の改正、あるいは認定基準改正のための契機となる。第2は紛争類型の多様化をもたらす機能である。ひとつの裁判例を契機に、類似の紛争が提起されることによって理論的検討が進む場合が見られる。

まず、第1の類型についてである。後に検討する朝日訴訟や堀木訴訟がそうであったように、裁判では原告の請求が認められず請求棄却の結論であったと

---

[4]　山下慎一『社会保障の権利救済 —— イギリス審判所制度の独立性と積極的職権行使』（法律文化社、2015年）。

しても、原告側の主張がその後の法改正や立法に結びつくことがある。朝日訴訟では、上告人死亡により訴訟終了ということになったものの、第1審判決（東京地判昭35・10・19）で原告が勝訴した結果、厚生大臣の定める生活保護基準が著しく改善した[5]。また、併給禁止規定に関しては、老齢福祉年金の夫婦受給制限規定の違法性が争われた牧野訴訟（東京地判昭43・7・15行集19巻7号1196頁）、児童扶養手当法の併給禁止規定が争われた堀木訴訟などでは、地裁判決が示された後、所要の法改正が行われた。最近の事例としては、一連の学生障害無年金訴訟を通じて特別障害給付金制度[6]が制定された事例や、障害者自立支援法の廃止を目指した違憲訴訟を契機に、原告らと厚生労働省との間で、障害者自立支援法廃止の確約と新たな総合的福祉法制の制定に関する合意が成立した事例が存在する[7]。

　次に、裁判例と行政基準の相剋ともいわれる事例である。急性脳心臓疾患およびメンタルヘルスをめぐる業務災害については、裁判例の蓄積、特に行政処分取消請求の認容事例が示されることにより、新たな認定基準が制定されるという事態を繰り返してきた。迅速かつ画一的な制度運用のために設定される認定基準による判断、すなわち業務災害に該当しないとの判断が、個別の紛争事案としてその当否が争われる裁判例により否定されることにより、また新たな認定基準が制定されるという事態が繰り返されてきた。

　第2の類型は、ある裁判例を契機として、類似の事案が争われることが増加し、紛争類型の豊富化をもたらすと同時に理論的検討が進む場合である。ひとつは、重婚的内縁関係における遺族年金の帰趨が争われた事例である。広島地判昭55・11・20労民31巻6号1135頁が先例とされる[8]が、この問題を広く認識することに貢献したのは昭和58年最判（最判昭58・4・14民集37巻3号270頁）であろう。その後、この最判を契機に重婚的内縁関係における遺族年金の

───────────

(5)　昭和36年度から、飲食物費のみをマーケットバスケット方式により求め、この飲食物費と同額を消費する世帯のエンゲル係数を実態生計分布から見出し、さらにその飲食物費をエンゲル係数で除して最低生活費とするエンゲル方式が採られるようになった。

(6)　http://www.mhlw.go.jp/topics/bukyoku/nenkin/nenkin/shougai-kyufu.html 参照。

(7)　障害者自立支援法違憲訴訟について、http://www.mhlw.go.jp/stf/seisakunitsuite/bunya/hukushi_kaigo/shougaishahukushi/goui/ 等参照。

(8)　広島地裁判決がリーディングケースであることを指摘するものとして、良永彌太郎・別冊ジュリ113号128頁がある。また、労働保険審査会の裁決例も含めた評釈として、西村健一郎・判時1016号154頁がある。

帰趨に関する多くの裁判例が蓄積されることになる。昭和58年最判では、婚姻関係の形骸化・固定化という観点から法律婚配偶者の配偶者性が否定されたが、最判平17・4・21判時1895巻50号では逆に、重婚的内縁配偶者の配偶者性が肯定された。これに関連して、近親婚関係の事案も争われており、2親等傍系血族の配偶者性を否定した最判昭60・2・14訟月31巻9号2204頁、叔父姪関係の配偶者性を肯定した最判平19・3・8民集61巻2号518頁がある。

　いまひとつは、障害給付における初診日要件に関する事案である。いわゆる学生障害無年金訴訟において、最初に判決が示された東京地裁は、中心性神経細胞腫に基因する疾病について20歳以前に診療が行われていることを理由に、原告のひとりについて法30条の4の要件に該当するとして障害年金不支給処分を取り消した。この部分は原告・被告いずれも控訴しなかったため判決は確定した（東京地判平16.3.24判時1852/3）。しかしその後、統合失調症との関係で初診日をどのように理解するかにつき下級審の結論は分かれることとなった。ひとつは、事後的判定可能説ともいうべきもので、「20歳になる前に統合失調症を発症し医師の診療を必要とする状態にあったか否かを医師の診断に基づき事後的に判定することは、何ら不可能なことではないし、その診断、判定について、医学的に客観性、公平性を確保することができないなどということはできない」とする（東京高判平18・11・29LEX/DB：28142130）。これに対して、初診日とはあくまでも医師の診療を受けた日とする判決もみられた（東京高判平18・10・26LEX/DB：28112328）。こうした下級審の対立に結論を出したのが、最判平20.10.10判タ1285/57である。最高裁は、国民年金法30条の4にいう「その初診日において20歳未満であった者」とは、「その疾病又は負傷及びこれらに起因する疾病について初めて医師等の診療を受けた日において20歳未満であった者をいうものであることは、その文理上明らかである」とした（最判平20.10.10判タ1285号57頁）[9]。

　初診日要件に関する問題はこれで決着したかにみえるが、近時、事後重症を

---

(9)　条文が「初診日」という一義的に明確な文言を用いていることから、評釈の多くは結論賛成という立場であるが、立法政策として初診日主義を貫くことが適切であるとは当然にはいえないとするものに菊池馨実・判時2051号164頁がある。このほか本件最判に関する判例評釈として、加藤智章・季刊教育法161号80頁、戸部真澄・速報判例解説（法学セミナー増刊）5巻29頁、和久田道雄・行政関係判例解説20年86頁、片桐由喜・別冊ジュリスト227号72頁がある。

めぐる紛争事案が増加傾向にあり、時間の経過を背景に必ずしも客観的な証拠の存在を前提としていない、とする下級審裁判例がみられる。遺伝性疾患である網膜色素変性症に関する初診日について争われた事案では、先の最判平20・10・10を引用したうえで、疾病によっては診療を受けてから、事後重症の要件を満たす程度の障害の状態に該当するまで相当期間の経過をたどることがあり得ることからすれば、厚生年金保険法47条の2第1項にいう「初診日」の認定に当たっては、「できるだけ客観性の高い資料によることが望ましいものの、それがない場合には、その提出がない理由や初診日に関する申請者の供述内容、疾病についての受診の経過、疾病の性質などを総合的に判断して、個別的に認定すべきものであると解するのが相当であって、請求者本人や第三者の記憶に基づく陳述書のような資料であっても直ちにこれを認定資料から排斥すべきではない」と判示している（大阪地判平26・7・31LEX/DB：25504627）。事案が異なるとはいえ、初診日の認定に関する考え方、特に疾病の性質にも言及していることが注目される。

Ⅲ　裁量統制論の系譜 —— 朝日訴訟、堀木訴訟および老齢加算東京訴訟最判

　社会保障法学における重要判例の双璧をなすのは、朝日訴訟最判と堀木訴訟最判であることに異論はないであろう。

　図式的にいえば、朝日訴訟、堀木訴訟を通じて、生存権の法的性格について活発な議論がされた。それに加えて、朝日訴訟最判が広範な行政裁量を認め、堀木訴訟最判が立法裁量論が展開された。朝日訴訟は、社会保障制度の存在を国民に認識させた点で重要であり、本件を通じて生存権の法的性格に関する議論が活発となり、社会保障法学の形成と独立のきっかけとなったということができる。しかし、判例の持つ影響力という点では、堀木訴訟は朝日訴訟をはるかにうわまわる。その理由は、以下の二点に求められる。第1は、最高裁が生存権の法的性格について、その見解を明確に示したのは堀木訴訟最判であった。朝日訴訟最判の展開した生存権の法的性格論はあくまでもカッコ書きの傍論に過ぎないとの評価も可能だからからである。このため、堀木訴訟最判は、生存権の法的性格論に関する判例と位置づけられることになった。第2は、堀木訴訟最判が定式化した立法裁量論の影響力の大きさである。裁判所が法律の合憲性審査を求められたとき、立法府の政策判断に敬意を払い、法律の目的や

Ⅲ　裁量統制論の系譜 —— 朝日訴訟、堀木訴訟および老齢加算東京訴訟最判

目的達成のための手段に詮索を加えたり裁判所独自の判断を控えることを立法裁量論とするならば[10]、その適用範囲は社会保障分野に止まらず、税法[11]や選挙関係[12]などの訴訟においても展開される。このため、堀木訴訟最判はこれら税法や選挙関係の裁判例においても広く引用されている。

　以下では、このふたつの最判に加えて、生活保護制度における老齢加算の廃止による保護変更決定が争われた老齢加算東京訴訟（最判平 24・2・28 民集 66 巻 3 号 1240 頁）[13] も対象にして、生存権の法的性格論、裁量統制論について検討する。老齢加算東京訴訟最判を取り上げることによって、裁量統制に関する最高裁の考え方および学説の到達点を明らかにすることができるからである。

1　堀木訴訟最判の影響

　先に述べたように、堀木訴訟最判は、食管法最判、朝日訴訟最判という流れのなかで生存権の法的性格についての見解を示すとともに、行政裁量を認めた朝日訴訟最判に続き、堀木訴訟最判は広範な立法裁量を認めた。それは、裁量権に対する司法審査をほぼ遮断するような広範な裁量権、いわば「よほどのことをしない限り、違法の評価を受けない裁量権」を認め[14]、その結果、社会保障関係訴訟自体「萎縮する傾向にあった」といわれる[15]。こうして、朝日訴訟最判・堀木訴訟最判は、学界に対して裁量統制論のさらなる探求を迫ることになった。そこで以下では、まず生存権の法的性格論を簡単に素描したの

---

(10)　立法裁量論の定義について、戸松秀典『立法裁量論』（有斐閣、1993 年）3 頁。

(11)　所得税法における給与所得に掛かる課税関係規定をどのように設定するかについて、「課税関係規定が著しく合理性を欠き明らかに裁量の逸脱濫用と見ざるを得ない」ことを主張していないとした総評サラリーマン訴訟（最判平元・2・7 判時 1312/69LEX/DB：22002507）がある。なお、サラリーマン税金訴訟（最大判昭 60・3・27 民集 39/2/247LEX/DB：22000380）は、憲法 25 条を直接の争点としていない。また染物小売業を営む者に対して所得税法上、給与所得控除・寡夫控除を認めないことが争われた最判平 6・9・13 税資 205 号 405 頁は、理由を述べず単に堀木最判を引用するに止まる。

(12)　司法権と立法権との関係に着目して立法裁量に言及するものとして最大判平 25・11・20 官報 275 号 40 頁などがある。

(13)　本件訴訟の下級審は、以下の通りである。東京地判平 20・6・26 民集 66 巻 3 号 1632 頁（請求棄却）、東京高判平 22・5・27 民集 66 巻 3 号 1685 頁（控訴棄却）。足立区他訴訟最判からほぼ一ヶ月後に示された老齢加算北九州訴訟（最判平 24・4・2 民集 66 巻 6 号 2367 頁、福岡地判平 21・6・3 民集 66 巻 6 号 2405 頁、福岡高判平 22・6・4 民集 66 巻 6 号 2505 頁、差戻控訴審福岡高判平 25・12・16、差戻上告審最判平 26・10・6）がある。

(14)　片桐由喜・判評 646 号 4 頁。

(15)　辻村みよ子『憲法（第 5 版）』（日本評論社、2016 年）288 頁。

ち、堀木訴訟、老齢加算東京訴訟をめぐる判例の流れを検討した後、立法裁量を縮減しようとする学説を中心に裁量統制論について検討する。

　具体的な検討に入る前に、社会保障制度に関連して堀木訴訟最判を引用している裁判例をいま少し詳しく確認しておきたい。まず堀木訴訟に代表される社会保障給付間の併給調整事案（岡田訴訟最判昭57・12・17訟月29巻6号1074頁、森井訴訟最判昭57・12・17訟月29巻6号1121頁など）、朝日訴訟や老齢加算廃止訴訟に代表される生活保護をめぐる各種紛争事案[16]、学生障害無年金訴訟（最判平19・9・28民集61巻6号2345頁、最判平19・10・9裁時1445号4頁）、国籍要件と各種公的年金給付に関する紛争事案（塩見訴訟最判平元.3.2判時1363号68頁、最判平13・3・13訟月48巻8号1961頁、最判平26・2・6LEX/DB：25503228）、婚姻外懐胎児童に関する児童扶養手当事案（最判平14・1・31民集56巻1号246頁、最判平14・2・22訟月49巻11号3173頁）、介護保険における保険料の設定に関する事案（最判平13・7・19金法1627巻51頁）などである。これらにおいては一定の裁判例の集積が見られる。また、類型化ができるほどの蓄積はないものの障害者福祉サービス（神戸地判平19・2・2賃社1479巻67頁、名古屋地判平20・3・26判示2027号57頁）、混合診療（最判平23・10・25民集65巻7号2923頁）、労災修学援護費（東京地判平14・2・14労判824号25頁）などの事案においても、堀木訴訟最判が引用されているところである。

2　生存権の法的性格論

　朝日訴訟最判は、その判決理由のなかで、カッコ書きのうえ「なお、念のために」という書き出しで、生活扶助基準の適否に関する判断を示した。社会保障法学や憲法学では、カッコ書き以下の言説を中心に、生存権の法的性格を検討の対象とし活発な議論を展開した。この生存権の法的性格に関する議論は、食管法最判（最判昭23・9・29刑集2巻10号1235頁）を起点にして、朝日訴訟を経由して堀木訴訟最判でひとつの結論に至ったということができる。この点については、朝日訴訟最判のカッコ書き以下の説示部分は、事件の論点に関する判断ではない傍論の「最も明白な例」のひとつとされる[17][18]。

---

(16)　老齢加算や母子加算の変更決定に関する事案（最判平24・2・28民集66巻3号1240頁、最判平24・4・2民集66巻6号2367頁、最判平26・10・6賃社1622号40頁等）のほか、永住者としての在留許可を受けた外国人に対する生活保護申請が争われた最判平26・7・18訟月61巻2号356頁、不法滞在外国人の生活保護申請が争われた最判平13・9・25判時1768巻47頁などがある。

Ⅲ　裁量統制論の系譜 —— 朝日訴訟、堀木訴訟および老齢加算東京訴訟最判

　生存権の法的性格については、講学上、プログラム規定説、抽象的権利説およ
び具体的権利説が存在したが、近時は具体的請求権説ともいうべき学説も主
張されているほか[19]、生存権を内容形成型人権と捉えたうえで、客観法と主
観的権利という側面から、食管法最判、朝日訴訟および堀木訴訟最判を読み直
す試みも提唱されている[20]。

　従来のプログラム規定説、抽象的権利説および具体的権利説という学説の分
類は「今日もはや維持できないものになっている[21]」。すなわち、現実には誰
も支持していないプログラム規定説と極めて射程の狭い具体的権利説の間で抽
象的権利説が支持されているだけであり、その抽象的規定説も、「プログラム
規定説、具体的権利説を否定する以上のことは何も述べていない[22]」。かくし
て、生存権の法的性格を論ずるにあたって必要なことは、生存権が裁判規範と
して効力を有することを前提にして、いかなる訴訟類型において、いかなる審
査基準によって生存権に裁判規範性を認めるかの検討にある、といわれる[23]。
他方、生存権を内容形成型人権と捉える立場にあっても、生存権の内容形成が
法律に委ねられている限度で、客観法的な国家の義務づけに立法裁量の余地を
認められるとともに、主観的権利の側面では、憲法上どこまで保障されており
どこから法律による内容形成に委ねられていると解するか、それを裁判所がど
のように判断するか、が問われることとなる。

　このような裁判規範性の問題は、大きくいえば裁量統制論とも密接に結びつ

---

(17)　中野次雄編『判例とその読み方（3訂版）』（有斐閣、2009年）38頁以下参照。
(18)　ただし、朝日訴訟最判なお書き部分で展開された行政裁量論を引用する裁判例も存在
　　　する。老齢加算北九州訴訟1審・控訴審（福岡地判平21・6・3民集66巻6号2405
　　　頁、福岡高判平22・6・4民集66巻6号2505頁）、老齢加算東京訴訟控訴審（東京高判
　　　平22・5・27民集66巻3号1685頁）のほか、母子加算京都訴訟1審（京都地判平
　　　21・12・14LEX/DB：25441822）、老齢加算・京都訴訟1審・控訴審（京都地判平
　　　21・12・14LEX/DB：25441821、大阪高判平24・3・14LEX/DB：25480929）、老齢加算
　　　等広島訴訟1審（広島地判平20・12・25賃社1485号49頁）などである。
(19)　棟居快行「生存権の具体的権利性」長谷部恭男編著『リーディングス現代の憲法』
　　　（日本評論社、1995年）167頁、藤井樹也『「権利」の発想転換』（成文堂、1998年）414
　　　頁以下参照。
(20)　高橋和之「生存権の法的性格論を読み直す」明治大学法科大学院論集12/1.
(21)　中村睦男ほか著『注解法律学全集2 憲法Ⅱ』（青林書院、1997年）152頁。
(22)　松本和彦「生存権」小山剛＝駒村圭吾編『論点探求憲法』（弘文堂、2005年）233頁。
(23)　中村ほか・前掲注(21)152頁。

いており、盤石に思えた立法裁量論に対するいくつかの審査アプローチが形成
されつつある。

3　判例における裁量統制

（1）朝日訴訟・堀木訴訟における裁量統制

朝日訴訟最判では、厚生大臣の定める保護基準すなわち「健康で文化的な最
低限度の生活なるものは抽象的な相対的概念であり、その具体的内容は、文化
の発達、国民経済の進展に伴つて向上することを前提に、多数の不確定的要素
を綜合考量してはじめて決定できるもの」とした。ここでは多数の不確定的要
素すなわち「生活外的要素」の考慮を大臣の裁量事項としているため、大臣の
裁量は幅広く認められる結果、裁判所の審査密度は浅いものとならざるを得な
いこととなる。

これに対して、堀木訴訟最判は保護基準が抽象的相対的概念であるとしたう
えで、その具体的内容に関する考慮事項を大幅に拡大した。すなわち、保護基
準の具体的内容は、「文化の発達の程度、経済的・社会的条件、一般的な国民
生活の状況等との相関関係」に加えて、「国の財政事情」を無視することがで
きないことと、「多方面にわたる複雑多様な、しかも高度の専門技術的な考察
とそれに基づいた政策的判断を必要とする」とした。ここでは、一般的な国民
生活の状況等との相関関係、財政事情、専門技術的・政策的判断を裁量事項と
して認めており、朝日訴訟最判以上に広範な裁量を認めたことになる。

（2）老齢加算訴訟における裁量審査

社会保障行政をめぐる紛争において広範な立法裁量を認める堀木訴訟最判
は、先に見たように多くの事案で引用され、広範な立法裁量を認めてきた。こ
のような判例傾向に変化の兆しを見せたのが、老齢加算東京訴訟最判（最判平
24・2・28民集66巻3号1240頁）である。

老齢加算訴訟は全国各地で提起されている[24]。厚生労働大臣の定める「生
活保護法による保護の基準」の改定により、生活扶助の「老齢加算」が段階的
に減額・廃止されたことに基づき生活扶助の支給額を減額する旨の保護変更決
定を受けた者らが、保護基準の改定は憲法25条1項、生活保護法3条、8条、
56条等に反する違憲、違法なものであるとして、保護変更決定の取消しを求

（24）　豊島明子「行政立法の裁量統制手法の展開 —— 老齢加算廃止訴訟・福岡事件最高裁判
決の念頭に」法時85巻2号（2013年）29頁。

めた事案である。

　保護基準の改定は、厚生労働大臣の行政裁量の問題であるにもかかわらず、本件最判は堀木訴訟最判を引用した。そのうえで、厚生労働大臣には、保護基準の改定に関する裁量権と改定に伴う老齢加算廃止の具体的な方法等に関する裁量権とが認められるとし、それぞれの裁量権行使の審査方法ないし審査基準を示したのである。このように厚生労働大臣の保護基準設定行為に関する司法審査について、後に検討する判断過程統制審査を行うなど、より綿密な司法審査の可能性を示唆したと評価されている[25]。

4　裁量統制論

　「著しく合理性を欠き明らかに裁量の逸脱・濫用と見ざるをえないような場合」にのみ、裁判所が審査判断することができるとする堀木訴訟最判の考え方は、法律の制定によって具体的な内容が定まる給付行政たる社会保障にあっても広範に過ぎるという立場から、いかにして裁量の幅を狭めてより踏み込んだ司法審査の可能性を広げるかが、古くからの問題であり、社会保障制度の構造改革に直面している現在の問題でもある[26]。

　特に広範な立法裁量に対して、より踏み込んだ司法審査を及ぼそうとする試みは21世紀に入ってから活発に展開されるようになった。給付行政に対する裁量統制という視点からいえば、大きくは次の三点すなわち1項2項分離論、自由権的効果あるいは制度後退禁止原則、判断過程統制論に類型化することができる。

（1）25条1項2項分離論

　第1は25条1項2項分離論である。これは、籾井常喜により25条の法的性格論として提唱されて見解であるが、立法府の裁量に対する規範的制約に違いがあることを示唆する点で裁量統制のための理論となり得る。

　1項2項分離論は、堀木訴訟控訴審判決（大阪高判昭50・11・10行集26巻10=11号1268頁）が採用したことによって注目を集めることとなった。その後、分離論はいくつかの下級審でも採用するところであった[27]。しかし堀木訴訟上告審において、最高裁は1項2項分離論についても、1項2項一体論に

---

(25)　尾形健「生存権」長谷部恭男編『論究憲法』（有斐閣、2017年）。

(26)　長谷部恭男『憲法（第6版）』（新世社、2015年）280頁、豊島明子「老齢加算訴訟
　　　──生存権の具体的実現に係る裁量統制の課題」公法研究77巻（2015年）130頁以下。

ついても全く言及していない。憲法25条の規定について「国権の作用に対し、一定の目的を設定しその実現のための積極的な発動を期待するという性質のものである」というのみである。こののち現在に至るまで、最高裁は分離論・一体論に関する立場を明らかにはしていないと思われる。

これに対して、学説はどのような状況であったのだろうか。憲法学では当初、生存権の法的性格に関する議論においても、25条1項と2項とを一体と解したうえでその権利性を論じており、一体論が通説であったといえる[28]。このような状況において、いちはやく1項2項分離論を提唱したのは籾井常喜である。

籾井は、憲法25条1項と2項とでは国民の生活条件の維持・向上のために国家が負う義務の度合い、ひいては国民が有する権利の強弱に違いがあると主張した。25条1項は値切ることのできない人間としての「最低限度」の生活の維持（「緊急的生存権」）を保障し、同条2項は「最低限度」の生活水準を上回る条件の維持向上についての国家の努力義務、国民にとってはその努力を要求する権利（「生活権」）を保障するものとされる[29]。すなわち「要保障事故の度合に対応し国の関与・責任の度合をより明確にし、少なくとも25条1項については"健康で文化的な最低限度の生活の保持について直接的かつ具体的義務を国に課していることを明らかにする"解釈論上の試みである」というのである[30]。

社会保障法研究者は、基本的に1項2項分離論に立つものが多い[31]。憲法学でも近時分離論に立つ論者が増えているようである[32]。かくして、25条1項2項それぞれの規律対象に質的相違を見いだし、それぞれの裁判規範性を確

---

(27)　松本訴訟大阪高判昭51・12・17行集27巻11·12号1836頁、塩見訴訟大阪地判昭55・10・29行集31巻10号2274頁、宮訴訟東京高判昭56・4・22行集32巻4号593頁など。

(28)　園部逸夫・曹時35巻6号1239頁。

(29)　籾井常喜『社会保障法』（総合労働研究所、1972年）86頁以下。

(30)　籾井常喜「生存権保障の二重構造的把握について ── 堀木訴訟控訴審判決を契機に」『労働法の解釈理論　有泉亨先生古稀記念』（有斐閣、1976年）531頁。

(31)　堀勝洋『社会保障法総論（第2版）』（東京大学出版会、2004年）139頁以下（141頁）、岩村正彦「社会保障改革と憲法25条」江頭＝碓井編・前掲注(3)『法の再構築 I』、西村健一郎『社会保障法』（有斐閣、2003年）37頁以下、菊池馨実『社会保障法制の将来構想』（有斐閣、2010年）97頁以下参照。

定しようとする考え方は、近時有力となりつつある[33]。

（2）生存権の自由権的効果あるいは制度後退禁止原則

生存権の法的性格が論じられるようになった時期に、生存権の自由権的側面あるいは自由権的効果という議論も登場した[34]。当初は、困窮者に対し通常の国民よりも高額の税を課す立法は憲法25条に違反するというように説明されていた。しかし、生存権の自由権的効果は、新たな措置を加重するケースと既存の措置を縮減するケースというふたつの側面で語られる。近年盛んに論じられるのは後者の場合であり、社会保障給付の給付内容が削減されたり、給付水準の引き下げや給付要件の厳格化という事態をどのように評価するか、特に、生活保護制度における老齢加算や母子加算の廃止措置をめぐり、制度後退禁止原則の可否・適否として議論されるようになった[35]。

① 裁 判 例

制度後退禁止原則に関する裁判例のリーディングケースは、宮訴訟東京地裁判決（東京地判昭49・4・24行集25巻4号274頁）である。そこでは「憲法第25条は、国の文化経済の発展に伴つて右理念に基づく施策を絶えず充実拡充して行くことをも要求していると考えられるから、右理念を具体化した法律によつてひとたび国民に与えられた権利ないし利益は、立法によつてもこれを奪うこ

---

(32) 内野正幸『憲法解釈の論点（第4版）』（日本評論社、2005年）、初宿正典『憲法2基本権（第3版）』（成文堂、2010年）、長谷部恭男『憲法（第6版）』（新世社、2015年）280–281頁等参照。もっとも、尾形健は、籾井の「第1項でも第2項でもどうでもよいのである。要するに、…生存権保障の二重構造的把握を抜きにして憲法25条の解釈論上の問題関心に迫りえない」という発言（籾井・前掲注(30)「二重構造」532頁）に着目して、「憲法25条による規律の質に相違を持たせようとした点にあったということができ、必ずしも条文上の区別（1項・2項）に重点があったわけではないようにも思われる」と述べている（尾形健『福祉国家と憲法構造』（有斐閣、2011年）150頁）。

(33) 1項2項分離論の立場に立ちつつ、政府管掌健康保険事業の全国健康保険協会への移行などの問題を論じるものとして、岩村正彦「社会保障改革と憲法25条」江頭＝碓井編・前掲注(3)『法の再構築 I 』所収。

(34) 佐藤功『憲法全訂新版』（学陽書房、1979年）220頁など。

(35) 制度後退禁止原則については、生活保護制度における老齢加算や母子加算の廃止をめぐる裁判例を中心に議論されるが、問題は生活保護に止まらない。既裁定年金の引き下げに関する論考として、菊池馨実「既裁定年金の引き下げをめぐる一考察 ── 法的側面からの検討」年金と経済21巻4号（2002年）76頁以下参照（菊池馨実『社会保障法制の将来構想』（有斐閣、2010年）第4章85頁以下所収）。また高齢者の医療費負担に関する変遷も、この問題を検討する素材を提供するものと考える。

社会保障法の法源としての判例〔加藤智章〕

とは許され（ない）」とされた。

近年では、生活保護法における母子加算や老齢加算の廃止に関連して、老齢加算等の減額改定と生活保護法 56 条との関係を中心に制度後退禁止原則が論じられており[36]、最高裁も、老齢加算東京訴訟平成 24 年 2 月 28 日判決をはじめとして、いくつかの判決・決定が示されている[37]。

特に下級審レベルでは、生活保護法 56 条の解釈について見解の対立が見られた。ひとつは、法 56 条は被保護者と保護実施機関との基本的な関係を規定したものであり、保護基準の改定については法 56 条の適用はないとする立場（東京高判平 22・5・27 民集 66 巻 3 号 1685 頁等）である。これに対して、法 56 条の趣旨は「一度保護の実施機関が被保護者に対し保護を決定したならば、法に定める事情の変更の場合に被保護者が該当し、かつ、保護の実施機関が法に定める変更の手続を正規にとらないうちは、被保護者は、その決定された内容において保護を実施することを請求する具体的権利を有するということにある」とし、「単に保護基準が改定されたというだけでは、同条にいう「正当な理由」があるものと解することはできず、その保護基準の改定（不利益変更）そのものに「正当な理由」がない限り、これに基づく保護の不利益変更は同条に反し違法となるものと解するのが相当である」としてこれを肯定する判決も存在した（福岡高判平 22・6・14 民集 66 巻 6 号 2505 頁）[38]。

しかし、老齢加算東京訴訟において最高裁は、「生活保護法 56 条にいう正当な理由がある場合とは、既に決定された保護の内容に係る不利益な変更が、同法及びこれに基づく保護基準の定める変更、停止又は廃止の要件に適合する場合を指すものと解するのが相当である」とし、保護基準自体が減額改定される

(36) 神戸地判平 26・9・25LEX/DB：25504946（大阪高判平 27・12・25LEX/DB：25543687）、秋田地判平 25・3・22LEX/DB：25504280、青森地判平 25・1・25LEX/DB：25505529（仙台高判平 26・12・16LEX/DB：25505600、最判平 28・2・17LEX/DB：25542526）、京都地判平 21・12・14LEX/DB：25441822。

(37) 老齢加算東京訴訟最判平 24・2・28 民集 66 巻 3 号 1240 頁、老齢加算北九州訴訟最判平 24・4・2 民集 66 巻 6 号 2367 頁（差戻上告審：最判平 26・10・6LEX/DB：25504782）および最決平 28・2・17LEX/DB：25542526 などがある。これらの訴訟について数多くの判例評釈が存在するが本稿で引用するもののほか、とりあえず岡田幸人・曹時 65 巻 9 号 209 頁、同 65 巻 10 号 207 頁参照。

(38) このほか、保護基準改定についての厚生労働大臣の裁量の幅は、新規の制定におけるそれよりも狭い等とする裁量縮減に言及する裁判例（広島地判平 20・12・25 賃社 1485 号 49 頁以下、福岡地判平 21・6・3 民集 66 巻 6 号 2405 頁）がある。

ことに基づいて保護の内容が減額決定される本件のような場合については、法56条が規律するところではないとした[39]。そして結局のところ、保護基準の減額改定について、裁量権の範囲の逸脱又はその濫用はないと結論づけている[40]。

② 学　説

制度後退禁止原則とは、いったん、法律により内容形成が行われると、それが憲法25条と一体化し、憲法上の内容を確定すると解すれば、その後の法律改正による権利内容の縮減（後退）は、憲法上の権利の制限と構成することができることから、そのような縮減は憲法に反する措置として無効となるという考え方である。

この考え方はこれまで、生存権の自由権的効果として説明されてきた[41]。すなわち、生存権もまた公権力による不当な侵害があった場合には、その排除（不作為）を裁判所に請求できる自由権としての側面がある、というのである[42]。生存権が「生きる権利そのもの」であることを考えるならば、むしろ精神的自由の場合に準じて「事実上の実質的な合理的関連性」の基準によって差別の合理性を事実に基づいて厳格に審査しなければならないという主張である[43]。具体的立法によって何らかの給付がなされている場合、その給付の行われる状態をベースラインとすべきであり、その給付を受ける地位を国が正当な理由もなく剥奪することは憲法違反となる、という見解もこの系譜に属する

---

(39)　生活保護法56条について、その適用を肯定する下級審裁判例としては、東京地判平20・6・26民集66巻3号1632頁、福岡高判平22・6・14民集66巻6号2505頁がある。

(40)　同旨最判平24・4・2判時2151号3頁。最判平24・2・28判時2145号3頁。

(41)　生存権を「国民みずから生活することに干渉されない」という自由権的性質のものととらえることに対しては、生存権保障の歴史的意義を没却するとして、批判的な見解もみられる（籾井常喜『労働法実務体系18 社会保障法』（総合労働研究所、1972年）84頁）。

(42)　具体的な例として、法律によって困窮者に対し通常の国民よりも高額の税を課したり、一定の期間中は一切の生活保護行政を停止することを定めた場合を指摘するものに佐藤功『日本国憲法概説（全訂新版）』（学陽書房、1975年）220頁。

(43)　芦部信喜『憲法（第6版）・高橋和之補訂』（岩波書店、2015年）133頁、「憲法判例理論の変遷と問題点」公法研究48号（有斐閣、1986年）16頁以下、同旨長谷部恭男『憲法（第6版）』（新世社、2015年）280–281頁。より厳格な合理性の基準に関連する裁判例として、老齢福祉年金における夫婦受給制限規定を合理的理由のない差別とした牧野訴訟（東京地判昭43・7・15行集19巻7号1196頁）が存在する。

といえる[44]。

　しかし、ここで留意しておかなければならないことは、制度後退禁止原則はもっぱら25条2項との関連で議論されてきたことである。

　この点、生活保護の基準改定に基づく「切り下げ」の裁量は厳格な司法審査を受けてしかるべきであると主張するのが棟居快行である[45]。棟居はまず、生活保護基準の「切り下げ」にあたっては、「福祉以外の給付とのバランスどりや福祉内部での給付対象の選別、ならびに「切り下げ」の度合いが「弱者」にヨリ優しく行わなければならないという要請が、立法・行政に対する法的義務として存在する」とする[46]。そして、25条1項は社会保障立法に、健康で文化的な最低限度の具体的内容を立法者に「丸投げ」しているわけでなく、その都度の歴史や社会状況における「社会通念」としての「健康で文化的な最低限度の生活」をそのまま憲法規範に吸い上げており、他方で立法者はその時々での「社会通念」を —— とりわけ予算の制約のある社会保障立法については —— 遅れ気味に規範化しようとするのが通例であるから、要するに立法の内容はこれはこれでその都度の「社会通念」に近い。かくして、25条1項が「社会通念」の関数として捉えた生存権の具体的内容はほぼそのまま社会保障立法の現行水準と一致することになるから、保護基準の「切り下げ」社会通念に合致するものであることが国側により裁判上論証されなければならない、という[47]。しかし、制度後退禁止原則について、過去の国会の判断に現在および将来の国会を拘束させるものである[48]、生存権は既得権保障ではあり得ない[49]など否定説が多い。

　社会保障法学においても、25条1項2項分離論と関連して、制度後退禁止原則は25条2項との関係で論じられてきたように思われる。昭和50年代には肯定説に立つ見解[50]が多かったものの、基本的に制度後退禁止原則は25条2

---

(44)　長谷部恭男『憲法（第4版）』（新世社、2015年）281頁。

(45)　棟居快行『憲法学の可能性』（信山社、2012年）389頁以下。

(46)　棟居・同上392頁。

(47)　棟居・同上404-405頁。

(48)　小山剛「生存権の法的性格」棟居快行＝工藤達明＝小山剛編集代表『プロセス演習憲法（第2版）』（信山社、2005年）364頁。

(49)　松本和彦：小山剛＝駒村圭吾『論点探求憲法』（弘文堂、2005年）236頁。

(50)　小川政亮「憲法と社会保障」『現代法と社会保障』（総合労働研究所、1982年）31頁。籾井常喜『社会保障法』（総合労働研究所、1972年）94頁。

Ⅲ　裁量統制論の系譜 —— 朝日訴訟、堀木訴訟および老齢加算東京訴訟最判

項違反の問題を生じない[51]、あるいは一定の配慮がなされれば2項違反とはならない[52]とする見解が多数を占める。制度後退禁止原則は、生活保護制度における老齢加算・母子加算の廃止を契機に注目されるようになったが、老人医療費の無料化政策の転換にも見られるように、過去の国会で定めたことが、その後の国会の立法判断に影響を与えることは否定できないものの、立法決定や政策決定を拘束することはにはならないはずである。このため、私見も一定の配慮が必要であるとしても制度後退禁止原則は憲法25条2項違反の問題を生じないを考える。他方、25条1項に抵触するような場面に関する検討は蓄積されておらず、老齢加算訴訟を契機に議論が開始された状況といえる。そして、そこでの議論は保護基準改定に関する生活保護法56条の適用の可否に焦点が絞られているといってよい。

　法56条の積極的適用を主張するのは菊池馨実である。菊池は、「既に保護を受給している被保護者との関連では個別具体的な保護変更決定を通じて不利益変更がなされることに変わりない、個別具体的な不利益変更が生じ得る場面において「健康で文化的な最低限度の生活」が侵害される危険性を回避するための担保手段として、『被保護者の権利及び義務』と題した1章を設けた法の趣旨に適合する」ことから、積極的に解すべきであるとする[53]。これに対して、片桐由喜は、法56条を適用しなければ保護基準の不利益改定の適用性を問えない場合でない以上、あえて立法趣旨から離れ、条文自体が予定していない含意を読み取ることは合理的な解釈とはいえない、として56条の適用に否定的な立場をとる[54]。また、「生活保護は、理論上あくまでも非継続的給付であるから、従来の制度の存続への信頼を被保護者に対して既得のものとして基礎づけることはない」と主張するのは太田匡彦である[55]。「当然には（法56条の：加藤注）適用が排除されない」とする点および『被保護者の権利及び義務』と題した章の冒頭に56条が規定されていることを重視する点で菊池の主張も説

---

(51)　岩村正彦『社会保障法Ⅰ』（弘文堂、2001年）36頁、西村健一郎『社会保障法』（有斐閣、2003年）40頁。

(52)　堀勝洋『社会保障法総論（第2版）』（東大出版会、2004年）147頁、菊池馨実『社会保障法』（有斐閣、2014年）59頁。

(53)　菊池馨実・判時2111号148頁以下〔判評629号2頁〕

(54)　片桐由喜・判時2163号150頁。

(55)　太田匡彦・ジュリ1420号53頁以下。

得力あるものと評価することができるが、結論的には、生活保護給付は、法8条および9条に基づき支給される非継続的給付であり、私見は法56条の適用については消極的である。したがって、問題の核心は保護基準改定における裁量の逸脱濫用の存否ということになる。

（3）判断過程統制論

ここまで（1）、（2）で論じてきた1項2項分離論、生存権の自由権的効果あるいは制度後退禁止原則が憲法学における裁量統制論の帰結だとすれば、ここで検討する判断過程統制論は行政裁量に関する手法を立法裁量に応用したものといえる[56]。ここで判断過程統制とは、裁量権行使の結果よりも、裁量権行使の過程、方法の審査に重点を置き、裁量行使に関する適正行使義務というものを措定し、行政府ないし立法府にこの義務違反があるかどうかを吟味しようとするものである。

① 裁 判 例

老齢加算東京訴訟最判（最判平28・2・28民集66巻3号1240頁）は、老齢加算の廃止を内容とする保護基準の改定に関する厚生労働大臣の判断について、「最低限度の生活の具体化に係る判断の過程及び手続における過誤、欠落の有無等の観点からみて裁量権の範囲の逸脱又はその濫用があると認められる場合」には、当該判断は生活保護法3条、8条2項の規定に違反し、違法となると述べた。生活保護法のおける保護基準については、朝日訴訟において既に決定された保護基準そのものの合憲性・適法性が争われていたが、本件をはじめとする老齢加算訴訟は、保護基準の不利益改定が争われた事例である。周知のように、朝日訴訟最判は行政裁量に関する見解を表明していたが、傍論に過ぎないとの評価も可能であること、一連の老齢加算訴訟において、高裁レベルでの判断が分かれていたことから（東京高判平22・5・27民集66巻3号1685頁、福岡高判平22・6・14民集66巻6号2505頁）、そこで判断過程統制の手法が用いられた意義は大きい[57]。

判断過程統制という手法は、日光太郎杉事件東京高裁判決がリーディング

---

(56)　川神裕「裁量処分と司法審査」判時1932号（2006年）11頁、山本隆司「日本における裁量論の変容」判時1933号11頁、村上裕章「判断過程審査の現状と課題」法時85巻2号（2013年）10頁など参照。

(57)　判断過程統制論を採用するものとして、最判平24.4.2民集66/6/2367、広島地判平20.12.25LEX/DB：25440461も参照。

Ⅲ　裁量統制論の系譜 —— 朝日訴訟、堀木訴訟および老齢加算東京訴訟最判

ケースとされ[58]、伊方原発訴訟最判[59]など行政裁量に関する事案を中心に裁判例が蓄積されてきた。日光太郎杉事件において東京高裁は、建設大臣の土地収用に係る要件の存否に関する判断をするにあたり、「本来最も重視すべき諸要素、諸価値を不当、安易に軽視し、その結果当然尽すべき考慮を尽さず、または本来考慮に容れるべきでない事項を考慮に容れもしくは本来過大に評価すべきでない事項を過重に評価する」場合には、大臣の判断は「とりもなおさず裁量判断の方法ないしその過程に誤りがあるものとして、違法となるものと解するのが相当である」とした。その後、平成13年7月参議院選挙無効請求事件に関する最高裁判決の補足意見において、立法裁量に関する判断過程統制が論じられた[60]。この意味で、行政立法の事案である老齢加算東京訴訟最判が、判断過程統制手法に言及したことは、朝日訴訟が定立した広範な裁量権の機械的・盲目的な援用から脱し、個別事案を丁寧に検証し、当該事案にとって妥当な解決を図ろうとするものと評価することができる[61]。

　なお、社会保障分野における行政立法について、委任の趣旨との関係で、児童扶養手当の施行令を違法とした事案も存在する。父から認知を受けたことにより児童扶養手当の受給資格を喪失したとする処分を争った最判平14・1・31民集56巻1号246頁である。そこでは、児童扶養手当の支給対象児童に関する規定の委任の範囲について、その文言はもとより、法の趣旨や目的、さらには、同項が一定の類型の児童を支給対象児童として掲げた趣旨や支給対象児童とされた者との均衡等をも考慮して解釈すべきであるとされた。

② 学　説

　最低限度の生活水準に関する算定方式の採用に係る根拠ないし観点、その他

---

(58)　東京高判昭48.7.13判時710号23頁。

(59)　最判平4.10.29民集46巻7号1174頁。

(60)　立法裁量に関する判断過程統制論が論じられたのは、平成13年7月参議院選挙無効請求事件（最大判平16・1・14民集58巻1号56頁）における補足意見2が初めてであるといわれる（裁判官亀山継夫、同横尾和子、同藤田宙靖、同甲斐中辰夫）。そこではやや長い引用となるが、「結論に至るまでの裁量権行使の態様が、果たして適正なものであったかどうか、…当然考慮に入れるべき事項を考慮に入れず、又は考慮すべきでない事項を考慮し、又はさほど重視すべきではない事項に過大の比重を置いた判断がなされてはいないか、といった問題は、立法府が憲法によって課せられた裁量権行使の義務を適切に果たしているか否かを問うものとして、法的問題の領域に属し、司法的判断になじむ事項として、違憲審査の対象となり得るし、また、なされるべきものである。」という。

(61)　片桐由喜・判時2163号151頁。

の考慮事項も、司法審査の対象となるとして、早い時期から判断過程統制に言及していたのは前田雅子である。前田は、保護基準設定にかかる判断過程の透明化および設定手続の適正化のみならず、国民ないし住民の生計実態を基準額算定のなかに取り込むことが義務づけられると論じている[62]。

　先に言及した老齢加算東京訴訟最判は、保護基準の改定につき、〔1〕最低限度の生活の具体化に係る判断の過程及び手続における過誤、欠落の有無等の観点、あるいは〔2〕老齢加算の廃止に際し激変緩和等の措置を採るか否かについての方針及びこれを採る場合において現に選択した措置が相当であるとした同大臣の判断に、被保護者の期待的利益や生活への影響等の観点、からみて裁量権の範囲の逸脱又はその濫用があると認められる場合には、当該改定は違法となるとした。ここから、本件最判について、豊島明子は老齢加算廃止に係る要件判断と、その際の激変緩和措置等の採用に係る手段選択のふたつの次元で、裁量権の存在を認めたとする[63]。

　要件判断の場面では、「判断の過程及び手続における過誤、欠落の有無等」の観点から審査することを明言しており、その文言からすると、ここでは判断過程合理性審査の手法が用いられている[64][65]。しかし、本件最判は判断過程合理性審査の手法を用いたものの、その審査密度は、朝日訴訟最判・堀木訴訟最判と比較してもさほど高められなかったと評価されている[66][67]。理由は三点である。第1に大臣の裁量権の性質が「専門技術的かつ政策的裁量」とされたこと、第2に「生活保護制度のあり方に関する専門委員会」には法律上の根

---

(62)　前田雅子「生存権の実現にかかわる行政裁量の統制」社会問題研究46巻2号（1997年）7頁。

(63)　豊島明子「老齢加算訴訟 ── 生存権の具体的実現に係る裁量統制の課題」公法研究77/130以下（2015年）。ただし豊島は、手段選択の場面では、判断過程統制ではなく「裁量判断の結果」に着目した判断とする。

(64)　前田・前掲注(64)。

(65)　判断過程審査については、判断過程の合理性ないし過誤・欠落の審査を行う判断過程合理性審査と、考慮要素に着目した考慮要素審査があり、さらに形式的な考慮要素の審査を行うものと、それぞれの考慮要素について「重み付け」を行ないその評価が適切か否かを審査する実質的考慮要素審査とに分かれる。これにつき、村上裕章「判断過程審査の現状と課題」法時85巻2号（2013年）10頁参照。

(66)　豊島・前掲注(63)「裁量統制の課題」133頁。

(67)　判断過程統制手法の一般的・拡大的私用がこの手法の意義を低下させる恐れについて橋本博之『行政判例と仕組み解釈』（弘文堂、2009年）175頁。

Ⅲ　裁量統制論の系譜 —— 朝日訴訟、堀木訴訟および老齢加算東京訴訟最判

拠規定が存在せず、保護基準定立に係る大臣の判断過程についても手続上の規定が欠如していること[68]、第3に「手続の過誤・欠落」をも審査対象としたことである。

　この第2に関しては、最低生活水準を一般国民の生活水準との関連で相対的に捉える原稿の水準均衡方式にあっても、低所得層の消費支出額と最低限度の生活需要との看過しがたい乖離があり得ることから、保護基準設定に係る裁量審査では、その判断過程において生活実態ないし需要がどのように考慮されたかが問われるべきであるとされる[69]。このことは、「健康で文化的な最低限度の生活」の具体化、すなわち保護基準の設定・改定にあたってまず優先的に考慮・考察すべきは「その時々における経済的・社会的条件、一般的な状況等」ではなく、「要保護者の年齢別、性別、世帯構成別、所在地域別その他保護の種類に応じて必要な事情」（法8条2項）に係る要素・状況であるべきではないかという主張に通ずるものといえる[70]。

③ 保護基準法定化論

　生活保護基準のあり方に関連して、判断過程統制論の延長線上に位置づけられるのが、保護基準法定化の議論である。

　早い時期に、保護基準法定化を提唱したのは前田雅子である。前田は、生活保護がまさに憲法25条1項にいう「健康で文化的な最低限度の生活」を具体化するものであり、生活保護基準がそれ以外の社会保障や他の法制度においても基準たりうるものであることを考慮すれば、その決定に関する基本的事項すなわち義務的考慮事項のほか、考慮しうる事項や基準額算定の基本的な方法などは法律で定めるべきであるとする[71]。

　その後、老齢加算の廃止に触発されて、社会保障法研究者が法定化を主張している。阿部和光は、保護基準は生活保護制度の「要（カナメ）」であり、保護の要否・保護の程度を左右するばかりでなく、社会保障制度全体の給付水準

---

(68)　専門委員会の関与について、専門委員会が根拠とした資料が恣意的で、客観性に乏しい諸点は見いだせず、これをもとに老齢加算の廃止を決めた大臣の判断を不当とはいえないとする見解もある（片桐由喜・判時2163号152頁）。

(69)　前田雅子・ジュリ1453号40頁。

(70)　新田秀樹・季刊社会保障研究48巻3号355頁。

(71)　前田・前掲注(69)、同「生存権の実現にかかわる行政裁量の統制」社会問題研究46巻2号（1997年）7頁。

の規定としての機能を果たしているとの認識に立ち、保護基準の決定を厚生労働大臣の自由裁量に委ねているのは「公正でもないし妥当でもない」。法治主義原則を実質的に保障するには、立法府が少なくとも保護基準の基本的部分（指標）を定め、最低生活水準の決定は、行政的に中立の第三者機関と国民諸階層の代表の参加を保障するシステムの下で行うのが望ましいと主張する[72]。菊池馨実は、生活保護法の中核的規律事項であるはずの保護基準（最低生活の基準）の主要部分（一般基準）は、別表などの形で法律事項とすべきであるし、健康で文化的な最低限度の生活水準が広範な立法および行政裁量に委ねられるとしても、制度論として、法律事項とすることにより保護の具体的水準に係る民主的基盤の確保を図ることが重要であるという[73]。木下秀雄も、保護基準設定において検討の対象となった各種データや議論過程の公開、基準設定の根拠付けの明示、独自調査の実施および当事者の参加が必要であるとともに、制度的には保護基準設定の法形式として、厚生労働大臣告示ではなく法律に規定すべきであるという[74]。

Ⅳ　下級審裁判例の意義 ── 保険医療機関の指定に関する事例を中心に

Ⅲでは、裁量統制論として専ら最高裁判例のもたらす意義を検討の対象とした。しかし、このことは朝日訴訟最判、堀木訴訟最判など最高裁判例だけが、社会保障法学にとって重要な裁判例であることを意味しない。朝日訴訟も堀木訴訟もその出発点は地方裁判所の判決を出発点としており、新たな法的問題はまず下級審で取り扱われるので、その裁判例は実務上も理論上も重要な役割を果たす。ある意味、下級審における紛争事例こそは、社会保障法学が探求すべき論点の宝庫ということができるのであって、下級審裁判例に関する議論の蓄積が社会保障法学の大きな任務となる。これに加えて、社会保障を構成する個別制度においては、不服申立前置主義を採用していることが多い。このため、不服申立に関する裁決例もまた、社会保障の制度運用のあり方を示す鏡ともいうべき存在である[75]。

---

(72)　阿部和光『生活保護の法的課題』（成文堂、2012 年）257 頁。

(73)　菊池馨実『社会保障法制の将来構想』（有斐閣、2010 年）188-189 頁。

(74)　木下秀雄「最低生活保障と生活保護基準」日本社会保障法学会編『新・講座社会保障法 3 ナショナルミニマムの再構築』（法律文化社、2012 年）153-154 頁。

Ⅳ　下級審裁判例の意義 — 保険医療機関の指定に関する事例を中心に

　以下では、Ⅱ 2(3)と重複するものの、下級審裁判例が社会保障制度あるい
は社会保障法学に一定の影響を与えた具体例として、まずいくつかの事例を紹
介する。次に、保険医療機関の指定に関連して、複数の紛争類型における裁判
例の蓄積が学説の展開を促した事例を考察したい。

1　下級審裁判例の意義

　(1)　重要な論点について、裁判例の蓄積をみることなく、違憲なり違法と判
断され、しかも請求が認容される事例がある。

　労働災害に起因する著しい外貌醜状障害について、女性を 7 級、男性を 12
級と定める障害等級が争われた京都地判平 22・5・27 判時 2093 号 72 頁は、著
しい外貌醜状についてだけ、男女の性別に大きな差を設けていることは不合理
であるとして、憲法 14 条違反を認め、障害等級 11 級に該当するとした障害補
償給付決定処分を取り消した。このように、本件は原告の請求を認め確定した。

　同じく遺族補償年金に関する性別差別の事案がある。大阪地判平 25.11.25
判時 2216/122 は、遺族補償年金の第 1 順位の受給権者である配偶者につき、
夫についてのみ 60 歳以上との年齢要件を定める地方公務員災害補償法は憲法
14 条に違反する不合理な差別的取り扱いであるとしてその違憲無効を争った
事案である。大阪地裁は、共働き世帯が一般的な世帯モデルとなっている今日
では、「配偶者の性別において受給権の有無を分けるような差別的取り扱いは
もはや立法目的との間に合理的関連性を有しない」として、遺族補償年金の不
支給処分を取り消した。このように、この事件では 1 審判決は原告の請求を認
容したが、控訴審（大阪高判平 27.6.19 判時 2280/21）は、遺族補償年金が遺族
である妻または夫に対して「遺族補償年金を残すこと（受給させること）」を法
的利益として保障するものではないことなどを理由に原判決を取消し、最高裁
（最判平 29・3・21 裁時 1672/23LEX/DB：25448538）も原告・上告人の上告を棄却
した[76]。この事件は遺族補償年金に関する事案であるが、遺族厚生年金の場
合にも同じような結論となるのか注目される。

---

(75)　筋違いであることを承知であえて述べるが、社会保険審査会や労働保険審査会など各
　　　種審査会の裁決についてのより積極的な情報公開を関係機関にお願いしたい。最高裁の
　　　裁判情報も十分とはいえないが、社会保険関係の審査会裁決はアクセスができないと
　　　いっても過言ではない。これでは説明責任の放棄である。

(76)　なお、高裁判決に関する評釈として、尾形健・社会保障法研究 6 号 169 頁、常森裕
　　　介・社会保障法研究 6 号 191 頁などがある。

資産調査の結果、一定額の貯金の保有が判明したため生活保護の変更決定処分が行われたことに対し、病弱なため将来の入院に備えて付添看護費用を貯金していたものであり、保護変更決定処分は違法であると主張したものに秋田地判平 5・4・23 行集 44 巻 4・5 号 325 頁がある。生活保護の変更決定処分の取消を求めた事案に被保護世帯における預貯金の保有については中嶋訴訟が著名であるが、本件はその先駆けとなる事案であり、生活保護の専門家にとっては古くから認識されていたのかもしれないが、筆者にとっては衝撃的な事件であった。秋田地裁は、生活保護法 27 条 1 項に基づく指導指示に従うべき義務は、被保護者が負う具体的な法的義務であり、原告の法律上の地位に直接に影響を及ぼす行政処分であるとして保護変更処分を取り消し、本件は地裁レベルで確定した。

(2) 古くから存在する紛争類型であるが、社会保険における被保険者資格の届出義務に関する事案も、下級審裁判例が蓄積されることによって、法解釈が形成されてきたということができる。

被保険者資格の取得・喪失に関する事業主の届出義務につき、裁判例は当初、公法上の義務に過ぎないとしていた[77]。しかしその後、届出義務違反行為は労働者との関係でも、違法との評価を免れない（京都市役所事件京都地判平 11・9・30 判時 1715 号 51 頁）とか、労働契約の付随義務として、信義則上、老齢厚生年金等を受給できるよう配慮すべき義務を負うとする裁判例が登場する（大真実業事件大阪地判平 18・1・26 労判 912 号 51 頁など）。こうして、届出義務の懈怠については、事業主に民事上の責任が発生することは定着したといえる。しかし、裁判例が蓄積される過程で、ふたつの問題が明らかになった。ひとつは、非正社員の被保険者資格についてである。アルバイトや契約社員など非正社員が、健保・厚年の被保険者資格を取得しうるのかという問題については、行政実務ではいわゆる昭和 55 年内翰に基づく運用が行われていることが明らかになった。しかし、この内翰自体、十分周知されているものでもなく、法的拘束力をもつものでもないため、制度運用としては大きな問題を有するものであった。健保・厚年の被保険者資格の非正社員への拡大については賛否両論があり、一定の企業規模であることを条件に拡大が図られた（健保 3 条 9 項、厚年 12 条 5 項）。いまひとつは、義務懈怠の場合であっても損害の発生が未確

---

(77)　エコープランニング事件大阪地判平 11.7.13 賃社 1264/47。

定であるとする事例が散見されることである（東京地判昭 60・9・26 労判 465 号
59 頁、大真実業事件大阪地判平 18・1・26 労判 912 号 51 頁など）。訴訟を提起した
時点で老齢厚生年金の支給要件を満たしていない場合には、いくつかの擬制の
もとで損害額を算定しなければならない。65 歳という老齢厚生年金の支給開
始年齢まで生存することや、支給開始年齢に到達した時点で、25 年以上とい
う保険料納付要件を満たしていることが求められる。この結果、原告が 56 歳
であった大真実業事件のように、支給要件を満たす蓋然性が低いと判断されれ
ば、損害の発生は未確定ということになり、損害賠償請求が認められないこと
になる。この原告にとっては、被保険者期間の復活と正確な標準報酬額の把握
こそが最終的な問題解決であり、そのためには何らかの立法的解決が求められ
ることになる[78][79]。

2　保険医療機関の指定をめぐる裁判例

　社会保障制度に関する裁判例の蓄積が他の制度と比較して相対的に少ないと
はいえ、ある分野では、一定数の裁判例が蓄積する例がみられる。保険医療機
関の指定に関する裁判例がその典型例である[80]。保険医療機関の指定をめぐっ
ては、二つの紛争類型が存在する。ひとつは、診療報酬の減点査定に関連して
保険医療機関の指定について、その法的性格が問題となる類型である。いまひ
とつは、保険医療機関の指定取消をめぐる行政処分の取消請求事案である。社
会保障法学としては、保険医療機関の指定に関する法的性格に関する議論が先
行した後、指定取消処分の取消請求事案との整合性が議論されることとなっ
た。これに関連して、医療法における病院開設許可をめぐる紛争の検討を通じ
て、整合性を追求する議論がより一層深化することとなり、これら学説の影響
を受けたと思われる裁判例も登場している。以下では、以上の概観を裁判例と
学説に分節して、考察してゆきたい。

---

(78)　損害賠償の請求は、届出義務を懈怠した事業主に対する制裁という側面がある。この
　　ため、何らかの立法的解決を図ることは届出義務を懈怠した事業主に対する制裁を不問
　　に付すことにつながり、社会的公正に反するとの批判も十分予想される。

(79)　拙著『社会保険核論』（旬報社、2016 年）81 頁以下参照。

(80)　医療保険各法における紛争事案においても最高裁判例は存在する。減点査定の保険医
　　療機関に関する通知の行政処分性を否定する最判昭 53・4・4 判時 887 号 58 頁、最判昭
　　59・6・21 集民 142 号 225 頁はその典型である。

社会保障法の法源としての判例〔加藤智章〕

① **裁 判 例**

過剰診療という問題を明らかにした裁判例として、川合医院事件（大阪地判昭56.3.23判時998/11）がある。この事件は、昭和50年1月から9月までの9ヶ月間の診療報酬（患者約800人）1億6000万円の請求に対し、その4分の1に該当する4297万円が過剰診療であるとして、社会保険診療報酬支払基金がその支払を拒絶した。そこで、原告川合医院が支払基金を相手に、減点分の支払を求めたものである。大阪地裁は、保険医療機関の指定について、「国の機関としての厚生労働大臣が第三者である被保険者のために保険者に代わって法的約款（関連法規等）を契約内容として医療機関と締結する公法上の双務的付従的契約」であるとした。

他方、保険医療機関の取消をめぐっては、保険医療機関の指定取消により診療所の経営が破綻する恐れがあるとして、行訴法25条にいう「回復困難な損害」の該当性が争われたロイヤルクリニック新宿事件（東京高決昭54・7・31判時938号25頁）である。この事件は、執行停止決定に対する即時抗告として争われていることからも明らかなとおり、保険医療機関の指定取消処分が行政処分であることを前提としている。このように、保険医療機関の指定取消や保険医の登録取消をめぐる事案の多くは、行政処分の取消請求という形で行政事件訴訟によって処理されることとなる。

これら二つの紛争類型は、いわば健康保険法の土俵において、片や療養の給付に関する費用ないし診療報酬の帰趨をめぐる紛争であり、いまひとつは療養給付を担当する機関の資格に関する紛争であった。これに対して、病床過剰地域であることを理由に病院開設中止勧告をしたにもかかわらず、健康保険法に基づく保険医療機関の指定を申請した原告が、保険医療機関の指定拒否処分をした県知事を相手に、指定拒否処分の取消が争われることとなった。医療法における医療計画に基づく病床規制と健康保険法における保険医療機関の指定との関係が問題となったものである。これに関連して、保険者と保険医療機関の関係は、「療養の給付の委託を目的として、国の機関としての知事が、被保険者のために保険者に代わって保険医療機関との間に締結する公法上の双務的付従的契約とみるのが相当である」としたうえで、指定拒否は、「申請者の法律上の権利義務に直接影響を及ぼすことが明らかであり、その法的性質は、病院等の開設者の保険医療機関の指定を受ける権利ないし法的地位の侵害として、行政処分に当たる」とした（鹿児島地判平11・6・14訟月47巻7号1824頁）。

② 学　説

　減点査定に関する比較的早い時期の研究である拙稿「医療保険法における減点査定の手続きと判例法理」[81]では、保険医療機関の指定に関する契約構成に力点を置いたため、行政処分構成との整合性については特に意識もせず、言及するところもなかった。この点、保険医療機関の指定をめぐる契約構成と処分構成との整合性を意識して疑問を呈したのは、田村和之である[82]。田村は、指定の法的性格を契約と捉える一方、指定の取消を行政処分（大阪高決昭57.2.23判タ470/187等）と捉える理解は、「いかにも不自然である」と批判し、阿部泰隆を引用して、「指定は行政処分であり、これにより契約関係が形成されるという理解が妥当である」（『社会保障判例百選（第4版）』51頁）と主張した[83]。ここで田村が引用している阿部泰隆は、先に紹介した地域医療計画に基づく保険医療機関指定拒否に関する鹿児島地判平11年6月14日判決の評釈（判時1725/180以下）において、やや長くなるが、以下のように述べる。「国家的な保険制度がなければ、保険者と医療機関との間の法律関係については、個々の保険者と個々の保険医療機関との間で個々に契約を締結することによってはじめて成立する。これはまさに契約関係である。しかし、わが国では、保険者や保険医療機関にこうした自由を認めず、知事が保険医療機関を一括して指定し、個々の保険者に契約の相手方、契約内容を選択する自由を与えていない。指定があれば、被保険者に対する療養の給付に応じて保険者は保険医療機関に対して診療報酬を支払う義務が生ずる。この保険者と保険医療機関の関係を、判旨のように「公法上の双務的付従的契約」とみるかどうかはともかく、保険者と保険医療機関の意思いかんにかかわらずその間に健康保険法上の権利義務関係が一方的に形成される。したがって、「この指定は私人の権利義務を一方的・権力的に創設するから行政処分に該当するものである。指定の結果生ずる法律関係が契約関係であるとしても、指定自体は行政処分になるのである[84]。」」。また、中野妙子は「指定拒否処分が取り消された場合に、取消訴訟

---

(81)　山形大学紀要（社会科学）18巻1号（1988年）75、118頁。

(82)　田村以前に契約構成に批判的なものとして、脇田滋は、公法上の契約構成はきわめて附従性が強いこと、保険者と被保険者との間に基本的な保険関係が成立している以上、被保険者を「単なる第三者とすることには論理的に無理がある」と主張する（『社会保障判例百選（第2版）』59頁〔1991年〕）。

(83)　田村和之・『社会保障判例百選（第3版）』51頁、同（第4版）51頁。

の拘束力により行政庁は指定を強制されるはずであることとの整合性を考えると、指定を契約と構成するのは難しそうである」とし、さらに、健保平成10年改正により導入された病床の一部指定制度は「契約の枠組で理解することが困難である」ことからも、指定が行政処分と解するのが妥当であるとする[85]。

岩村正彦もまた、指定拒否や病床の全部または一部を制限した指定を処分と構成するのならば、「指定辞退も処分であると解する方が一貫しているし、指定の取り消しが処分と解されていることとも、より整合的である。指定によって、保険医療機関等は、様々な行政監督に服することになるが、それを契約によって根拠づけるのは疑問が大きい。……このように考えると、保険医療機関等の指定は処分であると解するのが合理的であろう。」という[86]。

以上のように、社会保障法の学説でも、行政処分構成を採用する学説が有力となってきている。しかし、行政契約の取消を処分とすることは必ずしも不合理ではないとする見解も散見される。濱西隆男は、処分と行政契約は相互排他的な関係に立つと理解されてきたことを前提としつつ、狭義の処分と行政契約との差異は相対化していることから、相互排他的な理解は行為の本質を見落とす恐れがあると主張する[87]。また、小早川光郎は、「行政主体と関係人とのあいだの契約によって一端設定された法律関係につき、行政行為による規律がなされるということは、決して背理ではない」、あるいは「特許にもとづく法律関係の成立の否認は行政行為たる特許の取消の手続によってしかなされえないものとすることは、立法または解釈上可能であると考えられる」とする[88]。

とすれば、従来の裁判例が指定の法的性質に言及したのは、診療報酬請求権の有無を検討する前提としてであって、そこでの主たる関心は、「指定行為そ

---

(84)　阿部は違うところで、「保険医療機関の指定により、保険者と保険医療機関の意思いかんにかかわらずその間に保険法上の契約関係が一方的に形成されるのであるから。これは契約ではなく行政処分に該当するものである。指定の結果生ずる法律関係が契約関係でも、指定自体は行政処分になる」と述べている（「地域医療計画に基づく医療機関の新規参入規制の違憲・違法性と救済方法」（自治研究76巻3号（2000年）9頁）。

(85)　中野妙子・ジュリ1199号（2001年）109頁。

(86)　岩村正彦・自治実務セミナー41巻6号（2003年）13頁以下。

(87)　濱西隆男「『行政契約』私論（上・下）」自治研究77巻1号64頁以下、77巻9号38頁以下参照。

(88)　小早川光郎「契約と行政行為」『岩波講座基本法学4（契約）』（岩波書店、1985年）115頁以下。

のものではなく、指定により保険者と保険医療機関の間に発生する法律関係にあった」とする稲森公嘉のように、事案の性質によって、契約構成を取るか処分構成を取るか、ありていにいえば、「指定の結果生ずる法律関係が契約関係でも、指定自体は行政処分になる」とする阿部説が妥当ということになる[89]。

③　新たな裁判例

以上のような裁判例と学説の展開は、新たな裁判例の登場を導いた。東京地判平 24・11・1 判時 2225 号 47 頁である。この事件は、保険薬局の指定申請に対し、厚生局長から指定拒否処分を受けたため、その取消を求めたものである。ここで、東京地裁は、この保険医療機関又は保険薬局の指定は、「健康保険の保険者において保険医療機関又は保険薬局との間で当該保険者が管掌する被保険者に対する療養の給付に係る契約を個別的に締結させるのに代えて、厚生労働大臣において保険医療機関又は保険薬局の指定をすることにより、当該申請に係る病院若しくは診療所又は薬局と全ての保険者との間に被保険者に対する療養の給付に係る契約関係を、健康保険法及びその関係法令等をいわば法定の約款として包括的に成立させ、併せて、その際に、当該申請に係る病院若しくは診療所又は薬局の保険医療機関又は保険薬局としての適格性を審査するものであると解することができる」とし、保険医療機関又は保険薬局の指定は、「厚生労働大臣が、病院若しくは診療所又は薬局の開設者の申請により、当該申請に係る病院若しくは診療所又は薬局と全ての健康保険の保険者との間に当該保険者が管掌する被保険者に対する療養の給付に係る契約関係を包括的に成立させる形成的な行政行為である」と述べるに至った。

V　判例研究を通した社会保障法学のあり方、問題点、将来の課題

本稿冒頭で述べたように、1977 年に『社会保障判例百選』が公刊されて 40 年が経過し、2016 年には『社会保障判例百選（第 5 版）』が出版された。この間、高度経済成長が終焉しデフレ経済からの脱却をめざすものの、少子高齢化に加えて総人口減少局面への移行もあり、経済基調は苦しい状況が続いている。

これら経済社会状況の変容に伴い、社会保障制度も大きな変貌を遂げた。

---

(89)　稲森公嘉「県知事による保険医療機関指定拒否処分の適法性」賃社 1307 号（2001 年）70 頁以下。

社会保障法の法源としての判例〔加藤智章〕

1985 年には女性の年金権を確立するための基礎年金改革が行われた。その後、急速な高齢化に対応するため 2000 年から介護保険制度が施行された。2006 年には後期高齢者医療制度が導入され、2007 年には年金記録の問題を契機に社会保険庁が解体され、日本年金機構、全国健康保険協会が設立された。さらに、生活保護制度における老齢加算が廃止されるなど、2010 年代に入ると社会保障給付の縮小局面に移行したともいえる状況に立ち至っている。

この間、日本社会保障法学会の会員数も大きく増加した。判例百選の初版では、執筆者の多くは労働法の専門家でもある方々であった。法科大学院が設立されて以降、研究者を志望する者が減少する傾向にあるものの、最近でははじめから社会保障法を専門とすることを意識して研究者となるものが増える一方、憲法や行政法に軸足を置きながら社会保障法の研究対象とする研究者も増加し、社会保障法研究の取り組みは多様化している。

社会保障法学を他の法学分野とは異なる独自の法学分野たり得ることを示したのは、荒木誠之である。その代表作「社会保障の法的構造 —— その法体系試論」[90]を出発点とする荒木理論の受容と批判の系譜がわが国の社会保障法学を形成してきたことに異論はないものと思われる[91]。だとするならば、社会保障における判例研究も、ある意味では荒木理論の検証という側面を持つことになる。

荒木は、社会保障法を定義するにあたり、社会保障法の基本的要素として以下の 3 点をあげる。①社会保障法は「生存権の原理が無媒介的に支配する法」である。②社会保障法における法関係の当事者は、生活主体としての国民と、全体社会の権力的組織体としての国家である。③社会保障法は、国民が生活主体としての側面において直面する生活脅威に対して生活保障を行う法である。

社会保障法学のありかたや問題点、さらには将来の課題を展望することは、"言うは易く、行うは難し" であり、筆者の能力をはるかに超えている。とはいえ、いつまでも逡巡はしていられないし、これ以上の引き延ばしは許されない。以下では、荒木理論におけるこれら 3 つの基本的要素に則して、生存権、

---

(90)　荒木誠之「社会保障の法的構造 —— その法体系試論」(1)(2・完)熊本法学 5 号（1965 年）1 頁以下、同 6 号 1 頁以下。

(91)　荒木誠之の業績については、稲森公嘉「社会保障法理論研究史の一里塚 —— 荒木構造論文再読」社会保障法研究創刊第 1 号（2011 年）13 頁以下およびそこに引用されている文献参照。

法主体論および生活保障をキーワードに、社会保障法学のあり方や将来の検討
課題について、自分なりの考え方を明らかにしたい。

1　生　存　権

　荒木は、社会保障法は「生存権の原理が無媒介的に支配する法」であると
し、生存権が直接的に法関係を基礎づけるとした。周知のように、社会保障制
度を支える法規範については生存権にとどまるものではなく、人間の尊厳に
ベースをおいた"自律基底的社会保障法論"も有力に主張されているところで
ある[92]。社会保障制度を支える法規範の探求は、社会保障制度の新たな課題
を掘り起こすと同時に、社会保障制度の範囲を確定する作業である。

　このような生存権以外の法規範の探求は、生存権に関する考察の重要性を弱
めるものではない。生存権が直接的に法関係を基礎づけるという命題は、社会
保障法学の存立根拠のひとつであり続けるからである。

　立法府の裁量権については、立法府の裁量権行使とはいえ一定の限界は存在
するという限定説と、いかなる政策・制度を採用決定し変更するかは立法府の
裁量に委ねられるという無限定説のどちらもありうる。私は限定説に立ちた
い。選挙権に関する言説であり、「選挙区、投票の方法その他両議院の議員の
選挙に関する事項は、法律でこれを定める」とする憲法47条を前提とするか
ら、一定の留保が必要であるが、以下の考え方は生存権にも妥当すると考える
からである。すなわち、「立法府に裁量権があるといっても、そこには、「何も
しない」という選択をする道はない。言葉を換えていうならば、ここでの立法
裁量権の行使については、憲法の趣旨に反して行使してはならないという消極
的制約が課せられているのみならず、憲法が裁量権を与えた趣旨に沿って適切
に行使されなければならないという義務もまた付随している」[93]。

　このような限定説の立場にとって、著しく合理性を欠き明らかに裁量の逸
脱・濫用と見ざるを得ないような立法が制定され得るのか、という問いを立て
れば明らかなように、堀木訴訟最判の考え方はあまりにも緩やかな裁量統制論
である[94]。裁量の幅を狭めて、より踏み込んだ司法審査の可能性を広げ、適
切妥当な裁量権行使を担保することが社会保障法学の使命であるとすれば、堀

---

(92)　菊池馨実『社会保障法』（有斐閣、2014年）105頁以下、菊池馨実『社会保障法制の
　　将来構想』（有斐閣、2010年）6頁以下参照。
(93)　平成13年7月参議院選挙無効請求事件（最大判平16.1.14民集58巻1号56頁）補
　　足意見2。

木訴訟最判に象徴される立法裁量論は乗り越えなければならない障害である。かくして、堀木訴訟最判に象徴される立法裁量論という堅牢な壁にどのように穴を穿つかについて、判断過程統制論は一つの前進であることは間違いない。

さらに、「健康で文化的な最低限度の生活水準」を抽象的相対的な概念と理解するか、具体的絶対的な概念として捉えるかについて、判例と学説には大きな対立が存在していると思われる。いうまでもなく、判例は「健康で文化的な最低限度の生活水準」を抽象的相対的な概念とする。これに対して、学説においてはなお、これを具体的絶対的なものと理解すべきではないかとの見解が表明されている。たとえば高橋和之は、「何が最低限度の生活水準であるかは、特定の時代の特定の社会においては、ある程度客観的に決定できるので、それを下回る厚生大臣の基準設定は、違憲・違法となる場合があると解すべきであ」るとする[95]。このような「健康で文化的な最低限度の生活水準」の認識の違いは、判例法理の説得力を弱めるものであり、この意味からも裁量統制論の探求は、社会保障法学にとって今後も大きな検討課題である。

一方、立法裁量論に対する検討はややもすれば憲法25条1項の考察に大きなエネルギーを費やしてきた。しかし、荒木のいう生存権は、最低生活水準を越えたより高い生活水準の確保という生活権（広義の生存権）をも含めるものであった。先に簡単に概観したように、現在の社会保障制度は、荒木理論が構築された時代からみても大きな変容を遂げている。障害者総合自立支援法などの自立支援法制や支援児童や高齢者を対象とする各種の虐待防止法などは、これまでには見られなかったタイプの法制度である。これらの制度はそもそも社会保障制度に分類されるのか、分類されるとすればそれはいかなる理由からかなど、社会保障制度の守備範囲を確定するためにも、また新たな体系論あるいは理論的全体像を示すためにも、25条2項にいう社会福祉、社会保障、公衆衛生とはそれぞれ何を指すのか、そしていかなる関係に立つのかなどを検討することが必要不可欠である[96]。

（94）　社会保障法学の立場から立法裁量論の見直しを検討するものとして、清水泰幸「司法審査と立法裁量に関する予備的考察」福井大学教育地域科学部紀要Ⅲ（社会科学）（2009年）65頁以下がある。

（95）　たとえば、芦部信喜・高橋和之補訂『憲法（第6版）』（岩波書店、2015年）270頁（第4版255頁、第5版261頁）。このほか、大須賀明、芦部信喜など。

2　法 主 体 論

　荒木理論では、社会保障法における法関係の当事者は、生活主体としての国民と全体社会の権力的組織体としての国家である。生活主体としての国民は、生活を営み維持している主体としての側面において、社会保障法上の法主体となり、国家は生活主体の生存権・生活権の名宛人としての社会そのものの代表者たる地位、すわなち社会の負うべき生活保障義務の履行主体として、法関係の当事者となる[97]。

　ここでまず問題としたいのは、国家の位置づけである。判例研究とは直接関連するものではないかもしれない。しかし、先に簡単に言及したように、社会保険庁を解体して、国民年金・厚生年金については日本年金機構、健康保険については全国健康保険協会を設立したことは、生活保障義務を負う国家責任の放棄を意味しないのか、という問いである。社会保障法の中心的なテーマである国家のあり方、特にその変容について、これを正面から論じる論考は多くはない。

　先駆的には、倉田聡が「国家対国民」という図式を批判した[98]。次に、全国健康保険協会への移行を生存権に関する立法裁量との関係で論じたものが岩村正彦である[99]。岩村は、政府管掌健康保険から全国健康保険協会管掌健康保険への移行について、憲法 25 条との抵触は発生しないという立場に立ち、さらに進めて全国健康保険協会を都道府県単位の法人に分割する、あるいは民営化することは憲法 25 条の問題を発生させるかを論じている。そこでは、憲法 25 条 2 項にいう「社会福祉・社会保障」における事業主体について、立法府の裁量権にも限界があるという立場と、憲法 25 条 2 項は何らかの事業主体類型を前提としておらず事業主体をどうするかは完全に立法府の裁量権に委ねられているという立場がありえるが、どちらの立場に立つにせよ、憲法 25 条にいう「社会福祉・社会保障」には規範としての意義のある一定の「型」なり

---

(96)　25 条 2 項も含めた検討の必要性を提起するものに、岩村正彦「社会保障改革と憲法 25 条」江頭＝碓井編・前掲注(3)『法の再構築 I』がある。

(97)　社会保障の担い手は多様であり、これら法主体の社会保障法における役割や法的位置づけなどを検討するものとして、社会保障法研究第 3 号、第 4 号の特集（いずれも 2014 年）参照。

(98)　倉田聡「社会連帯の在処とその規範的意義」民商法雑誌 127 巻 4=5 号（2013 年）613 頁。

(99)　岩村正彦「社会保障改革と憲法 25 条」江頭＝碓井編・前掲注(3)『法の再構築 I』所収。

「像」があるのか、という点につき、茫漠とした「生存権の理念」ではなく、法解釈論としての検討が必要であるという（114頁）。

介護保険領域や社会福祉領域では、事業主体の民営化が現実に行われているし、後期高齢者医療制度における広域連合と市町村との関係、あるいは国民健康保険制度おける都道府県と市町村との関係についても、具体的な制度運用の現実を理論的にどのように整理するかが求められている。

第2に、もう一方の主体である国民についてである。ここでも、荒木は生活主体としての国民という抽象的なとらえ方をする。しかし、現実には、健康保険法と国民健康保険法の被保険者、国民年金法における1号被保険者と2号被保険者非正社員の取り扱いをめぐり、法改正が行われたところである。しかし、改正法によってもなお、同じ業種で同じような働き方をしていても、就労先事業所の従業員規模により、適用される法律あるいは被保険者資格が異なることになる。このような被保険者資格をめぐる問題は、今後も裁判例で争われることが予想される。最終的には立法による解決を図るべきで問題であるが、労働法とも密接に関わる難問であり、その解決には諸外国の事例も含めた多角的な検討が求められると思われる。

3 生活保障のための保障給付

荒木は、社会保障の法的核心は保障給付にあるとして、生活保障を必要とする原因に応じた3つの給付から構成される体系論を提唱した[100]。社会保障給付の対象となる事故として、労働不能による生活危険、生活危険を超えた現実の生活不能、肉体的精神的機能障害に起因する生活上の障害をあげる。これらの事故に対応する保障給付は、それぞれ定型的所得保障給付、絶対的所得保障給付および施設的給付である。以下では、長短はあるものの3つに分節して論じたい。

まずひとつは、社会保障の目的としての生活保障である。荒木以降、社会保障法の目的は生活保障にあるとするのが多数説である。たしかに、社会保障制度がわれわれの日常生活に密接に関連するシステムであることは否定できない。しかし、社会保障の目的は生活保障にある、というときの"生活保障"と

---

(100) 非正社員の増加などを背景に、労働法学と社会保障法学の連携の必要性を強調し、新たな生活保障法を提唱するものに、島田陽一「これからの生活保障と労働法学の課題」『労働法と現代法の理論 西谷敏先生古希記念論集（上）』（日本評論社、2013年）55頁以下。

いう用語は耳あたりはいいがその意味内容は曖昧である[101]。むしろ、保障給付の類型を見直し、それらを統合した目的概念を設定すべきではないかと考える。

第2に、保障給付の分類についてである。荒木は、肉体的精神的機能障害に起因する生活上の障害に対する生活障害給付として、医療保障給付と社会福祉サービスとを同列に扱っている。これに対しては、共通する側面は認められるものの、具体的な給付を実現する「制度的仕組みが大きく異なって」おり、「医療保障と社会福祉サービスを区別する必要が高い」[102]、あるいはそもそも生活障害の概念が「医療と福祉サービスを含む権利義務関係の本質を規定するに足る基礎概念といえるかどうか、疑問がないわけではない」とされる[103]。このような批判とも密接に関連するが、具体的な給付を実現するための当事者関係や、給付を具体化するための行政処分の関与の仕方など、他の法学領域との連携・協働による給付構造に関する検討の進化・深化が求められる[104]。生存権に関する議論からも明らかなように、憲法学や行政法学とはこれまでも相互に影響を与え合ってきたように思われるが、それに比して民法学など私法の領域との連携は十分ではないように思われる。今後の課題であろう。

第3に、荒木理論では、給付のみに着目して体系化した結果、保険料の支払・納付義務や費用負担など財政的な分析が十分ではなかった。

社会保障財政を正面から取り上げる裁判例は多くはないが、旭川国保最判（旭川国保最大判平18・3・1民集60巻2号587頁）は、租税と保険料について次のように定義している。すなわち、憲法84条にいう租税とは「国又は地方公共団体が、課税権に基づき、その経費に充てるための資金を調達する目的をもって、特別の給付に対する反対給付としてでなく、一定の要件に該当するすべての者に対して課する金銭給付」であると定義する。これに対して、国民健康保険の保険料は「被保険者において保険給付を受け得ることに対する反対給

---

(101) いわゆる労災補償の社会保障化論争に関連して、「生活保障」を批判的に言及するものとして、山口浩一郎「労災保険と労働基準法」同『労災補償の諸問題（増補版）』（信山社、2008年）参照。

(102) 西村健一郎『社会保障法』（有斐閣、2003年）23-24頁。

(103) 河野正輝「社会保障法の目的理念と法体系」日本社会保障法学会編『講座社会保障法第1巻 21世紀の社会保障法』（法律文化社、2001年）22頁。

(104) 社会保障制度の運用に関して、行政法学からの重要な示唆を与えてくれるものとして、太田匡彦「権利・決定・対価」法協116巻2号（1999年）1頁以下がある。

付として徴収される」金銭給付であるとし、これに加えて「国民健康保険事業
に要する経費の約3分の2は公的資金によって賄われているが、これによっ
て、保険料と保険給付を受け得る地位とのけん連性が断ち切られるものではな
い」と述べている。財源構成に占める国庫負担金など公的資金の割合の高いこ
とが、わが国の社会保険制度の特徴のひとつである。旭川国保最判のけん連性
に関する説示は、このことを強く意識している点で注目される。

　子ども保険の発想に端的に表れているように、わが国の場合、本来であれば
租税で対応すべき政策課題であっても、その財源を保険料で賄ってきた。当該
政策を実現するための財源を租税に求めるべきか、保険証に依拠すべきかを議
論することなく、国民が敏感に反応する租税負担の引上げを回避するために、
保険料あるいは保険料類似の拠出金が財源として徴収されてきたと言い換える
こともできる。財政調整あるいは保険料の租税化といわれる手法である[105]。

　先に述べたように社会保障財政に関する裁判例は多くない。しかし、このこ
とは社会保障財政の重要性を否定するものではない。むしろ、消費税率を引き
上げてもなお、社会保障給付の伸びに対応しかねることが予想される状況にお
いて、財源の合理的な配分とともに、新たな財源の設定確保が求められること
になる。だとすれば、これらの問題に関する紛争は増えることはあってもなく
なりはしない。こうして社会保障財政に関する政策の選定は、国の財政事情を
含めた多方面にわたる複雑多様な高度の専門技術的な考慮に基づいて判断され
る。しかし、旭川国保最判が明らかにするように、租税と社会保険料など租税
以外の公課は、租税とその性質が共通する点や異なる点があり、当該公課の性
質、賦課徴収の目的、その強制の度合い等などを総合考慮して、賦課要件がそ
の程度明確に定められるべきかなどその規律のあり方が判断されることにな
る。

　特に、租税と社会保険料とでは当事者関係の構図が大きく異なる場合があ
る。租税の場合には、中央政府と国民ないし地方政府と地方住民、社会保険に
おいても保険者と被保険者という図式で整理される。しかし、財政調整や保険
料の租税化という手法では、中央政府、個別保険者およびその被保険者という

---

(105)　新田秀樹「財政調整の根拠と法的性格」社会保障法研究2号（2013年）63頁以下、
　　　江口隆裕「社会保険料と租税に関する考察」『変貌する世界と日本の年金』（法律文化
　　　社、2008年）170頁以下。

3当事者のなかで、賦課徴収に関する利害得失が発生する。このような当事者関係を含めたうえでの社会保険料の性質、賦課徴収システムなどが今後の検討課題ということになる。

4　結びにかえて[106]

本稿冒頭にも述べたように、総合法学としての性格をもつ社会保障法学は、判例研究においても他の法学分野との連携協働が必要である。この連携協働を前提に、いかに社会保障法学としての独自性を打ち出すかが、社会保障法を研究するエネルギーの源泉であり、悩みの種でもある。また、制度論から一歩二歩前進して、法解釈論をも射程にした比較法研究も社会保障法を深化させるうえでは不可欠な課題であろう。さらに、生活保障に対する否定的な評価と裏腹の言説になるが、社会保障制度が国民の生活と密接に結びついているため、解釈論による事案の解決だけではすまされない側面が強い。このため、健保厚年における被保険者の範囲、事業主の届出義務懈怠に関する被保険者期間や保険料滞納の回復措置、生活保護基準の法定化など、解釈論の掘り下げに加えて、解釈論による限界を見極めて、法解釈ではいかんともしがたい問題の発見とより迅速かつ有効な問題解決に結びつく立法論の提言もまた、社会保障法学の重要な使命である。

〔付記〕本稿脱稿後、石畝剛士「医療保険の契約構造」法政理論50巻2号（2018年2月）に接することができた。タイトルからもわかるように保険医療機関・保険医の存在を意識した診療契約論を展開しており注目される。

---

(106)　本稿の執筆にあたり、北海道大学社会保障法研究会、熊本大学社会法研究会において報告の機会を得て、多くの先生方から貴重なご意見を頂きました。ありがとうございました。

投 稿 論 文

子育て支援における保育所保育と保育実施義務の意義

常 森 裕 介

 I はじめに —— 問題の所在
 II 子ども・子育て支援法及び児童福祉法の
  構造と保育実施義務
 III 保育実施義務の立法論的検討
 IV 現行制度における保育実施義務の意義
 V むすびにかえて

子育て支援における保育所保育と保育実施義務の意義〔常森裕介〕

I　はじめに —— 問題の所在

　本稿は、子ども・子育て支援新制度（以下、現行制度）において、市町村がどのような責任を果たすべきか、特に施設型給付費の支給対象である保育所に着目して検討を行う。児童福祉法24条1項は、保育を必要とする子どもに対し、保育所で保育を実施しなければならない旨を定めている。同条は、解釈によっては、現行制度以前の権利義務関係を維持しているようにも読める。

　一方、子ども・子育て支援法が給付レベルで保育を統合していること、児童福祉法でも24条各項の文言が大きく改正されたことをふまえると、児童福祉法の解釈も多様に存在し得る。仮に、現行制度の創設によって、市町村と子ども及び保護者の間の権利義務関係に変化が生じたとすれば、子ども・子育て支援法及び児童福祉法を解釈、立法政策の両面から検討することで、変化の内容を明らかにしなければならないだろう。その際特に注目すべきは、子ども・子育て支援法では施設型給付費の対象であり、児童福祉法における保育実施義務の対象でもある、保育所である。

　現行制度において、保育所における保育（保育所保育）の実施はどのように位置づけられるのだろうか。児童福祉法24条1項が保育所保育についてのみ保育実施義務を課しているものと捉え、また子ども・子育て支援法附則6条が私立保育所を施設型給付費の支給対象から除外していることをふまえると、現行制度が多様な施設類型を給付対象とするなかで、保育所だけは例外的な位置を占めるとみることもできる。保育所は、施設数、需要量からみて、我が国の保育の基盤であり、多くの保護者が利用を希望する施設でもある。だからこそ、保育所保育の位置づけについて改めて考える必要がある。

　本稿は、二つの観点から考察をおこなう。まず、子ども・子育て支援法及び児童福祉法に基づく現行制度の体系について、筆者なりの見取り図を示し、保育所保育を位置づける。施設型給付費を中心に検討するものの、必要に応じて地域型保育給付費の対象となる施設や教育・保育にも言及する。現行制度の捉え方を、児童福祉法を中心とするものと、子ども・子育て支援法を中心にする

＊本稿の掲載にあたり、貴重なコメントを頂いた匿名の査読者のお二人、および、編集の先生方に感謝いたします。

ものに整理し、解釈論では解決が困難な部分があることを示す。次に、保育と教育の関係、少子化対策も含めた子育て支援策など隣接領域との関係から、保育所保育の位置づけを立法論的に検討する。結論からいえば、筆者は、子ども・子育て支援法が定める給付の仕組みをふまえると、私立保育所の例外的取扱や、特別な位置づけを保育所に与えることは、必ずしも望ましくないと考える。しかし、児童福祉法24条1項は、保育所保育について、市町村の保育実施義務を規定しているため、現行制度の体系とどのように整合的に説明できるのか、考える必要がある。そのため、現行制度の解釈とその限界を示したうえで、立法政策のレベルで議論を行う。

Ⅱ　子ども・子育て支援法及び児童福祉法の構造と保育実施義務

　現行制度は、主として子ども・子育て支援法と児童福祉法の2つの法律に根拠をもつ。前者は給付の仕組みを規定する役割を担い、後者は子どもや保護者の権利を定めている。子ども・子育て支援法制定以前は、児童福祉法が給付の仕組みを根拠づける役割も担っていた。これに対し、現行制度では、児童福祉法が市町村の保育実施義務や子どもの保育を受ける権利を根拠づけるとともに、それらの権利は子ども・子育て支援法が定める給付の仕組みによって具体化される。

　現行制度における給付の仕組みと権利の関係について、大きく分けると、二つの考え方がありうる。一つは、子ども・子育て支援法が定める仕組みを、児童福祉法が規定する権利を実現する手段と捉えるもので、児童福祉法に視点をおく考え方である。もう一つは、子ども・子育て支援法が定める仕組みによって具体化される給付を、現在の保育に関わる権利の内容とみなすもので、子ども・子育て支援法に視点をおく考え方である。両者は保育所保育をめぐる問題でその関係が不明確となり、場合によっては離齬をきたす[1]。両法の関係は、各々の体系に関わるため、解釈レベルだけでなく、立法政策にも関わる。以下では、子ども・子育て支援法と児童福祉法の構造を概観し、現行制度を解釈の

---

(1)　「改正児童福祉法24条1項による『保育の実施』と、子ども・子育て支援法27条による『施設型給付費の支給』の関係をどのように解するか」は、現行制度の「根幹にかかわる問題」とされる。古畑淳「改正児童福祉法及び子ども・子育て支援法が定める新しい保育所の利用手続について」桜花学園大学保育学部研究紀要11号（2013年）86頁。

レベルで検討する。

1　子ども・子育て支援法の構造

　現行制度における子ども・子育て支援法の特徴は、次の点にある。第1に、給付の仕組みを規定している。同法は、教育・保育を金銭給付として構成した。また具体的な仕組みは児童手当法に委ねたものの、子どものための現金給付として児童手当を包含している。同法は、保育だけでなく児童手当も含め、子どもに関わる給付を統合する役割を担っている。第2に、保育と教育という異なる理念を包含するとともに、両者の一体化を推進する基盤となる。例えば、保育所、認定こども園、幼稚園を施設型給付費の対象とした。第3に、関連する諸法の中でも、特に児童福祉法との関係が意識されている。各施設の定義を児童福祉法に委ねている点は、その一例である。以下、保育に関わる部分を中心に、概観する。

（1）総　則

　同法は、養育者を支援することで子どもが健やかに成長できる社会を実現することを目的として掲げる（子育て支援1条）。同法は「教育」や「保育」（同7条2項、3項）といった理念や、「保育所」や地域型保育に分類される各保育（同4〜9項）の定義を児童福祉法や学校教育法に委ねる一方、児童福祉法上の「児童」とは異なる「子ども」の定義を置く[2]。

　総則を概観して指摘できるのは、子どもの育ちが目的として掲げられた点、父母に第一義的責任があることが示された点（同2条1項）、教育との連携が意識されている点であろう。特に教育との接続は重要であり、例えば「子ども」の定義を年齢ではなく3月末を基準とし、また「小学校就学前子ども」の定義を置いたことは、現行制度全体が学校教育を念頭に置くことの表れとみることができる[3]。

---

[2]　子ども・子育て支援法は「十八歳に達する日以後の最初の三月三十一日までの間にある者」を「子ども」とし（子育て支援6条1項）、児童福祉法は「満十八歳に満たない者」を「児童」とする（児福4条）。

[3]　児童ではなく子どもを使用した理由について、児童福祉法の児童が18歳未満の者を意味するのに対し、学校教育法では小学校に就学している者を指し、子ども・子育て支援法は両方の法律にまたがるため、と説明される。伊奈川秀和「子ども・子育て支援新制度の立法過程」社会保障法研究6号（2016年）123頁。なお児童福祉法も児童を「乳児」（1歳未満）、「幼児」（1歳以上で小学校就学の始期前）、「少年」（小学校就学の始期以降で18歳未満）に区分する（4条）ため、小学校就学を1つの基準としている。

Ⅱ　子ども・子育て支援法及び児童福祉法の構造と保育実施義務

（2）給　付

　子ども子育て支援法は現金給付（子育て支援9条、10条）、すなわち児童手当と、子どものための教育・保育給付（同11条以下）に大別される。子どものための教育・保育給付は施設型給付費と地域型保育給付費に区別される[4]。

　現行制度において子どものための教育・保育給付を受けるには、市町村による支給認定を受けなければならず、支給認定は保護者の申請に基づいて行われる（同20条）。支給対象となるのは、3歳以上で保育を必要としない子ども、3歳以上で保育を必要とする子ども、3歳未満で保育を必要とする子どもである（以下、1号、2号、3号　同19条）[5]。2号、3号については「保育必要量」の認定が行われる。

　施設型給付費の支給を受けられるのは、確認を受けた施設で教育・保育を受けた場合であり、1号、2号、3号で各々利用できる施設が異なる（同27条1項）。施設型給付費の額はいわゆる公定価格から自己負担を差し引いたものであり、代理受領により各施設に支払われる（同3、5、6項）。以上の過程は、地域型保育給付費（同29条）、特例施設型給付費（同28条）、特例地域型保育給付費（同30条）もほぼ同様である。

　子ども・子育て支援法に基づく給付は、代理受領という手法を採用しているものの、個人に対する金銭給付として構成されている点に特徴がある。これを介護保険法や障害者総合支援法に基づくサービスと類比することは可能であろう[6]。対象となる教育・保育の範囲については、市町村による支給認定を媒介させることで画定される。現行制度では、利用者と事業者の間の契約関係を前提とし、同時に、施設型給付費の対象となる施設は、公定価格及び利用者負担など、法令による様々な規制に沿って契約を締結する。

---

(4)　全て列挙すると施設型給付費、特例施設型給付費、地域型保育給付費、特例地域型保育給付費の4つである（子育て支援11条）。

(5)　正確には「満三歳以上の小学校就学前子ども」（1号）、満三歳以上の就学前子どもであって「家庭において必要な保育を受けることが困難であるもの」（2号）、満三歳未満の小学校就学前子どもであって「家庭において必要な保育を受けることが困難であるもの」（3号）である。保育を必要とする（しない）という表現は児童福祉法24条との連関を念頭においた表現であるが、現行制度全体を把握する限りで有用だと考える。

(6)　現行制度と介護保険制度を比較して考察するものとして、例えば伊藤周平「子ども・子育て支援新制度のもとでの支給認定と子ども・保護者の権利（下）」賃社1625・1626号（2015年）40-44頁。

（3）事 業 者

市町村が、支給認定を受けた子どもに給付を行う前提として、子どもがサービスを受けた施設が、市町村の確認を受けていなければならない（子育て支援27条1項）[7]。市町村の確認を受けることで施設型給付費の対象となる施設（特定教育・保育施設）は、認定こども園、幼稚園、保育所である（子育て支援31条1項）。保育所と幼保連携型認定こども園は児童福祉法に基づく施設である（児福39条、39条の2）。

これらの施設は、法律レベル、政省令のレベルで様々な規制の対象となっている。利用申し込みに対しては「正当な理由」がなければ拒んではならず（子育て支援33条1項）[8]、施設の設置者は内閣府令に基づく「公正な方法」による選考を求められる（同2項）[9]。認可基準は、認定こども園と保育所については都道府県が条例で定め、幼稚園は学校教育法に拠る（同34条1項）。運営基準は内閣府令に従うか、もしくはこれを参酌して市町村が条例で定める（同2項、3項）。内閣府令に従うべき事項として、例えば利用定員に関するものがある（同3項1号）。市町村は報告を求め、勧告を行い、認可基準や運営基準に反

---

(7) 保育所は「保育を必要とする乳児・幼児を日々保護者の下から通わせて保育を行うことを目的とする施設（利用定員が二十人以上であるものに限り、幼保連携型認定こども園を除く。）とする」（児福39条1項）。認定こども園については次のように規定される。「幼保連携型認定こども園は、義務教育及びその後の教育の基礎を培うものとしての満三歳以上の幼児に対する教育（略）及び保育を必要とする乳児・幼児に対する保育を一体的に行い、これらの乳児又は幼児の健やかな成長が図られるよう適当な環境を与えて、その心身の発達を助長することを目的とする施設とする」、「②幼保連携型認定こども園に関しては、この法律に定めるもののほか、認定こども園法の定めるところによる」（児福39条の2）。幼保連携型以外の認定こども園は「就学前の子どもに関する教育、保育等の総合的な提供の推進に関する法律」（以下、認定こども園法）に、幼稚園は学校教育法（学教1条）に根拠をもつ。

(8) 現行制度の自治体向けFAQによれば、「保育認定の対象となる2号・3号認定子どもについては、直接契約施設である認定こども園を利用する場合を含め、全て市町村による利用調整を経て、利用先の施設・事業が決定される仕組み」となっており、利用調整の結果、別の園に利用決定となった保護者が、直接申し込んだ場合や、市町村を介さずに申し込んだ場合に事業者が利用を断っても応諾義務違反にならないとされる。『自治体向けFAQ（第15版）』（2017年）No. 56「認定こども園に直接申し込みがあった場合の応諾義務との関係」の項を参照。http://www8.cao.go.jp/shoushi/shinseido/administer/qa/pdf/jichitai_faq.pdf（2017年8月18日アクセス）。

(9) ただしこの規定は、都道府県及び市町村以外の者が設置する特定教育・保育施設（条文では「特定保育所」と呼称される）には適用されない（子育て支援附則6条2項）。

する場合は確認を取り消すことができる（同38-40条）。特定地域型保育事業者についても、認可の主体が市町村であること等の違いはあるものの、ほぼ同様の規定が置かれている（同43-54条）。保育所等の認可及び認可の取消について都道府県の役割が残されているものの[10]、現行制度の事業者に対する規制は、主として市町村が担っているといえる。

　子ども・子育て支援法による事業者への規制について、以下の点を指摘できる。第1に、認可及び確認に係る具体的基準を、都道府県や市町村の条例に委任する一方で、政省令によって事実上その内容を拘束している[11]。第2に、「正当な理由」や「公正な方法」といった文言の解釈が、特に待機児童との関係で問われる。後者は、旧児童福祉法24条が市町村による選考について定めていた文言と重なる部分があるものの、子ども・子育て支援法における選考の主体は各事業者（設置者）であるから、「正当な理由」のない拒否の禁止と併せ、契約自由の原則に対する修正とみることができる。実際、政省令による基準をみると、実際の基準策定は各市町村に委ねられるものの、各事業者が各々独自の基準で選考することが想定されているとはいえない[12]。第3に、市町村による「確認」の位置づけが問題になる。確認は事業者に対するものであるが、利用者に対する給付と密接に結びついている。認可基準に対する違反も確認の取消に結びつくことをふまえると、確認は、事業者に対する規制の要といえる。

（4）小括 ── 現行制度が前提とする契約

　子ども・子育て支援法は、代理受領の形ではあるが、利用者が、確認を受けた事業者と契約を結ぶことで、給付を受ける仕組みを採る。すなわち、現行制

---

(10)　都道府県知事による、保育所を含む児童福祉施設の認可（児福35条）及び認可の取消（同58条1項）、市町村長による家庭的保育事業等の認可（同34条の15、34条の16）及び認可の取消（同58条2項）は、児童福祉法が規定している。

(11)　「支給要件、保育必要量の認定等に関して国の法令の規律密度が大きく、市町村の条例制定権を含む判断余地が狭められている点が留意される」との指摘がある。加藤智章ほか『社会保障法（第6版）』（有斐閣、2015年）309頁。

(12)　「特定教育・保育施設及び特定地域型保育事業の運営に関する基準」（平成26年4月30日閣令39号）は特定教育・保育施設の選考方法について「保育の必要の程度及び家族等の状況を勘案し、保育を受ける必要性が高いと認められる支給認定子どもが優先的に利用できるよう、選考するものとする」（6条3項）と定め、選考方法を明示しなければならないとする（同4項）。

子育て支援における保育所保育と保育実施義務の意義〔常森裕介〕

度は利用者と事業者の間の契約を基盤とする。そして私立保育所を除き、施設型給付費及び地域型保育給付費の対象となる事業者と利用者の間の契約はすべて「公的契約」だと説明される。では現行制度における公的契約とは具体的にどのような意味をもつのだろうか。

　内閣府のいう「公的契約」とは、認定を受けた子どもに対する教育・保育が、現実に提供されるように市町村が関与、支援することを指していると考えられる[13]。現行制度において、認定を受けた子どもの施設の利用を確保するための中心的な方法は、子ども・子育て支援法や児童福祉法を根拠とするあっせんや利用調整、事業者に対する要請である。公立保育所の入所決定にあたって市町村が「選考」を行うことがあっても、それはあくまで公立保育所の設置、運営主体としての選考や決定にすぎない。

　措置制度以後、現行制度以前の保育所入所は、利用者が、市町村に入所申込を行い、市町村が選考を行うというものであった。現行制度以前の方式では、市町村が私立保育所等も含め、保育に欠けるか否かの判断と入所決定を行っていたため、利用者と市町村との間に契約関係が成立すると考えられていた[14]。これに対し、現行制度における公的契約は、市町村自身が契約の主体になることではなく、市町村が利用者と施設の間の契約に様々な場面で関与することを意味する。後述する児童福祉法に基づく利用調整も、そのための手段の一つに位置づけられる。現行制度の枠組みの中で、認定を受けた子どもに保育を提供できるかどうかは、利用調整を含め、市町村による利用者支援が機能するかにかかっている。同時に、質の面での規制や、正当な理由のない拒否の禁止といった、確認を受けた事業者に対する規制も求められる。

（13）　内閣府「子ども・子育て支援新制度について（平成29年6月）」（2017年）8頁の図を参照。http://www8.cao.go.jp/shoushi/shinseido/outline/pdf/setsumei.pdf（2017年8月18日アクセス）。例えば議論の過程では「市町村の認可保育所に対する委託関係に代わって、三者の枠組みの中で公的保育契約」、「市町村が公的責任を果たす三者の枠組みの中で、認定を受けた利用者が保育所等と公的保育契約を締結」と説明され、改正前の制度との相違点が確認されると同時に、市町村が契約に関与する方法が模索されている。第2回社会保障審議会少子化対策特別部会保育第一専門委員会資料「保育の必要性の判断～公的保育契約」（2009年9月8日）6、11頁。http://www.mhlw.go.jp/shingi/2009/09/s0909-4.html（2017年9月1日アクセス）

（14）　菊池馨実『社会保障法』（有斐閣、2014年）495-496頁。

2　児童福祉法の構造 —— 保育に関わる規定を中心に

児童福祉法は子どもに関わる多様な制度を含む立法であり、保育サービスに関わる条文として、主として24条や59条、59条の2（無認可施設に関わる諸規定）等を挙げることができる。児童福祉法24条に関して様々な議論が行われているため、児童福祉法の解釈は、保育をめぐる議論において中心的な検討対象となる。

子ども・子育て支援法と児童福祉法の関係について、次の点を指摘できる。第1に、児童福祉法は、子ども・子育て支援法と齟齬をきたす可能性がある部分を含んでいる。後述するように、24条が規定する保育所保育実施義務と、子ども・子育て支援法が規定する給付の仕組みとの関係がこれに当たる。第2に、子ども・子育て支援法と重複する部分を含む。例えば、子育て支援事業（児福21条の8以下）と、地域子ども・子育て支援事業（子育て支援59条以下）の関係は、検討の余地を残す。第3に、子ども・子育て支援法を補完する部分を含む。例えば、無認可保育所に関する上記の規定がこれに当たる。

（1）児童福祉法24条1項の解釈

児童福祉法24条1項は、市町村は、保育を必要とする児童を保育所において保育しなければならない旨定める。同項では、根拠法として子ども・子育て支援法及び児童福祉法が明示されている。同項は保護者の労働等の事由を挙げるが、必要性の認定は子ども・子育て支援法に基づいて行われ、上記事由も子ども・子育て支援法施行規則1条に詳細が示されていることをふまえると、児童福祉法にいう「保育を必要とする場合」に該当するか否かは、子ども・子育て支援法の規定によって判断されるといえる。

24条1項を解釈するうえで問題になるのは、保育所保育実施義務に「次項に定めるところによるほか」との限定が付されている点である。保育所での保育が前提で、例外的な方法として2項以下の措置を定めているのか、保育所保育と2項以下で定める措置に義務の程度等において差はないのか、といった論点を挙げることができる。

後述するように、児童福祉法に視点を置くと、改正前の児童福祉法が家庭的保育等を例外的な措置として位置づけていたことや[15]、現行制度創設の過程で現行24条1項が維持された経緯から[16]、1項が定める保育所で保育する義務に特別な位置づけを与える解釈もありうるだろう。他方で、子ども・子育て支援法の制定や児童福祉法の他の条項の改正を考慮すると、現行の24条1項

を、改正前と同じ意味や効力を有するものと解釈することは難しいと評価することもできる。

（2）2項以下の位置づけ

児童福祉法24条2項は、市町村は認定こども園又は家庭的保育事業等により「必要な保育を確保するための措置を講じなければならない」と定める。2項も市町村に義務を課す規定であり、1項の「次項に定めるところによるほか」という文言と併せて読むと、1項と2項の両条文が一体となって市町村の義務を規定していると考えることもできる[17]。2項の保育確保措置は、長期にわたる施設整備計画に基づき実現される一方、1項との文言上の接続から、単なる保育環境の整備だけではなく、認定を受けた個々の子どもに対する義務の一部を成すと考えられる[18]。

他方、給付上は施設型給付費の対象である認定こども園と、地域型保育給付費の対象である家庭的保育事業等をまとめて2項の確保措置としていることから、児童福祉法において保育所と保育所以外の施設という区分が何らかの意味

---

(15) 改正前児童福祉法における家庭的保育の位置付けについては、伊藤周平「子ども・子育て支援新制度における市町村の保育実施義務と子どもの保育を受ける権利」賃金と社会保障1607号（2014年）12-13頁。

(16) 24条1項をめぐる改正の経緯については伊奈川・前掲注(3)論文120-122頁。新田秀樹「判批」（東京高判平29.1.25賃社1678号64頁）社会保障研究2巻2・3号（2017年）317頁。

(17) ただし「措置」とは後述する児童福祉法24条5項の「措置」とは異なり、「手段・方法」の意であり「直接的な保育の実施（現物給付）義務ではない」との解釈もある。伊藤周平「子ども・子育て支援新制度における市町村の保育実施義務と子どもの保育を受ける権利（下）」賃金と社会保障1609号（2014年）8頁。旧児童福祉法24条1項のただし書が削除されたことについて「『保育所保育』の実施義務を維持するとともに、『保育所保育』を原則とし『その他の保育』は例外という位置づけを廃止した」と整理するものとして、山下義昭「『保育を受けることを期待し得る法的地位』に関する一考察」福岡大學法學論叢60巻2号（2015年）291頁。また、2項の保育確保措置は、市町村自ら運営していない家庭的保育事業等に委託することで、保育を提供するものだとの見解もある。田村和之「市町村の『保育の実施義務』について――三鷹市保育所入所申込み不承諾裁判を契機に」賃金と社会保障1678号（2017年）57-58頁。

(18) 新田は、24条2項の義務は「財政措置等を講じて認定こども園又は家庭的保育事業等による保育サービス提供体制を整備すべき義務」と解するのが妥当で、直接契約の仕組みもこの解釈を補強すると述べる一方、文言、1項との整合性、改正の理念、他の提供体制整備に関する規定から、保育提供体制整備義務のみを規定したと解することに違和感があるとも述べる。新田・前掲注(16)「判批」318頁。

をもつことを窺わせる。例えば、児童福祉法の「児童福祉施設」に保育所と幼保連携型認定こども園が含まれるのに対し（児福7条）、家庭的保育事業等は含まれない。保育所と家庭的保育事業等を比較するとき、児童福祉法の最低基準に基づく給付を受けることについて法的権利性を認める立場[19]に立てば、児童福祉施設への該当の有無は、軽視することができない。同時に、幼保連携型認定こども園も児童福祉施設として位置づけられたことをふまえると、保育所が児童福祉施設であることは、24条1項で保育所のみが規定されていることの理由にはならない。

同24条3項から7項までをみると、各条文で表現こそ異なるものの、保育所と保育所以外の施設という区別は用いられておらず、5項及び6項では子ども・子育て支援法の給付類型に沿って条文が構成されている[20]。現行の児童福祉法は、子ども・子育て支援法をふまえ、同じ施設型給付費の対象として、基本的には保育所と幼保連携型認定こども園を区別することはせず、家庭的保育事業等も例外的な扱いとはしていない。このようにみると、保育所保育を単独で規定する24条1項が特別な規定であることを認めるとしても、保育所に特別な位置づけを与えることの是非が問題となる。

（3）待機児童と市町村による調整・あっせん

児童福祉法24条3項は需要超過の場合の保育所、認定こども園、家庭的保育事業等を含む調整、認定こども園、家庭的保育事業等を行う者に、保育確保措置（同2項）のための利用要請を行うことを定める。調整は、第一希望の施設を利用できない場合に、第一希望ではない施設も含め検討し、主として市町村と利用者の間で行われるものであるのに対し、利用要請はその結果利用者が改めて希望した施設を利用できるよう事業者に要請することだと整理することができる。「調整を行うとともに」という文言から、調整と利用要請は一体となって利用者の需要を充足するものと考えられる[21]。ただし児童福祉法附則

---

(19) 「学説はほぼ一致して、最低基準の給付を受ける利益の法的権利性を認めている」と説明される。佐藤進ほか監修・桑原洋子ほか編『実務注釈 児童福祉法』（信山社、1998年）281頁（菊池馨実執筆部分）。

(20) 5項は勧奨を行っても保育を受けることが著しく困難な児童に対し保育所もしくは幼保連携型認定こども園への委託を義務付けており、6項はあっせん等をうけた児童が保育を受けることが著しく困難であるとき、保育所もしくは幼保連携型認定こども園への委託（同1号）、家庭的保育事業等への委託（同2号）を義務付けており、いずれも施設型給付費と地域型保育給付費という類型に沿っている。

73条1項により、24条3項の調整は、現時点では必ずしも保育需要に対する供給不足が生じた場合に限定して行われるものではないことに注意する必要がある。

　子ども・子育て支援法は、市町村は必要に応じてあっせんを行う（子育て支援42条1項、特定地域型保育事業については同54条1項）ことを定め、事業者の協力（同42条2項、54条2項）を義務付けている。児童福祉法も保育所、認定こども園、家庭的保育事業等を行う者は、24条3項に基づく調整、要請に対し「できる限り協力しなければならない」（児福46条の2第2項）と定める。これらの規定を併せ考えると、両法は対象となる施設類型は一部異なるものの[22]、一体となって、希望した施設を利用できなかった場合の対応にあたることになる。

　児童福祉法24条7項は3項の調整及び要請、後述する4項の勧奨及び支援を行うとともに、地域の実情に応じた環境整備を行う旨定める。「地域の実情に応じた」の意味は必ずしも明確ではないが、1項〜3項が需要が超過した場合を想定しているのに対し、施設が過剰であったり、家庭的保育事業等の小規模な施設で対応すべき地域があることも念頭に置いていると考えられる。

（4）要保護児童と優先事由

　児童福祉法24条4項は、いわゆる要保護児童で保育の利用が適当であると認める者[23]その他の優先的に保育を行う必要がある児童について、保護者に対する申込の勧奨を、5項は同児童について保育所又は幼保連携型認定こども園へ入所させるあるいは委託することを定める。6項は5項で定める他、保育を必要とする乳児、幼児が保育を受けることが著しく困難である場合に、保育所、幼保連携型認定こども園（同1号）、家庭的保育事業等（同2号）を利用さ

---

(21)　利用調整は行政指導であり、利用要請は事業者に対する契約締結の要請、との整理もある。伊藤・前掲注(17)論文10頁。自治体向けFAQでは利用調整について「直接契約の施設であっても、利用調整の結果は事実上入所の可否を左右するものであり、処分性があると考えられます」と説明されている。前掲注(8)FAQ No.50「利用調整の処分性」の項を参照。

(22)　例えば、児童福祉法には幼稚園は含まれないが、子ども・子育て支援法上の特定教育・保育施設には含まれる。

(23)　具体的には通告を受けた児童（児福25条1項）、知的障害を理由に福祉事務所に送致された児童（児福25条の7第2項第2号、26条1項3号）で保育の利用が適当であると認める者である（児福25条の8を参照）。

せるあるいは委託することを定めている。4項～6項は、要保護児童を念頭に置いている点、子ども・子育て支援法による支給認定を前提とせず、最終的には措置委託に近い形で保育を利用させる点で、1項～3項とは一線を画す条文だといえる[24]。ただし「その他の優先的に保育を行う必要があると認められる児童」も対象としており、現行制度による保育が著しく困難であることが条件として付されている（5項）ことから、障害を有する等の理由ではなく、待機状態にある児童も対象となる可能性は残されており、子ども・子育て支援法に基づく給付の仕組みとの接続は維持されている。

（5）小　括

　子ども・子育て支援法が給付の仕組みを決める現行制度において、児童福祉法の役割は何であろうか。第1に、児童福祉法24条1項、2項が保育所での保育実施義務と保育確保措置を定めている点はやはり重要である。現行制度でも、保育の必要性の認定を受けたにも関わらずどの施設も利用できない子どもの存在は許容されない。ただしこの現行制度における保育実施義務の内容や射程について、改正前と同様であるかという点については、後述のとおり議論の余地がある。第2に、要保護児童、特別なニーズを有する子どもや世帯への配慮である。これは保育に関わる部分以外の、児童福祉法の条文（例えば非行等に関わるもの）と接続することで実効性をもつ。第3に、詳述しなかったものの、認可外施設に対する規制である。現行制度が地域型保育を創設し、従来認可外とされていた施設を多様な基準のもとで認可対象としたとはいえ、現在でも認可外施設は存在する。そのような状況の下で、現行制度の給付の仕組みの外で保育を受ける子どもを保護する役割は大きい。

　ここまで、子ども・子育て支援法と児童福祉法の構造及び各法が現行制度の根拠法として担う役割についてみてきた。次に、両法の構造をふまえ、現行制度における市町村の保育実施義務について解釈レベルで検討する。

---

(24)　24条5項、6項について例外的・補充的に市町村の関与を認めるという面では「措置方式による保育所入所をいわば復活している」と理解する見解として、山下・前掲注(17)論文292頁。24条5項、6項の措置について「保護者からの申込みを前提とせず、市町村の職権で、保育所入所や保育の利用がなされることになる」との理解もある。伊藤・前掲注(17)論文13頁。

3　子ども・子育て支援法及び児童福祉法と現行制度の解釈
（1）児童福祉法を中心とする見方

　冒頭で、現行制度では子ども・子育て支援法が給付の仕組みを、児童福祉法が権利を規定するという整理を行った。しかしそのような区別に当てはまらない部分もあり、役割が重複していると思われる条文もあった。児童福祉法24条1項、2項の理解にみられるように、いずれの法律を中心にみるかによって、解釈が変わる部分もある。これは現行制度における保育実施義務の内容をどう捉えるか、という論点に関わる。

　児童福祉法を中心とする見方は、現行制度以前の、旧児童福祉法24条1項を重視する見方と言い換えることができる[25]。このような見方に立てば、児童福祉法から子ども・子育て支援法及び現行制度全体をみるだけでなく、旧児童福祉法あるいは旧制度をふまえ現在の条文や現行制度を解釈することになる。「新制度のもとでも、市町村の保育の実施義務が維持されることから、それに対応する形で、保育所利用の子ども（保護者）に関しては、保育を受ける権利が、現行制度と同様に認められると考えられる」との解釈[26]は、児童福祉法を前提に現行制度をみる見方として、一貫性をもつ。この解釈によれば、現行の児童福祉法及び子ども・子育て支援法においても、市町村に対し保育所保育を求める権利、保育所保育を申込む権利、利用する保育所を選択する権利、公正な方法で選択を受ける権利が維持されることになり、現行の児童福祉法にはない「申込み」や「選考」を改正後の児童福祉法に読み込むことが可能となる[27]。また24条2項については努力義務にすぎず、1項で市町村が実施義務を担う保育所と異なり、2項で列挙されている他の施設については事業者が保育実施義務を担うこととなり、2項により1項が規定する責任が狭められ

---

(25)　24条1項と同2項では市町村の責任のあり方について差があることを前提に「24条1項の規定を活用して、保育所が保育の水準を守り、また保育に関する市町村責任を堅持することができれば」保育所以外の保育の向上、保育を受ける権利の発展につながるとする考え方がこれに当たる。村山祐一＝逆井直紀「児童福祉法24条1項の復活の意義と課題　新制度導入に向けて保育所関係者がすべきこと」保育情報439号（2013年）2頁。

(26)　伊藤・前掲注(17)論文7頁。なお引用内の「現行制度」は旧制度のことを指している。

(27)　伊藤・前掲注(17)論文6-8頁。「申込み関連規定の削除は、保育所利用関係の発生原因が契約であることを明確にする趣旨」と捉える見解として、山下・前掲注(17)論文294頁。

Ⅱ　子ども・子育て支援法及び児童福祉法の構造と保育実施義務

ることはない[28]。加えて、3項が定める利用調整も、保護者からみれば従う義務のないもので、保育所とその他の施設に同じように適用されることから、様々な混乱が生じると指摘される[29]。

　上記の解釈は、次のような特徴をもつ。第1に、現行児童福祉法にも給付の仕組みに関わる規定を読み込む、という点である。文言としては存在しない「申込み」や「選考」を読み込む見方や、利用調整に対する解釈がこれに当たる。すなわち児童福祉法が抽象的に定める義務や「措置」の具体化はほぼすべて子ども・子育て支援法に委ねられたと考えるのではなく、旧児童福祉法24条と同様、現行児童福祉法も抽象的な権利と具体的な給付の仕組みの両方を規定するものだと捉えている。第2に、保育所と他の施設を、義務の担い手の面で明確に区別する。保育所は公立保育所が市町村と契約する形となり、私立保育所が従前どおりの委託方式であるのに対し、認定こども園、家庭的保育事業等は、事業者と利用者の間の直接契約である。子ども・子育て支援法が施設型給付費の下に保育所、認定こども園、幼稚園を並置した一方で、児童福祉法24条1項及び2項が保育所とその他の施設を区別したことに、より重要な意味を見出す考え方だといえる。

　現行制度において、児童福祉法24条1項の規定から、保育所について保育実施義務が認められ、「保育所保育の利用及び解除には市町村の決定が必要であり、この決定は行政処分に当たる」だけでなく、公立保育所については保育所（保育所の設置者としての市町村）と保護者の間の契約だと捉える見解は妥当性をもつ[30]。ただし私立保育所は附則により現行制度以前の委託方式が維持

---

(28)　伊藤・前掲注(17)論文8-9頁。現行制度について保育所保育とそれ以外の施設やサービスを切り離したと理解するものとして、木下秀雄「『保育所での保育』を受ける権利と改正児童福祉法24条」保育情報437号（2013年）4頁。

(29)　伊藤・前掲注(17)論文9-11頁。保育所以外の施設で保育サービスを受けても「保育の必要性」は消滅せず、保育所保育を受けること自体を求める法的利益があるとの見解（木下秀雄「『保育所における保育』を受ける権利と改正児童福祉法24条──再論」保育情報455号（2014年）8頁）もある。

(30)　古畑淳「判批」(さいたま地決平27.9.29賃社1648号57頁) 季刊教育法190号（2016年）102頁。田村の理解によれば、内閣府の説明は、私立保育所については保護者と市町村の契約で、公立保育所は認定こども園等と同じく保護者と事業者の間の契約だとするもので、旧24条1項の実施義務は現行法では維持されないことになると指摘する。田村和之「子ども・子育て関連3法の問題点　その1──『保育の実施義務』は維持されたのか」保育情報447号（2014年）6頁。

されているため、公立保育所と私立保育所を「保育所」として同じ権利義務関係の中で捉えることは困難である。児童福祉法を中心に「保育所」での保育実施義務があると考える場合でも、これら利用方式の差異を考慮する必要がある。

（2）子ども・子育て支援法を中心とする見方

上記のように児童福祉法を中心とする見方に対し、子ども・子育て支援法を中心とする見方は可能だろうか。まず、現行制度の給付に関する仕組みは、必要性の認定から施設の決定までほぼ全て、子ども・子育て支援法が担うことが前提となる。そのため児童福祉法24条1項が定める保育実施義務や2項が定める保育確保措置の具体的内容は、子ども・子育て支援法が定める手続きによって決まることになる。保育の必要性の認定が利用の前提となっていることはその一例である。

例えば「選考」は、子ども・子育て支援法附則6条で明示的に排除された私立保育所を除き、施設型給付については同法33条2項に基づいて行われることになる。同条に基づく選考は、あくまで事業者として行う選考であるから、その点に着目すれば、公立保育所であっても、市町村は、従来のような制度全体を運営する主体としてではなく、公立保育所という施設の経営主体として、認定こども園や家庭的保育事業等と同じ立場で「選考」を行うことになる。そのため、公立保育所の入所決定が行政処分であったとしても、それは公の施設であることに由来する特殊性であり、市町村が保育所保育についてのみ特別な義務を負うことには必ずしも結びつかない。

また子ども・子育て支援法では、認定こども園と保育所は同じ施設型給付費の対象であることから、児童福祉法24条1項の保育実施義務と2項の保育確保措置は、本来両条項に挙げられた施設の全てを選択肢とするものと考えることもできる。すなわち、1項の保育実施義務、2項の保育確保措置のいずれかを充足すれば、市町村としての義務を果たしたことになるということである。24条3項の利用調整も、子ども・子育て支援法が定めるあっせんや事業者の協力義務によって具体化される。このような解釈に基づくと、児童福祉法24条1項が定める保育実施義務の内容は、現行制度においては、2項以下の条文と切り離して論ずることはできず、1項の保育所保育についてのみ、市町村に特別な義務が課されていると考える必要はない。

ただし、子ども・子育て支援法を中心とする見方には限界もある。児童福祉法24条1項が明示的に保育所保育の実施義務を定め、2項と区別したことを

十分説明できず、現行制度に至る過程で 24 条 1 項が復活した経緯や、同様の文言に対する改正前の解釈を軽視することになる。また議論の外に置かれた私立保育所は、現実には保育サービスの供給に重要な役割を果たしており、附則の規定を批判するとしても、今後どのように位置づけるか議論する必要がある。何より、子ども・子育て支援法に視点をおいた場合の保育実施義務とは何かを考える必要があるだろう。すなわち、現行法を前提とした解釈論では、保育実施義務の内容を検討するにあたり、限界があるといえる。

（3）小括 —— 現行制度における待機児童の位置づけ

もう一つ、保育実施義務との関係で問題になるのが、待機児童の位置づけである。保育の必要性の認定を受けながら、施設を利用することができない子どもを待機児童と考えると、現行制度でも依然として大きな問題である。旧児童福祉法でも待機児童の存在と市町村の保育実施義務の関係は法的な論点であった[31]。また、保護者が希望を提出し、選考を受ける方法が定着しているため、例えば家庭的保育を利用しているが、本当は公立保育所を希望している状態を「待機」に含めるべきとの考え方もあろう。

多様な施設類型が認可の対象となった現在でも保育所に対する需要は大きい。もちろん、児童福祉法と子ども・子育て支援法のいずれも、保育の必要があるにも関わらず、施設を利用できない子どもの存在を政策上許容しているわけではない。しかし、どちらの法律を軸とするかによって、待機児童が生じた場合の考え方に差が出る[32]。

児童福祉法 24 条 1 項の文言から、特定の保育所を利用したいという保護者

---

(31) 旧児童福祉法 24 条は「適切な保護」を行うことを市町村に求めていたため「保育所不足などを理由に入所申込み拒否処分を行うだけでは、その義務を履行したことにはならない」と考えられていたが、実際には保育所不足に対応できていない実情があり、無認可保育所を活用した「適切な保護」の実施においても、補助金を交付しただけで実施したことになるのかといった問題点が指摘されていた。佐藤ほか・前掲注(19)書 144-146 頁（田村和之執筆部分）。

(32) 児童福祉法 24 条 1 項は「『保育所における保育』を利用できない場合に、その実現を市町村に請求することができる、という意味で権利なのである」という考え方（木下・前掲注(29)論文 6 頁）は、児童福祉法を中心とする見方であり、待機児童問題にも関わる。新田は、24 条 1 項と 2 項の義務を独立したものと捉える見解は、やや観念的で現実的にそぐわないとしつつ、家庭的保育事業等も含め市町村の保育義務を果たすものとの見解に対しても、判決に従えば市町村の責任が後退したことになると指摘する。新田・前掲注(16)「判批」319 頁。

がいた場合、必ず保育所で保育をしなければならず、保育所不足を理由とする入所拒否は違法とされる可能性があるとの見方もある[33]。立法過程を概観しても、改正前にあった但書の削除を含め、児童福祉法 24 条 1 項による市町村の責任の強化を意識していたことが指摘される[34]。これは児童福祉法を軸とする見方といえよう。

　ただし、子ども・子育て支援法は、利用者と事業者の直接契約及び個人への金銭給付を原則としているため、市町村に義務付ける内容は、あっせんと事業者への協力要請（子育て支援 42 条）にとどまる。児童福祉法を中心にみると、上記のとおり、保育所保育を義務付けた 1 項に反するとの主張も可能になる。同時に実際の利用調整においては、事業者に協力を求めつつ（児福 46 条の 2 第 2 項）、保育確保措置（同 24 条 2 項）を実行することの方がむしろ重要で、保育確保措置は子ども・子育て支援法が定める仕組みを利用しなければ実現できない。現時点では附則により需要に対する供給の不足のみが利用調整の契機となるわけではないが、利用者と事業者の間の契約に基づく利用を前提とした現行制度では、待機児童は、家庭的保育事業等も含めた供給量の計画的増加及び市町村による利用調整によって解消を目指すべきものだといえる[35]。

　待機児童問題に表れているように、現行制度における児童福祉法と子ども・子育て支援法は、制度を運用できないほどの矛盾を抱えているとはいえないが、旧制度と現行制度が混在する部分を抱え、立法論的に再整理すべき状況にあるといえる。その際、両法のいずれかに視点を置く、あるいは他の方法も含

---

(33)　伊藤・前掲注(17)論文 6 頁。ただ伊藤も、実際には、保育所に空きがなければ認定こども園等を利用するだろうし、市町村も利用調整により他の施設を勧めるだろうと述べる（同 6 頁）。

(34)　伊奈川・前掲注(3)論文 120 頁。但書（「その他適切な保護」）の削除により、市町村の責任が強化されたとの見方については、伊藤・前掲注(17)論文 6 頁でも紹介されている。

(35)　待機児童の解消は、但書を削除した児童福祉法 24 条 1 項と子ども・子育て支援法が相俟って、必要な保育を確保することで実現される。また、子ども・子育て支援事業計画、認可基準の客観化、地域型保育給付によって「制度的に担保される」。伊奈川・前掲注(3)論文 120 頁。支給認定は客観的な保育ニーズに基づき行われ、市町村には保育提供体制の整備状況や、待機児童数を考慮する裁量が認められていないため、支給認定を受けても保育を利用できないという状況が起こりうると指摘される。中野妙子「判批」（前掲・東京高判平 29.1.25 賃社 1678 号 64 頁）ジュリスト 1521 号（2018 年）143-144 頁。

め、様々な方向性がありうる。

　以下では、子ども・子育て支援法を中心に、児童福祉法 24 条各項の条文の
あり方を見直す方向で、保育実施義務の範囲や具体的内容を検討する。児童福
祉法 24 条を軸に現行制度を整理する見方は、本稿で挙げた各先行研究によっ
て一定程度示されているため、本稿では、別のアプローチを試みるものであ
る。重要なのは、解釈レベルでは解決しえない部分があり、子ども・子育て支
援法、児童福祉法のいずれの条文も、今後立法政策のレベルで不断の見直しが
なされるべきだということである。

Ⅲ　保育実施義務の立法論的検討

　現行制度における保育実施義務は、待機児童問題解消という政策的背景と併
せ、児童福祉法 24 条各項に関わる部分が注目されるものの、それにとどまら
ない幅広い内容を含むものである。現行制度における保育実施義務のあり方を
考える際には、多少迂遠であっても、保育の周辺に位置する各制度と保育との
関係を考察する必要がある。その際、子ども・子育て支援法や児童福祉法に規
定されている制度だけでなく、他の関係諸法が規定する制度も含めて検討しな
ければならない[36]。

　第 1 に、現行制度では幼稚園や認定こども園を含めた教育が、保育と同じ体
系に位置づけられたことを重視すべきである。第 2 に、多様な保育の位置づけ
を見直す必要がある。従来認可外とされてきた施設の一部が、地域型保育とし
て制度化された。また、保育と教育との関係も含め、年齢による区分をどの程
度給付対象の範囲と結びつけるか、再検討する余地がある。第 3 に、少子化対
策や子育て支援策を背景に、保育所への需要が高まると同時に、多様な子育て
の形を支援していくことが求められている。これら子どもに関わる周辺の政策
をふまえると、保育実施義務の内容は、保育所保育に限定されない、広範な内
容を含むものになる。

---

[36]　他の施策との関連については次のように説明される。「新制度前史ともいうべき少子
　　化対策、社会保障改革、教育改革等は、それぞれが独立に同時並行的に進んできたとい
　　うわけではない。むしろ、それぞれが密接に関係しながら進んできた」。伊奈川・前掲
　　注(3)論文 109 頁。

子育て支援における保育所保育と保育実施義務の意義〔常森裕介〕

1　現行制度における教育と保育
（1）認定こども園の位置づけ

現行制度では、学校である幼稚園と児童福祉施設である保育所を同じ施設型給付費の対象として位置づける一方で、保育所を利用できる2号、3号の子どもについては、原則として幼稚園を利用することを想定しておらず、幼稚園を利用できる1号の子どもは保育所を利用することができない。2号、3号は保育の必要性の認定を受けた子どもで、1号は保育の必要性の認定を受けていない子どもであり、2号、3号については保育標準時間及び短時間、1号については教育標準時間の認定がされる。児童福祉法は主として保育について規定しているため、幼稚園は児童福祉法上の保育実施義務や保育確保措置の対象ではない。幼稚園には、特定教育・保育施設の確認を受けずに従来通り私立学校等に係る各種補助を受ける、特定教育・保育施設として施設型給付費の対象となる、あるいは認定こども園に移行するという選択肢がある。特に認定こども園への移行が期待されているものの、今後どの程度移行が進むのかは不透明な部分もある[37]。

現行制度において、教育と保育の両方を担うのが幼保連携型を軸とする認定こども園である。認定子ども園法に基づく各種認定こども園は、利用形態は認定の類型や年齢によって多様であるものの、原則として1号、2号、3号のいずれの子どもであっても利用することができる。また、幼保連携型認定こども園は、児童福祉施設であり、児童福祉法24条2項の保育確保措置の対象でもあり、各種認定こども園の中で最も数が多い。子ども・子育て支援法及び児童福祉法における位置づけをみても、保育需要への対応という点でも、幼保連携型認定こども園の重要性は増していくと考えられる。例えば、保育士と幼稚園教諭の免許を両方取得しているスタッフの存在により、保育所よりも充実したプログラムを提供できる可能性もある[38]。

これらの点をふまえると、少なくとも幼保連携型認定こども園については、現行制度の中で、保育所と同等の重みづけを与えていくことが望ましい。具体

---

(37)　平成29年4月1日現在で、認定こども園の数は5000か所を超えており、幼保連携型（3618か所）が最も多く、幼稚園型（807か所）、保育所型（592か所）、地方裁量型（64か所）と続き、いずれも平成28年の同じ時点より増加している。内閣府「認定こども園に関する状況について（平成29年4月1日現在）」（2017年）http://www8.cao.go.jp/shoushi/kodomoen/pdf/kodomoen_jokyo.pdf（2018年4月16日アクセス）。

的には、児童福祉法 24 条 1 項に保育所保育のみが挙げられ、2 項で幼保連携型認定こども園と家庭的保育事業等が挙げられている構成は両施設の位置づけに照らし、妥当とはいえないだろう。私立保育所は措くとしても、保育所と幼保連携型認定こども園はいずれも、利用者と施設の間の契約に基づき利用する施設であり、同じ施設型給付費の対象であることから、児童福祉法上の保育実施義務においても同じ位置づけを与えられるべきだと考える。

（2）幼児教育と保育所の役割

　幼保連携型を中心とする認定こども園だけでなく、幼稚園も含め考えると、現行制度は広く保育と教育の一体化をめぐる議論の延長線上に位置づけることができる。特に幼児教育の拡大、無償化に関する議論が、現行制度創設の過程にも影響を与えてきた[39]。

　では、現行制度では、前述した認定こども園以外に、どのような形で保育と教育の一体化が行われているのだろうか。第 1 に、実際に提供される教育・保育の内容であり、例えば、制度上は二元的であっても、保育に関する指針の内容と幼稚園の教育要領が接近していることが指摘される[40]。このような流れを見ると、法令上の定義や給付の仕組みで保育と教育に一定の区別が設けられているとしても、教育・保育を受ける個々の子どもに提供される実際のサービスにおいては、一体化が進行しているといえる。第 2 に、現行制度で給付形式の一体化が進んだことは既に述べた。幼稚園に対しては就園奨励費補助や各種助成を通じ、利用費の補助という形で利用者の費用負担の軽減が図られてきた[41]。現行制度において、施設型給付費は原則として金銭給付であり、代理

---

(38)　幼稚園から幼保連携型に移行した園に関する調査では、教育時間と保育時間、あるいは料金の違いを意識しつつ、保育と教育が一体的に行われている。石倉卓子ほか「幼保連携型認定こども園の実情と課題 —— 子ども・子育て支援新制度のスタートにあたって」富山国際大学子ども育成学部紀要 7 巻（2016 年）7-9 頁。ただし、幼稚園型認定こども園を例に、必ずしも保育と教育が一体的に保障されるわけではないと説明するものもある。倉田賀世「保育における課題」日本社会保障法学会編『新・講座　社会保障法 2　地域生活を支える社会福祉』（法律文化社、2012 年）120-121 頁。

(39)　現行制度に至る議論の中で、幼児教育をめぐる議論、教育の視点が重要であることを指摘するものとして、伊奈川・前掲注(3)論文 107-109 頁。

(40)　幼保一体化をめぐる政策の展開については村野敬一郎「就学前教育・保育制度のあり方を考える視点 ——『幼保一元化』、『認定子ども園』の検討をふまえて」宮城学院女子大学発達科学研究 11 号（2011 年）25-28 頁を参照。

受領の形で事業者に支払われる。ただし施設型給付費の対象になることを選択しない幼稚園に対しては、従来通りの補助が行われる。第3に、直近の保育所指針の改定に関する議論をみればわかるように[42]、保育においても小学校教育との接続が強調されていることが挙げられる。保育内容が義務教育期の教育と接近することで、特に小学校就学直前の子どもを対象とする保育は義務教育に連なる教育課程の一部になりうる。

　幼児教育を現行制度の中で拡大する場合、特に、年齢区分及び対象者の範囲が重要になる。仮に、幼稚園を利用する子どもだけでなく、すべての子どもを対象とした幼児教育のための給付を行うとすれば、保育制度との関係を整理することは不可欠である。また、小学校就学直前の子どもを対象とするのであれば、新たな利用区分を設ける必要があるだろう。

　上記のとおり、幼児教育や就学前教育を拡大する政策的方向性は、将来的に現行制度を大きく変える可能性があるだけでなく、現在でも様々な面で影響を及ぼしている。小学校への接続を重視すれば、5歳児など特定の年齢の子どもは、保育所ではなく「学校」が監護、教育を行う方法も考えられる。そうなれば、児童福祉法が定める各保育施設の類型そのものは妥当だとしても、保育所と他の教育施設を峻別する、あるいは保育所に従来通りの位置づけを与えることについて再考の余地が生まれる。

2　保育所と多様な保育 ── 年齢による区別のあり方

（1）地域型保育の位置付け

　保育所の法的位置づけを相対化するもう一つの視点として、地域型保育給付費の創設を挙げることができる。現行制度は、地域型保育給付費の対象を3号（3歳未満で保育を必要とする子ども）に限定している。地域型保育給付費は、家

---

(41)　幼稚園は原則利用者の応益負担であり、補助費などによって低所得世帯の負担軽減を図る仕組みを採用していたが、現行制度では、保育所等と同じく応能負担の仕組みになると説明される。前田正子『みんなでつくる子ども・子育て支援新制度　子育てしやすい社会をめざして』（ミネルヴァ書房、2014年）46-47頁、文部科学省HPにおける各補助の説明も参照。

(42)　例えば、保育所保育指針に関する近時の議論では「卒園後の学びへの接続を意識しながら、5歳児後半の幼児の主体的で協同的な活動の充実を、より意識的に図っていくことが重要である」ことが指摘されている。社会保障審議会児童部会保育専門委員会「保育所保育指針の改定に関する議論のとりまとめ（2016（平成28）年12月21日）」保育情報483号（2017年）54頁。

庭的保育、小規模保育、事業所内保育、居宅訪問型保育といった家庭的保育事業等を内容とし、各々児童福祉法に定義が置かれている（児福6条の3第9項〜12項）。特定地域型保育事業者は従来認可外とされていた多様な施設やサービスに、市町村が条例に基づき認可、確認を与えるものである。ただし特定教育・保育施設と同じく、政省令によって施設基準及び運営基準が定められている。現状では、第1希望で地域型保育を希望する利用者は少なく、施設数をみても保育所と比較すると少数である[43]。他方、現行制度では、家庭的保育事業等も認可保育としての位置づけを与えられ、児童福祉法24条2項では幼保連携型認定こども園とともに、保育確保措置の対象となっている。

　地域型保育給付費は、現行制度以前の改正で家庭的保育が児童福祉法24条に組み込まれたのと同様、待機児童問題を背景として、保育所以外の受け皿を増やすことを目的として創設された給付だといえる。現行制度は、家庭的保育事業等を対象とした給付を創設することで、家庭的保育事業等の質を高め、利用可能性を高めようとしている。家庭的保育事業等は、現行制度において、重要な役割を担うものの、保育所と同じ施設や保育内容を提供できるわけではないし、それを求められてもいない。むしろ、子どもの健康や安全などの基準を満たしつつ、各事業者の特性を生かすことで、保育需要の受け皿になるべきであろう[44]。

（2）給付対象と年齢による区別

　保育所が他の施設と比較し、高い利用可能性をもつ理由として、利用できる子どもの年齢を制限していないことが挙げられる。認定こども園も、年齢制限を設けていない点は同じであるが、保育所と比較すると、施設数に大きな差がある。現行制度では、地域型保育給付費は3歳未満（3号）を対象とし、施設型給付費の中でも幼稚園は3歳以上（1号）の子どもしか利用することができない。3歳未満に待機児童が多いことをふまえると、地域型保育が3号を主た

---

(43)　第1希望として保育所への入所を希望する保護者が多いことについては、勝連千賀子「『第一希望』としてどの施設が選ばれているのか？──東京7区　2016年4月入園の申込状況をもとに」保育情報472号（2016年）9-10頁を参照。

(44)　特に、家庭的保育について、質に関わる様々な課題を指摘しつつ「一定の質が保障された保育サービスの拡充である、という評価が可能であろう」と述べ、「乳幼児の特性に適う保育サービス供給資源として、積極的な活用が望まれる」とするものに、倉田賀世「乳幼児と保育の質」週刊社会保障2912号（2017年）54頁。

子育て支援における保育所保育と保育実施義務の意義〔常森裕介〕

る給付対象とすることには理由があり、現行制度以前の幼稚園の位置づけを考慮すると、幼稚園が3歳未満の利用を認めないこともうなずける。しかし、このような年齢を基準とした区分はどの程度妥当性をもつのだろうか。前述のとおり、就学前教育の対象が拡大した場合には、小学校就学直前期であることが大きな意味をもつ可能性もある。義務教育前の子どもを対象にした制度において、年齢による区分は相対的なものだといえる。

　近時、地域型保育について、3歳を超えて利用できるようにするための動きもみられる[45]。3歳以降は原則として特定教育・保育施設へ移らなければならないとすれば、保護者にとっての利用可能性や子どもの継続的な育ちを阻害する可能性がある[46]。他方で、保育所指針の改定において、乳児、1〜2歳、3歳以上という年齢に応じた保育のあり方を明確にする動きもみられるため、年齢を一つの目安として制度設計すること自体には一定の妥当性があるだろう[47]。小学校との接続に着目すると、5歳児への教育が重要になることは既に述べた。保護者の利用しやすさと、子どもの育ちといった諸要素を考慮し、制度区分を検討する必要がある。

　地域型保育給付費の対象を3歳以上に拡大するためには、地域型保育の質の向上が前提となる。同時に、子どもへの影響を考慮しつつ、保護者の就労の状況をふまえ、家庭的保育事業等と保育所や幼稚園を、スムーズに移行できるような制度が望ましい。地域型保育の質の維持、向上、年齢による区分の見直しをすることで、保育所のみが、保育を必要とする全ての子どもを受け入れることができる施設として位置づけられるのではなく、家庭的保育事業等が保育所と並ぶ選択肢となり、両者を行き来することも含め、保育需要に対応する有効

(45)　「国家戦略特別区域法及び構造改革特別区域法の一部を改正する法律」（平成29年6月16日成立）は、限定的ではあるものの、小規模保育の対象年齢拡大を後押しするものである。改正条文等は首相官邸HPを参照。http://www.kantei.go.jp/jp/singi/tiiki/kokusentoc/kettei/h290616.html（2017年9月5日アクセス）。

(46)　ただし例えば「家庭的保育事業等の設備及び運営に関する基準」（平成26厚労令61）の6条は、3歳以上の子どもに対する継続的な教育・保育の提供にあたっての連携施設確保を定めている。

(47)　0歳、1〜2歳、3歳以上の区分を示し、3歳未満の保育に関する方針が明確化されたことが指摘される。阿部和子・村松幹子・山縣文治「てい談　保育所保育指針の改定に関する『中間とりまとめ』から今後の保育を考える」保育の友65巻1号（2017年）17-18頁（阿部氏の発言より）。なお改正された新たな保育所保育指針は平成30年4月1日から適用される（平成29年厚生労働省告示第117号）。

214

な手段になることが求められている。

3　社会の変化と保育の供給 ── 少子化対策と子育て支援

（1）少子化対策と保育の役割

　1及び2で、現行制度の中で保育所と他の施設との関係を検討してきた。3では、少し視野を広げ、保育制度が他の政策の中でどのように位置づけられているのかを確認する。保育は、保護者のワークライフバランスを軸とする子育て支援や、将来の労働力確保を目的の一つとする少子化対策と密接に結びついている[48]。これら他の政策領域の動向は、直接保育のあり方を決めるわけではないものの、財源確保や制度全体の規模等に間接的な影響を与える。例えば待機児童の解消を目指す各プランは、子ども自身の問題というよりも、就労を阻害される親への影響を想定したものである。また少子化対策も、列挙されている政策が子ども自身の育ちを支援するものであっても、政策目的は人口や労働力の維持、増加である。保育や教育は、子ども自身の育ち以外の目的をもった政策に左右されることが少なくない。

　わが国の少子化対策は、少子化社会対策基本法（2003年）、次世代育成支援対策推進法（2003年）、子ども・若者育成支援推進法（2009年）をはじめとして、子ども、若者支援の政策と結びついている。他方で、ワークライフバランスや子育てする親の就労に着目した支援も継続して行われている。例えば、子ども・子育て支援法が定める仕事・子育て両立支援事業（子育て支援59条の2）は、現行制度におけるワークライフバランス支援の表れだといえる[49]。

　少子化対策とワークライフバランスに関わる政策の共通項として、子どもを産み育てる人々への支援がある。そのため、保育政策は、労働政策、医療政策、社会的養護等と並んで、少子化対策の柱となっている[50]。平成28年版『少子化社会対策白書』では、現行制度たる子ども・子育て支援新制度が特集され、認定子ども園や地域型保育の増加、企業主導型の保育、市町村による子

---

(48)　少子化社会対策基本法と子ども・子育て支援法が理念レベルで軌を一にすると指摘するものとして、伊奈川・前掲注(3)論文124頁。少子化対策における保育の位置づけを権利の観点から整理したものとして、江口隆裕『「子ども手当」と少子化対策』（法律文化社、2011年）175-177頁。

(49)　仕事・子育て両立支援事業は、待機児童解消加速化プランの一部として、企業主導型保育事業の拡大を柱に、保育の受け皿の増加を目指すものである。内閣府「子ども・子育て支援法改正の概要（仕事・子育て両立支援事業の新設）」http://www8.cao.go.jp/shoushi/shinseido/outline/gaiyo.html（2017年3月7日アクセス）。

子育て支援における保育所保育と保育実施義務の意義〔常森裕介〕

ども・子育て支援事業計画への期待が示されている[51]。これまでの少子化対策でも、地域の実情を反映した保育や、事業所内保育、保育所の運営の効率化への期待が示されてきた。また新待機児童ゼロ作戦及び待機児童解消加速化プラン等の待機児童対策も、少子化対策と密接に関わっている[52]。

わが国の少子化対策は、直接的な人口増加奨励策ではなく、子どもを産み、育てやすい環境を整備することに重点を置いてきた。特に働きながら子どもを育てる人々を想定した保育の拡充は柱の一つであった。そのため、保育の量的拡充が重視され、認定こども園の増加、保育所の民営化などは供給量を増加させる手法として期待された。つまり少子化対策では、質の確保に言及はされているものの、保育の細かな分類や機能分担よりも、子どもを預ける先を増やすことが優先されてきたといえる。

（2）在宅での子育て支援

現行制度では、就労し、子どもを保育所等の施設に預ける形態の他に、多様な子育て環境を想定した支援も行われる。子ども・子育て支援事業に示された各施策はその一例である（子育て支援59条、児福6条の3第2項以下）。保育施設における保育の拡充は、子育て支援策の一環ではあるものの、子育て支援策は施設で提供される保育以外にも多岐にわたる。

例えば育児休暇の取得と保育の必要性の有無が問題になった事例[53]は、在宅での子育てと保育サービスの利用の関係を問い直すものといえよう。旧児童福祉法24条1項が「保育に欠ける」と表現していたのに対し、現行法では「保育を必要とする」子どもを対象にしている。この変化が反映された仕組みとして、例えば短時間就労の保護者が利用できる保育短時間の認定を挙げるこ

---

(50) 内閣府 HP 掲載の『平成28年版 少子化社会対策白書』(2016年)、「子ども・子育てビジョン」(2010年)、「少子化社会対策大綱」(2015年)、厚生労働省 HP 掲載の「少子化対策推進基本方針」(1999年)、「少子化対策プラスワン（要点）」(2002年)、「子ども・子育て応援プラン」(2004年)を参照。

(51) 前掲注(50)白書45頁以下。

(52) 厚生労働省 HP 掲載の「『新待機児童ゼロ作戦』について（概要）」、「『新待機児童ゼロ作戦』について ── 希望するすべての人が安心して子どもを預けて働くことができる社会を目指して」(2008年)、「子ども・子育て支援新制度及び待機児童解消加速化プランについて」(2015年)を参照。

(53) 育児休業取得に起因する退園に関する事例の概要及び分析については、古畑・前掲注(30)「判批」に詳しい。

とができる。「保育に欠ける」が、入所の可否と結びつき、原則として二者択一でニーズを判定していたのに対し[54]、保育を必要とする子どもを対象にした現行制度は、保育サービスの部分的利用や断続的な利用をより広く許容する。同時に、在宅での子育てを支援する、あるいは在宅での子育てと施設での保育を組み合わせることができるように制度を拡充する必要がある。

　子ども・子育て支援事業は、妊産婦への支援や、出産後の保健指導を含んでおり、子育てを行う家庭全体に対する支援だといえる。保育所が、専門的な監護に加え、教育の要素も加味し、内容を充実させていくのに対し、自宅で子育てする親は、同様の専門性をもたないため、子どもが受けられる監護、教育の内容に差が生じることも考えられる。保育所での保育を希望したがやむを得ず自宅で子育てする親、あるいは様々な理由で自宅での子育てを選んだ親が、必要に応じて施設等での保育を利用できるようにすることは、子どもの育ちという視点から重要である。加えて、低所得世帯についていえば、子どもの健康状態、家事の様子などを見守るために、保育所を利用している場合でも、自宅での子育てに対する支援が要請される。

4　小括 ─ 保育所保育の相対化

　少子化対策の中で保育の拡充が求められる一方、子どもの数が今後も減少していくことをふまえると、保育所の増設をはじめとする供給拡大は、地域の実情に応じて計画的に行われなければならない。都市部と比較して子どもの数が減少している地域では、施設の増設よりも、例えば小規模で機動的な事業形態が求められる場合もあるだろう[55]。保育所と教育施設、保育所と他の多様な保育施設、保育と他の子育て支援や少子化対策を併せて検討すると、保育そのものの重要性が増す一方で、保育所保育以外の選択肢が増えていることがわかる。

　保育所がもっていた役割は、様々な施設に代替され、同時に隣接する政策領域の動向の影響を受けざるを得ない。児童福祉法上の児童福祉施設であること、０歳から５歳までの子どもを対象とすること、保育所指針に基づき保育と教育を提供すること、これら保育所が有する要素は、既に述べたとおり、幼保

---

(54)　この点、木下は量的な判断を行う点を現行制度の特徴として挙げる。木下・前掲注(28)論文5頁。

(55)　小規模保育や施設間の連携などを活用し、人口減少地域での保育需要への対応が検討されている。内閣府前掲注(13)資料10、19、38頁。

連携型認定こども園や家庭的保育事業等がその一部を担うようになっている。また、将来的には、就学前教育の広がりとともに幼稚園が、あるいは現在無認可施設とされている種々の保育施設が、保育所の役割を担っていくことになるかもしれない。むしろ市町村の保育実施義務の対象となっていることそのものが、保育所保育に特別な位置づけを与える根拠になっているともいえる。

　保育所は、現行制度が定める施設の一つでしかなく、保育所の増設は、子育て支援や少子化対策の一つの手段でしかない。そうだとすれば、現行制度における市町村の保育実施義務を、保育所保育に限定するとも読める児童福祉法の規定を再検討する余地があるのではないだろうか。以下、本稿のまとめとして今後の保育実施義務のあり方について検討する。

Ⅳ　現行制度における保育実施義務の意義

　Ⅱで子ども・子育て支援法及び児童福祉法を軸とした現行制度の解釈を提示し、Ⅲでは現行制度内部での保育と教育、保育所と他の施設、保育と少子化対策及び子育て支援策全体がどのように関わり、保育制度に影響を与えているのかを概観した。Ⅱでは子ども・子育て支援法を軸とした解釈と、児童福祉法、特に24条1項を軸とした解釈の両方があることを提示したうえで、子ども・子育て支援法を軸に、現行制度の特徴を生かすことのできる見方があることを示した。Ⅲでは、解釈論の限界をふまえ、保育所保育が様々な文脈で相対化されていることを示し、立法論のレベルで現行制度における保育所の位置づけを再考した。

　以下では、Ⅱ、Ⅲでの検討をふまえ、現行制度における保育実施義務のあり方を考察する。

1　現行制度における保育実施義務

　前述のとおり、児童福祉法24条1項は、現行制度においても特別な位置づけを維持しているように見える。子ども・子育て支援法が、施設型給付費の対象として、保育所を幼稚園や認定こども園と同じく位置づけているのに対し、児童福祉法は、教育施設である幼稚園等を対象とせず、幼保連携型認定こども園を、家庭的保育事業等とともに保育確保措置（児福24条2項）の対象とし、保育所と区別している。そのため、市町村の保育所での保育実施義務を定める児童福祉法24条1項を軸として現行制度を整理し、保育所保育を最優先に位

置づけ、保育所保育を求める権利が子どもや保護者にあるという見方も現行制度に対する理解として妥当性をもつ。

しかし、現行制度を概観すると、児童福祉法の規定は制度の一部を構成しているにすぎない。また、現行制度において子ども・子育て支援法が給付の仕組みを規定し、児童福祉法が保育を受けることそのものに対する権利を根拠づけるとすれば、後者の内容は前者によって具体化される。

現行制度は現金給付たる児童手当を含む総合的な法制度であり、保育を提供する仕組みにおいても、保育と教育を一体的に提供することが想定されている。そのことは、例えば特定教育・保育施設や施設型給付の区分に表れている。すなわち、現行制度が想定する仕組みは、特定の施設についてのみ、市町村が保育実施義務を負うのではなく、保育及び教育を必要とする子どもに対し、特定教育・保育施設及び特定地域型保育事業者の全てを選択肢として提示し、認可及び確認を受けた事業者のいずれかによって保育を実施することを内容とする、と捉えることができる。そのように捉えると、児童福祉法24条1項及び2項は、必ずしも保育所保育を優先しているわけではなく、多様な選択肢を組み合わせて保育を提供するという意味で、両条文が一体となって市町村の保育実施義務を規定していると理解することも可能になる。

もちろん、児童福祉法24条2項は個々の子どもに対する具体的な保育の確保を義務づけたものではなく、施設の供給など体制を整備するための規定である、と捉えることもできる。しかし、24条1項との文言上の接続だけでなく、家庭的保育事業等の整備が、待機児童となっている個々の子どもに利用の機会を与えることと直接結びつくことを考えると、単なる体制確保だけでなく、認定を受けた個々の子どもの入所につながる保育確保措置を求めていると解すべきであろう。

市町村の保育実施義務を、保育所保育に限定しないものと捉えると、市町村による利用調整が重要となる。待機児童をどう定義するかは措くとしても、現在保育所への入所を希望したにも関わらず、他の施設を利用している子どもは多く、これらの子どもも保育ニーズを充足できていないとみなされている。現行制度では、保育の必要性の認定を受けたにも関わらず、保育を受けていない、あるいは認可や確認を受けていない施設を利用している場合は、市町村が保育の確保へ向けた措置をとることが求められる。ただし、具体的に市町村が求められる行動は、利用調整と、児童福祉法及び子ども・子育て支援法に基づ

子育て支援における保育所保育と保育実施義務の意義〔常森裕介〕

く事業者への要請である。利用者に希望を提示させることは重要ではあるものの、利用者の希望は一つの考慮要素にすぎない。市町村が全ての施設について一括して希望を受けつけ、事実上入所の可否を決める仕組みは、現行制度の本来予定するものではない[56]。利用調整についても、市町村の責任において行われる重要な手続きで行政処分としての性格を認めるとしても、利用調整を経ていない保護者や子どもが給付や利用手続から排除されるような運用は望ましくない[57]。保育所に対する需要の大きさを考慮すると、市町村が子どもの振り分けにあたって中心的な役割を担わざるを得ないことを認めたうえで、市町村の関与のあり方を再考すべきであろう。

そのように考えると、私立保育所について附則で従来の委託方式を維持することは現行制度の体系から外れるものであり[58]、後述するように、私立保育所も同じ取扱いにすべきである。市町村の保育実施義務の中核は、現行制度においては利用調整であり、保育所を希望する利用者に必ず保育所での保育を実施しなければならない義務を負っているわけではない。ただし保育実施義務をこのように解する場合には、市町村が認定こども園や地域型保育を含めた保育の供給量拡大を進めること、認可や確認を通じて保育の質を維持、向上させること、特別なニーズを有する子どもについては優先的に保育を確保することが求められる。これらの義務は、既に述べたように、子ども・子育て支援法あるいは児童福祉法に根拠を有している。

---

(56)　伊藤も、現行制度を批判的に捉える文脈ではあるものの、児童福祉法24条3項について「保育を必要とする子どものすべての保護者が利用の希望・申込みを市町村に行うという利用手続きは、直接契約方式を採用した子ども・子育て支援法の趣旨に矛盾するため、当然ではあるが想定されていない」として、明文規定が必要と述べる。伊藤・前掲注(17)論文10頁。新田も「市町村が、認定こども園・家庭的保育事業等についても、保育所と同様の利用者選考を行うというのであれば、利用者と施設・事業者との直接契約によるサービス利用に対する制約ということになるので、法令上の明文の根拠が必要であろう」と述べる。新田・前掲注(16)「判批」315頁。

(57)　利用調整の位置づけについては、前掲注(8)FAQ No. 50、No. 56の項を参照。

(58)　内閣府の説明では、私立保育所について委託方式を維持することは、児童福祉法24条が市町村の保育実施義務を規定していることに基づくとされている（内閣府・前掲注(13)資料6、8頁）。しかし、24条の保育実施義務と、私立保育所についてのみ、附則を使って例外的な取扱いをすることが直結するのか、不明確と言わざるを得ない。私立保育所を例外的に取り扱うことには合理性がないと批判するものとして、菊池・前掲注(14)書498頁。

Ⅳ　現行制度における保育実施義務の意義

　ここまで述べてきたことは一つの解釈にすぎない。児童福祉法 24 条 1 項が保育所保育の実施を義務付ける文言を維持し、市町村が必要性の認定だけでなく、契約過程への関与を強めるとすれば、制度の解釈と実際の運用がかい離する可能性がある。そのため、解釈だけでなく、立法政策のレベルでの議論が不可欠であり、以下検討する。

2　制度の今後のあり方

　1 のように保育実施義務を解するとしても、児童福祉法 24 条各項の読み方によっては、複数の解釈があることは、既に述べたとおりである。そのため、現行制度の特色を生かし、保育や教育を提供するために、制度が漸次改正されていくことが望ましい。

　まず附則で従来の委託方式を維持している私立保育所を、施設型給付費の対象とし、認定こども園等と同じく、利用者と保育所の間の契約に基づく利用方式のもとに置くべきである[59]。現在の制度で「保育所」というとき、公立保育所と私立保育所では、利用方式や費用の支払い方法が異なるため、保育所保育の位置づけや保育所保育実施義務のあり方を統一的に検討することが困難となっている。私立保育所は、公の施設ではないこと、保育所であることのいずれの性質をとっても、施設型給付費の対象となる他の施設と区別する理由は乏しい。私立保育所を施設型給付費の対象とすることで、現行制度のもとで統一的に、保育所に対する需要へ対応すべきであろう。

　同時に、児童福祉法 24 条 1 項と 2 項の区別を廃し、子どもが保育を必要とする場合に、保育所、幼保連携型認定こども園、家庭的保育事業等により保育を実施する義務を負う旨の条文にすべきだと考える。将来的には、幼稚園や幼保連携型以外の認定こども園も、児童福祉法上、保育及び教育を提供する施設として位置づけられるべきだと考える。ただし幼保一体化に関して長期にわたる議論があったこと、各幼稚園等の現行制度への積極的な参加がなければ実効性を欠くことを考慮すると、将来的な課題とするのが適当であろう。

　議論の焦点は公立保育所の位置づけである。子ども・子育て支援法上の区分に従えば、「保育所」という類型の施設は、利用者との契約及び金銭給付（代

---

(59)　「仮に将来的に幼稚園と保育所の制度統合を目指すとするならば、私立保育所についても契約制への移行を考えることになる」とし、私立保育所の契約制への移行に肯定的な見解を示す意見もある。衣笠葉子「子ども・子育て支援新制度と幼保改革」論究ジュリスト 11 号（2014 年）49 頁。

理受領）を前提とする現行制度の仕組みの下に置かれ、公立保育所にのみ特別な位置づけが与えられるわけではない。もちろん公立であるため、入所や退所に関する決定を行政処分とみなす場面を伴い、他の施設と異なる法的位置づけを与えなければならない面もある[60]。しかしより重要なのは、保育実施義務を負う主体としての市町村と、公立保育所の設置者、運営者としての市町村を区別することである[61]。子ども・子育て支援法に基づく給付の仕組みをふまえると、2つの立場を混同するべきではない。公立保育所を運営する立場としての市町村は、必ずしも特定の子どもを優先する、あるいはできるだけ多くの子どもを受け入れる義務を負うわけではない。

　Ⅱで確認したように、現行制度において、市町村は利用調整や要請を行うにとどまる。現行制度は、必要性の判定と入所に関する手続きを形式的には区別しており、前述のとおり、利用者と事業者の間の契約が入所の前提となる。しかし現状では、公立保育所及び私立保育所への需要を背景に、公立保育所の設置者・運営者としての市町村が行う施設レベルの選考が重要な位置づけを与えられている。加えて市町村は、利用調整を通じて制度利用全体についても事実上の選考を行っている。これら両方の立場による「選考」の結果、現行制度以前の仕組みが維持されているようにも見える。

　上記のとおり、保育所に与えられる特別な位置づけは、保育所への大きな需要という事実上の要因によるものである。Ⅲで見た通り、保育所への需要が大きいとしても、少子化の動向や財源の制約をふまえれば、保育所の増設による需要への対応には慎重でなければならない面もある。そのため市町村は、多様な保育を取り込み、質を向上させることに注力すべきであろう。また施設と利用者の契約を前提とするため、当事者間の交渉力の格差を是正するための支援を積極的に行うべきである。ただし、このような支援は現行制度以前のような、市町村が一括で、かつ一方的に行う入所決定ではなく、個別の子どもの事

----

(60)　公立保育所の入所関係と裁判所の現行制度に対する捉え方については古畑・前掲注(30)「判批」を参照。

(61)　「市町村は公立保育所に関しては、事業者に対し利用の要請を行うとともに、当該要請を受ける立場にもあることにもなる」と説明される。木下・前掲注(28)論文 6 頁。「市町村が公的保育の供給主体と需給調整の主体という二重の役割を担うしくみ」には限界があること、民間保育所も直接契約への移行が望まれることを指摘するものとして、井上従子「子ども・子育て支援新制度をめぐる課題と展望 —— 主に保育供給体制とその法的課題に関する考察」横浜法学 25 巻 2 号（2016 年）63-64 頁。

情をふまえた調整であるべきだと考える。

　加えて、教育との一体化や多様な子育て支援も推進されるべきである。これらは現行制度がそもそも内包していた理念であり、保育所という特定の施設や、保育という特定の文脈に限定した議論では達成が難しいものでもある。市町村の果たすべき役割は、現行制度以前の方法で眼前の需要に対応するだけでなく、長期的な視点をもち、かつ多様な方法で子どもや保護者のニーズに応えていくことだと考える。

V　むすびにかえて

　本稿で主たる検討対象とした児童福祉法24条各項は、従来市町村の保育実施義務を定めた重要な条文であったし、現行制度でも権利義務の基盤となる条文であることに変わりはない。他方、保育所も、多様な施設類型が創設される中で、その位置づけを変化させてきた。だからこそ、解釈も変化し、必要であれば条文そのものも改正されるべき旨をここまで述べてきた。

　本稿では、24条1項の文言に沿って、市町村の義務という観点から検討を行ったが、保育において、子どもや保護者の権利という観点からの検討も重要である。両者は表裏一体であるものの、すべてが重なるというわけではない。特に子ども自身の権利という点からの考察は、今後の課題としたい。

立法過程研究

地域包括ケアシステムの強化のための介護保険法等の一部を改正する法律の立法経緯について

唐 戸 直 樹

Ⅰ　は じ め に
Ⅱ　制度見直しの検討段階
Ⅲ　法案の立案過程
Ⅳ　国会における審議の過程
Ⅴ　若干の考察

I　は じ め に

　平成29年の通常国会（第193回国会）で、「地域包括ケアシステムの強化のための介護保険法等の一部を改正する法律」（平成29年法律第52号。以下「地域包括ケア強化法」という。）が同年5月26日に成立し、同年6月2日に公布された。

　本法律は、高齢化の進展等に伴い、介護を必要とする高齢者の増加が見込まれる中、高齢者が住み慣れた地域でその有する能力に応じ自立した日常生活を営むことができるようにしていくことが重要であることから、介護保険制度の持続可能性を高めるとともに、介護保険の保険者である市町村の取組を推進することなどを通じて、地域包括ケアシステムの強化を図ることを目的とする法律である。

　筆者は、平成28年6月から介護保険制度を担当する厚生労働省老健局総務課の課長補佐として勤務し、今回の制度改正の検討業務や本法律の立案業務にも従事した。

　目の前に迫りつつある超高齢社会への対応を見据え、介護サービスの提供体制や制度の持続可能性をどう確保していくかはまさに待ったなしの課題であり、今回の法改正の検討経緯や法改正を取り巻く状況を整理しておくことは、近い将来における介護保険制度の更なる見直しや今後の社会保障法研究にも何らか参考になる部分があるのではないかと思い、当時の経験も振り返りながら、本稿をまとめたものである[1]。

　なお、本稿の内容の意見にわたる部分は全て筆者の個人的な見解であり、厚生労働省及び筆者の所属組織の見解を示すものではないことを念のためお断りしておく。

---

(1)　本稿をまとめる前提として、本法律の立案業務では、厚生労働省や内閣法制局の関係者をはじめとして多くの方々からご教示やご支援をいただいた。個別のお名前を挙げるのは差し控えるが、この場を借りて改めて御礼申し上げたい。

II　制度見直しの検討段階

1　経　緯

「地域包括ケアシステムの強化のための介護保険法等の一部を改正する法律案」（以下「地域包括ケア強化法案」という。）の見直し内容については、社会保障審議会介護保険部会（以下「介護保険部会」という。）で中心的に議論がなされた[2]。

介護保険部会は、介護保険制度の見直しの議論を行うために設置された社会保障審議会の部会[3]であり、過去の介護保険法（平成9年法律第123号）の改正法案もこの部会における制度見直しの議論をもとに立案されている。

今回の制度見直しでも、平成28年2月の第55回介護保険部会から同年12月の第70回の同部会まで、16回にわたって審議が重ねられ、介護保険部会の意見書として「介護保険制度の見直しに関する意見」（平成28年12月9日。以下「介護保険部会意見書」という。）が取りまとめられた。

この介護保険部会意見書における制度見直しの内容などをもととして、地域包括ケア強化法案が立案された。

2　今回の制度見直しの背景

平成28年2月の第55回介護保険部会は、今回の制度見直しに向けた初回の部会であり、最近の介護保険制度を巡る動向や制度見直しに向けた視点について事務局から説明がなされている。

制度見直しに向けた視点としては、更なる高齢化が見込まれる中で、これまでの制度改正などの取組を踏まえつつ、地域包括ケアシステムの推進、介護保険制度の持続性の確保に取り組んでいくことが重要であるとの考え方が示され、具体的には、

---

(2)　なお、療養病床の見直しについては、社会保障審議会療養病床の在り方等に関する特別部会で議論が行われた。この議論については本号掲載の別稿（田中広秋「介護医療院の創設をめぐる検討経緯と今後の課題の考察」）で紹介されることから、本稿では地域包括ケア強化法案に必要最低限の範囲で触れることとしていることをお断りしておく。

(3)　介護保険部会は、平成15年3月19日の第10回社会保障審議会において設置了承され、「介護保険制度に関する課題及びその対応方策等について議論いただくため、社会保障審議会に専門の部会を設置する」こととされた。その後も介護保険制度の見直しが行われる際には介護保険部会が開かれて検討が行われている。

① 高齢化のますますの進展など人口構造が大きく変化していく中で、地域の実情に応じたサービスの推進、医療と介護の連携などをはじめとして、地域で高齢者が安心して暮らせる枠組みづくりが求められていること、

②「経済財政運営と改革の基本方針2015」（平成27年6月30日閣議決定）や、「経済・財政再生アクション・プログラム」（平成27年12月24日経済財政諮問会議）でも、経済・財政の再生や社会保障制度の持続可能性の確保の観点から、介護保険制度の見直しについて、様々な指摘がなされていること、

に対応すべく介護保険部会での議論を開始したい旨が示されている[4]。

こうした認識は介護保険部会での議論を経て更に深められていき、最終的には以下のような認識[5]が介護保険部会として共有されたものと考えられる。

介護保険制度を取り巻く状況が大きく変化している中で、団塊世代が75歳以上となる2025年や、団塊ジュニア世代が65歳以上となり、高齢者数がピークを迎える2040年も見据えつつ、引き続き、高齢者がその有する能力に応じ自立した日常生活を営むことができるよう支援することや、要介護状態等となることの予防、要介護状態等の軽減・悪化の防止といった制度の理念を堅持し、質が高く必要なサービスを提供していくと同時に、財源と人材とをより重点的・効率的に活用する仕組みを構築することにより、制度の持続可能性を確保していくことが重要である。

持続性を確保するためには、給付費の伸びの抑制を図るとともに、利用者負担の在り方、保険料負担の在り方について、世代内・世代間の公平等を踏まえた必要な見直しに取り組むことが必要である。さらに、国及び都道府県が一体となって支えつつ、介護保険の保険者である市町村の保険者機能を強化していくことが必要である。

3 制度見直しを取り巻く状況

上記の制度改正に向けての認識に加え、制度改正を取り巻く状況について、以下の（1）から（3）も重要な要素であったと考えられる。

（1）地域包括ケアシステムの推進の取組

地域包括ケアシステムは、いわゆる社会保障と税の一体改革で医療介護の提

---

(4) 平成28年2月17日の第55回介護保険部会での三浦公嗣老健局長（当時）の冒頭挨拶。

(5) 介護保険部会意見書2頁を参照。

供体制の目標[6]とされ、近年、法律上にもその概念が位置づけられるようになった[7]。

具体的には、「地域包括ケアシステム」とは、「地域の実情に応じて、高齢者が、可能な限り、住み慣れた地域でその有する能力に応じ自立した日常生活を営むことができるよう、医療、介護、介護予防、住まい及び自立した日常生活の支援が包括的に確保される体制」のことである[8]。

前回の平成 26 年改正は、社会保障制度改革プログラム法に規定された介護保険制度の見直し内容を具体的に立法化するものであった[9]。今回の制度見直しについても、地域包括ケアシステムの推進を更に強化・深化するという観点から、前回の平成 26 年改正と一連のものとしてとらえる必要がある。

大規模な提供体制の改革となった前回の平成 26 年改正の施行が各市町村で進められている最中であるという状況もあり、今回の制度見直しの議論では市町村の取組を支援するための仕組みづくりが中心となったものと考えられる[10]。

（2）財政制度等審議会の動き

「経済・財政再生アクション・プログラム」や「経済財政運営と改革の基本

---

(6) 持続可能な社会保障制度の確立を図るための改革の推進に関する法律（平成 25 年法律第 112 号。以下「社会保障制度改革プログラム法」という。）第 4 条の「医療制度」及び第 5 条の「介護保険制度」において、地域包括ケアシステムの構築を通じ、地域で必要な医療や介護サービスを確保することが観点として示されている。平成 25 年 8 月 6 日の社会保障制度改革国民会議報告書においても、「介護保険制度については、地域包括ケアシステムの構築こそが最大の課題である」と指摘されている（同報告書 37 頁）。

(7) これ以前にも、平成 21 年 3 月の地域包括ケア研究会「地域包括ケア研究会報告書」（平成 20 年度老人保健健康増進等事業）が先駆的に地域包括ケアシステムの概念を整理しているほか、平成 23 年の介護保険法改正において同法第 5 条第 3 項の国及び地方公共団体の責務として地域包括ケアシステムの推進に相当する内容の規定が設けられるなどの動きはあったが、こうした概念が医療と介護の提供体制の目標となったことは社会保障と税の一体改革の画期的な意義と考えられる。

(8) 地域における医療及び介護の総合的な確保の促進に関する法律（平成元年法律第 64 号）第 2 条第 1 項の地域包括ケアシステムの定義規定。平成 26 年の地域における医療及び介護の総合的な確保を推進するための関係法律の整備等に関する法律（平成 26 年法律第 83 号）による改正で追加された規定である。

(9) 社会保障制度改革プログラム法第 5 条第 4 項では、介護保険制度における介護納付金の総報酬割についても検討事項とされていたが、平成 26 年改正時には結論が出ず法改正にまでは至らなかった。今回の介護保険制度見直しでは、こうした事項も引き続き検討の対象となった。

方針 2016」（平成 28 年 6 月 2 日閣議決定）等を受け、財政制度等審議会の財政制度分科会においても、社会保障制度改革の一環として、介護保険制度改革について議論が行われた[11]。こうした財政制度等審議会での議論は、介護保険部会の二巡目の議論で紹介されている。

（3）地域共生社会の実現に向けた動き

平成 28 年 7 月 15 日に厚生労働大臣を本部長とする「『我が事・丸ごと』地域共生社会実現本部」が設置され、「地域共生社会」の実現を今後の福祉改革を貫く基本コンセプトに位置づけ、検討を進めていくこととされた[12]。地域共生社会の実現は、「経済財政運営と改革の基本方針 2016」や「ニッポン一億総活躍プラン」（平成 28 年 6 月 2 日閣議決定）にも位置付けられており、政府全体として取り組むべき課題となっていた。

こうした地域共生社会の実現に向けた取組も、地域包括ケア強化法案の一つの軸となっている。

4　介護保険部会における議論のスケジュール

今回の制度見直しの具体的な議論[13]は、平成 28 年 2 月 17 日の第 55 回介護保険部会を皮切りにスタートした。同日の部会において、まず今回の見直しに当たっての主な検討事項が示された[14]。それによれば、「介護保険制度の見直

---

(10)　いわゆる社会保障と税の一体改革として消費税率引上げによる増収分の財源を前提とした社会保障の充実分についても議論できた前回の平成 26 年改正時の場合と異なり、今回の制度見直しの際は消費税率の引上げが延期され、充実のための財源の見込みのない中での制度改正の議論という厳しい面があったことには留意が必要である。

(11)　平成 28 年 10 月 4 日の財政制度等審議会財政制度分科会の資料（「社会保障①（総論、医療・介護制度改革）」）44 頁を参照。具体的には、経済・財政再生計画及び改革工程表における改革項目（介護保険）として、高額介護サービス費制度の見直し、介護保険における利用者負担の在り方、軽度者に対する生活援助サービスの在り方、軽度者に対する福祉用具貸与等の在り方、軽度者に対するその他給付の在り方、介護納付金の総報酬割、介護費の地域差の分析と給付の適正化が議論されている。

(12)　詳細については、平成 28 年 7 月 15 日の第 1 回「我が事・丸ごと」地域共生社会実現本部の資料 1 及び資料 2 を参照。

(13)　介護保険部会における議論は、大きく 3 つの段階に分かれるものと考えられる。まずは、①それぞれのテーマについて、現状の仕組みやデータ、これまでの改正内容、課題等を紹介し、各委員の意見を聞く「一巡目の議論」の段階、次に、②一巡目での議論を踏まえて、より具体的な見直し内容等を提示して議論を深める「二巡目の議論」の段階、そして、③二巡目の議論を受けた「取りまとめに向けた議論」の段階に分けて考えることができる。

しに当たっては、これまでの制度改正等の取組を更に進め、(1) 地域包括ケアシステムの推進、(2) 介護保険制度の持続可能性の確保に取り組むことが重要」であり、この2本の柱に沿って個別の検討項目が整理されている。

その後、同年3月25日の第56回から8月31日の第62回部会までにおいて、それぞれの検討項目について一巡目の議論が行われ、現状・課題や見直しに当たっての論点についての説明の後、各委員からの意見表明や議論が行われた。

さらに、同年9月7日の第63回から11月16日の第68回部会までにおいて、それぞれの検討項目について二巡目の議論が行われた。二巡目の議論では、一巡目の議論を踏まえ、見直しについてのより具体的な論点について議論が交わされた。多くの検討項目については二巡目の議論の段階で各委員の間で見直しの方向性についておおむねの合意が見られたものと考えられる。

同年11月25日の第69回部会では、更に議論が必要とされた検討項目である利用者負担及び費用負担について三巡目の議論が行われた。それ以外の検討項目については、これまでの部会での議論を踏まえた意見書の素案が示され、取りまとめに向けた議論が進められた。

同年12月9日の第70回部会には、部会の意見書の案として「介護保険制度の見直しに関する意見（案）」が示され、議論の上、介護保険部会の意見書の取りまとめが行われた。

5　介護保険部会における議論

制度見直しの内容[15]については地域包括ケア強化法案の内容として後述することとし、介護保険部会において議論となった主な点を紹介したい。

（1）保険者機能の強化

今後、高齢化が進展していく中においても、高齢者の自立支援や要介護状態の重度化防止という介護保険の理念[16]を堅持しながら、地域包括ケアシステムを推進していく必要がある。また、地域によって高齢化の状況や、それに伴う介護需要も異なっており、また、要介護認定率や一人当たり介護費用、施設

---

(14)　平成28年2月17日の第55回介護保険部会の資料2「主な検討事項について（案）」。

(15)　法改正ではなく、政省令や報酬改定や運用等で見直す事項（例えば、高額介護サービス費の見直し、福祉用具貸与の見直し、介護人材の確保（生産性向上・業務効率化等）など）については、本稿では紙幅の都合上割愛している。これらについては、介護保険部会意見書の該当箇所を参照いただきたい。

(16)　介護保険法第1条の目的規定及び第2条の基本理念規定を参照。

サービスと居宅サービスの割合などについても地域差が存在している状況にある。こうした状況も踏まえ、地域包括ケアシステムの推進に向けた取組をより促進していくためには、特に介護保険の保険者である市町村に対して、どのような方策を提供していく必要があるか、という点について介護保険部会で議論が行われた。

介護保険部会では、①各市町村が、それぞれの地域の実態把握・課題分析を行い、②その結果を踏まえて、地域における共通の目標を設定し、関係者間で共有するとともに、その達成に向けた具体的な計画を作成する。③この計画に基づき、地域の介護資源の発掘や基盤整備、多職種連携の推進、効率的なサービス提供も含め、自立支援や介護予防に向けた様々な取組を推進する。④これら様々な取組の実績を評価した上で、計画について必要な見直しを行う、という取組を繰り返し行うこと[17]を通じて保険者機能を強化していくことが必要である点については意見の一致をみた。

こうした仕組みを制度化することは、高齢者の自立支援や要介護状態の重度化防止に向けた市町村の取組を全国的に強化する観点から有効であるが、市町村の規模等の違いや人員やノウハウの課題があることから、市町村による極端な格差が生じないよう国や都道府県が市町村を具体的かつ積極的に支援していくことが適当であるとされた。市町村に対する国や都道府県による重層的な支援も併せて制度化する必要があるという視点である。

一方で、保険者機能の強化について介護保険部会で議論となったのは、市町村や都道府県に対する財政的なインセンティブのあり方であった。財政的なインセンティブを設定することについてはおおむね賛同が得られたものと思われるが、具体的な各論については様々意見があった[18]。

財政的なインセンティブの基準となる評価指標については、アウトカム指標を誤ると要介護認定が過度に抑制されかねないのではないか、自治体間の人材やノウハウ、地域資源などに大きな差異がある中で自治体間の格差が拡大しないよう留意すべきではないかなどの意見が出された。

また、財政的なインセンティブ自体についても、追加財源を確保した上で実

---

(17) 介護保険部会意見書では、こうした目標達成に向けた活動を継続的に改善する取組を「地域マネジメント」と呼んでいる。地域マネジメントの推進による保険者機能の強化については、介護保険部会意見書の3頁を参照。

(18) 詳細は介護保険部会意見書の5頁及び6頁を参照。

施すべきだという意見があった一方で、ディスインセンティブも組み合わせた上で、財政中立的に実施すべきとの意見も出された。

財政的インセンティブについては、適正なサービス利用の阻害につながることのないものとする必要があるとともに、評価指標については、各市町村における高齢化率や地域資源等の違い等も踏まえ、アウトカム指標とプロセス指標を組み合わせ、公平な指標を設定できるよう、市町村や都道府県の意見を十分に聞いた上で、介護保険部会での意見に留意しながら、丁寧な検討を行うことが適当であるとされた。

（2）利用者負担の見直し

高齢化の進展やそれに伴う介護サービスの増加に伴い、2025年度には保険料の全国平均は8000円を超えることが見込まれる中で、世代間・世代内の負担の公平性を確保し、給付と負担のバランスを図りつつ、保険料、公費及び利用者負担の適切な組み合わせにより、介護保険制度の持続可能性を高めていくことが重要な課題となっている。

こうした観点から利用者負担の見直しも検討しなければならない課題であるという点には認識の一致はあったが、見直しには積極・消極両方の立場から様々な意見[19]が出された論点である。

利用者負担の見直しの検討の前提として、事務局より前回の平成26年改正により導入された利用者負担の2割負担の施行の状況について報告が行われた[20]。2割負担導入前後の対前年度同月比でのサービスの受給者数の伸び率を見ると、マクロ的な傾向では顕著な差は見られないとのことであった。こうした前回改正後の動向も踏まえた上で、介護保険部会では議論が行われた。

利用者負担を引き上げることについては、低所得者に配慮した上で原則2割負担とすべきではないか、2割負担となる者の範囲を拡大すべきであるといった負担増に積極的な意見[21]があった一方で、サービスの利用控えや家計の負

---

(19) 平成28年10月4日の財政制度等審議会財政制度分科会の資料（「社会保障①（総論、医療・介護制度改革）」）46頁では、介護保険における利用者負担の在り方について、「介護保険制度を取り巻く状況を踏まえ、軽度者が支払う利用者負担額が、中重度者が支払う利用者負担額と均衡する程度まで、要介護区分ごとに、軽度者の利用者負担割合を引き上げるべき」との見解が示されている。

(20) 平成28年8月19日の第61回社会保障審議会介護保険部会の資料1及び参考資料1を参照。

(21) 詳細は介護保険部会意見書29頁を参照。

担を考慮して慎重に検討すべきではないか、平成26年介護保険法改正による2割負担の導入の影響をよく検証する必要があるのではないかといった見直しに消極的な意見[22]があった。

このように見直しに積極、消極の両方の立場から様々な意見が出されたが、こうした介護保険部会での2回の議論を受け、介護保険部会に事務局が提示した現役並み所得者の利用者負担割合を3割とするとの見直し案[23]については、賛同ないしは容認する意見が多く出された。

また、こうした介護保険部会での議論を通じて、負担能力に応じた負担となるように見直しを行うという方向については、おおむね意見の一致をみた。

（3）介護納付金[24]の総報酬割

40歳から64歳までの者の加入する医療保険者が負担する介護納付金における費用負担のあり方[25]についても、被用者保険の保険者が負担する介護納付金について、各保険者の総報酬額に応じたものとしていくこと、すなわち、総報酬割を導入することが議論となった。

この介護納付金への総報酬割の導入については、社会保障と税の一体改革でも検討が求められた事項[26]であり、前回の平成26年介護保険法改正の際の介護保険部会でも議論が行われており、今回の介護保険部会でも時間をかけて丁寧な議論が行われた。

介護納付金への総報酬割の導入については、現役世代にとって受益を伴わない負担増ではないか、順番として給付の重点化・効率化に先に取り組むべきではないか、40代や50代は子育てや親の介護が必要な世代で負担を強めるべきではないのではないかなど、強く反対する意見[27]が相当数あった。

---

(22)　詳細は介護保険部会意見書29頁及び30頁を参照。

(23)　平成28年11月25日の第69回社会保障審議会介護保険部会の資料1の4頁及び5頁を参照。

(24)　介護保険法第150条第1項に規定する介護給付費・地域支援事業支援納付金を以下「介護納付金」という。

(25)　今回の地域包括ケア強化法による改正前は、40歳から64歳までの者（第二号被保険者）の加入する医療保険者が負担する介護納付金については、各医療保険者に加入する第二号被保険者数に応じて負担する仕組み（以下「加入者割」という。）となっていた。

(26)　社会保障制度改革プログラム法第5条第4項を参照。

(27)　詳細は介護保険部会意見書37頁を参照。

Ⅱ　制度見直しの検討段階

　一方で、平均総報酬額に大きな違いがあるにもかかわらず同額の負担とするのは不合理ではないか、能力に応じた負担は利用者負担だけでなく保険料の負担にも当てはまる考え方ではないか、負担減になる人が多いことにも目を向けるべきではないか、介護納付金は逆進性を有しており負担能力に応じたものに変えていくべきではないかなど、多くの委員から総報酬割導入に賛同する意見[28]が出された。

　また、総報酬割の導入に当たっては負担増になる人や企業への配慮として段階的な導入が必要ではないか、負担の増加する健康保険組合への支援などの激変緩和措置など相応の配慮が必要ではないかなどの意見も出された。

　介護保険部会の意見書では、こうした両方の意見を紹介する形の両論併記での取りまとめとなった。

　介護納付金への総報酬割の導入は地域包括ケア強化法案に盛り込まれることとなるが、前回の平成26年改正時と異なり今回は改正法案に盛り込まれた背景としては、以下のような理由[29]などから総報酬割の導入が妥当なものと考えられたことがあるものと思われる。

　第一に、制度創設時から状況は変化し、負担能力に応じて応分の負担を求めるという考え方が現在の社会保障制度の基本的路線になっていること。

　第二に、介護離職を防止することの重要性が高まっており、介護保険制度の持続可能性を高めることは、企業や現役世代にとっても大きなメリットがあること。

　第三に、社会保障と税の一体改革の議論でも介護納付金への総報酬割の導入の検討が求められており、医療保険制度においても既に総報酬割が導入されていること。

　第四に、高齢化の進展に伴い、第二号被保険者一人当たりの保険料負担が増加していく中で、主として中小企業の従業員が加入する協会けんぽ[30]と、健康保険組合・共済組合とでは総報酬額の差、特に第二号被保険者に該当する40歳から64歳までの年齢層で差が大きくなっており、加入者割では公平性の

(28)　詳細は介護保険部会意見書37頁及び38頁を参照。
(29)　平成29年4月11日の衆議院厚生労働委員会の参考人質疑における遠藤久夫参考人（社会保障審議会介護保険部会長）の意見陳述を参照。
(30)　健康保険法（大正11年法律第70号）に規定する全国健康保険協会を以下「協会けんぽ」という。

観点から問題があること。

（４）軽度者への支援のあり方

結果的には法改正事項になっていないが、今回の制度見直しでは軽度者への支援のあり方も議論となった。

第一に、軽度者に対する訪問介護における生活援助やその他の給付の地域支援事業（総合事業）への移行について議論が行われた。

前回の平成 26 年改正では、介護予防訪問介護と介護予防通所介護を地域支援事業（総合事業）に移行する見直し[31]が行われた。この見直しを平成 28 年 4 月までに実施した保険者は全体の 3 分の 1 程度であった[32]。また、平成 27 年 4 月に総合事業を開始した市町村の実施状況等を確認したところ、介護予防訪問介護と介護予防通所介護に相当するサービス以外の「多様なサービス」が出現していることが確認された一方で、介護サービス事業者や介護労働者以外の「多様な主体」による取組が十分に広まるまでに至っていない状況にあった。

こうした状況を踏まえ、軽度者に対する訪問介護における生活援助やその他の給付の地域支援事業（総合事業）への移行に関しては、まずは介護予防訪問介護と介護予防通所介護の総合事業への移行や、「多様な主体」による「多様なサービス」の展開を着実に進め、事業の把握・検証を行った上で、その状況を踏まえて検討を行うことが適当であるとされた。

この点に関しては、検証は遅滞なく行う必要があるのではないか、検証を待つのではなく、その他の給付を含めた速やかな地域支援事業への移行や利用者負担の見直しなど何らかの対応をすべきではないかとの意見があった一方で、多様な主体による多様なサービスの展開が順調に進んでおらず第 6 期介護保険事業計画期間中に検証を行うのは早過ぎるのではないか、介護予防訪問介護等の地域支援事業への移行は大きな改革であり、多くの市町村が対応に苦慮しているため、検証できる状況にないのではないかとの意見があった[33]。

第二に、介護サービスを提供する人材不足が喫緊の課題である中で、人材の

---

(31) この見直しは、市町村が地域の実情に応じ、住民主体の取組を含めた多様な主体による柔軟な取組により、効果的かつ効率的にサービスの提供をできるようにすることを目的としている。

(32) この見直しは平成 27 年 4 月から施行されているが、市町村は条例で定める場合、平成 29 年 4 月まで猶予可能となっている。

(33) 詳細は介護保険部会意見書 33 頁を参照。

専門性などに応じた人材の有効活用の観点から、訪問介護における生活援助について、要介護度に関わらず、生活援助を中心にサービス提供を行う場合の緩和された人員基準の設定等についても議論が行われた。

この点については、生活援助の人員基準の緩和を行い、介護専門職と生活援助を中心に実施する人材の役割分担を図ることが重要ではないか、制度の持続可能性の確保という観点からの検討が必要ではないかとの意見があった一方、生活援助の人員基準を緩和すれば、サービスの質の低下が懸念されるのではないか、介護報酬の引き下げにより、介護人材の処遇が悪化し、人材確保がより困難になり、サービスの安定的な供給ができなくなる可能性があるのではないかとの意見もあり[34]、平成30年度介護報酬改定の際に改めて検討を行うことが適当であるとされた。

6 継続的な検討課題となった事項

一方、今回の介護保険部会で議論は行われたものの結論が得られず、引き続きの検討課題とされた事項もある。

その一つは、介護保険の被保険者範囲である。これは、制度創設時も大きな議論となり、また、制度創設後も、「制度の普遍化」（要介護となった理由や年齢の如何にかかわらず介護を必要とする全ての人にサービスの給付を行い、併せて保険料を負担する層を拡大すること）を目指すべきか、「高齢者の介護保険」を維持するかを中心に議論が行われてきた。

今回も、介護保険制度創設時の考え方やこれまでの議論を踏まえるとともに、制度創設時と現在の状況の変化[35]も踏まえ、改めて議論が行われたが、結論は得られず[36]、介護保険を取り巻く状況の変化も踏まえつつ、引き続き

---

(34) 詳細は介護保険部会意見書33頁を参照。

(35) 平成28年8月31日の第62回介護保険部会では、将来的な給付増と被保険者の人口減少の見込み、第一子を出産する年齢が高齢化しており親が65歳以上となる年齢が相対的に低下していること、地域共生社会の実現の取組が推進されていることなどの変化も紹介しつつ議論が行われた。

(36) 受益と負担の関係が希薄な若年世代の納得感を得られないのではないかとの意見や、まずは給付の効率化や利用者負担のあり方を見直すことが先決であり、被保険者範囲の拡大については反対との意見などがあった。一方で、将来的には介護保険制度の普遍化が望ましいとの意見や、制度の持続可能性の問題もあり、今から国民的な議論を巻き起こしていくことが必要であるとの意見もあった。この他の意見については、介護保険部会意見書40頁を参照。

検討を行うことが適当であるとされた。

このほか、ケアマネジメントに関する利用者負担、補足給付の支給に関しての不動産の勘案も、議論は行われたものの結論は得られず、引き続き検討することとされている。

Ⅲ　法案の立案過程

1　政府部内での検討

介護保険部会の意見書が取りまとめられた後は、政府部内での検討が進められ、平成28年12月19日の平成29年度予算編成に係る財務大臣と厚生労働大臣の大臣折衝により、介護保険における利用者負担割合の見直し（平成30年8月施行）や介護納付金の総報酬割の導入（平成29年度から段階施行）をすることなどが合意された[37]。

これを受け、介護納付金への総報酬割の導入を平成29年度から実施するために、地域包括ケア強化法案は、いわゆる予算関連法案[38]として立案されることとなる。

地域包括ケア強化法案は、与党の法案審査等を経て、平成29年2月7日に閣議決定され、国会に提出された。

2　法案の構成
（1）法案の改正趣旨

地域包括ケア強化法案の改正趣旨（法案の提出理由）は、「地域包括ケアシステムを強化するため、市町村介護保険事業計画の記載事項への被保険者の地域における自立した日常生活の支援等に関する施策等の追加、当該施策の実施に関する都道府県及び国による支援の強化、長期療養が必要な要介護者に対して医療及び介護を一体的に提供する介護医療院の創設、一定以上の所得を有する

---

(37)　平成29年度予算編成に当たっての財務大臣・厚生労働大臣合意の「別紙」を参照。なお、この「別紙」は、平成28年12月22日の社会保障制度改革推進本部決定「今後の社会保障改革の実施について」に参考として付されており、当該本部決定から参照されたい。

(38)　総報酬割の段階的な導入に伴い、加入者割で算定される部分が段階的に減少していくことから、加入者割により相対的に保険料負担が重くなっている協会けんぽ等に対する補助金に影響するため、予算関連法案の扱いとなる。

要介護被保険者等の保険給付に係る利用者負担の見直し並びに被用者保険等保険者に係る介護給付費・地域支援事業支援納付金の額の算定に係る総報酬割の導入等の措置を講ずること」である。

今回の改正趣旨で特筆すべきは、地域包括ケアシステムの強化を目的として明示している点にある。

この「地域包括ケアシステムの強化」には、必要な支援を地域で包括的に提供するという地域包括ケアシステムの考え方を、障害者や子どもなどへの支援にも普遍化をしていき、その上で、全ての人々が様々な困難を抱えた場合でも対応できるよう、地域共生社会の実現に向けた取組を進めていくという内容も含まれている。

そして、こうした地域共生社会の実現に向けた取組を進めることは、高齢期の支援を対象とする地域包括ケアシステムだけでは適切な解決策を講じることが難しい複合的な課題、例えば、高齢の親と働いていない独身の子が同居をしている、いわゆる「8050問題」といった課題や、介護と育児に同時に直面する、いわゆるダブルケアといった課題にも対応できるようにするものであるという観点から、地域包括ケアシステムの強化につながるものである[(39)]。

（２）法案の主な内容[(40)]

① 介護保険法

（イ）認知症に関する施策の総合的な推進等に関する事項（第5条の2関係）

平成27年1月に関係省庁で取りまとめた「認知症施策推進総合戦略（新オレンジプラン）」の基本的な考え方を介護保険法上に位置付け[(41)]、認知症施策のより一層の推進を図るものである。

---

(39) こうした考え方については、平成29年4月5日の衆議院厚生労働委員会における中島克仁議員からの質問に対する塩崎恭久厚生労働大臣の答弁及び平成29年5月18日の参議院厚生労働委員会における牧山ひろえ議員からの質問に対する塩崎恭久厚生労働大臣の答弁を参照。

(40) 介護医療院に関する改正内容については、注(2)記載の別稿で紹介されることから、本稿では原則として記載していない。なお、介護医療院の創設に伴い、介護老人保健施設の役割を明確にする観点から、今回の改正で、介護老人保健施設の定義規定について、在宅復帰・在宅療養を支援する施設としての役割をより明確にしている（第8条関係）。

(41) 改正前の介護保険法第5条の2は、平成23年改正で追加された規定であり、認知症については調査研究の推進を中心に位置づけられており、新オレンジプランなどの近年の認知症施策の動向は位置付けられていなかった。

具体的には、改正法では、新オレンジプランの７つの柱である「普及・啓発の推進」、「認知症の人の介護者への支援」、「認知症の人やその家族の視点の重視」などを明示するとともに、国及び地方公共団体は、認知症に関する施策を総合的に推進するよう努めなければならないこととした。

（ロ）利用者負担の見直しに関する事項（第49条の２等関係）

世代間・世代内の公平性を確保しつつ、制度の持続可能性を高める観点から、介護給付及び予防給付について、２割負担者のうち特に所得の高い第１号被保険者の利用者負担の割合を３割とすることとした。この見直し内容の施行は、平成30年８月１日施行である。

（ハ）居宅サービス事業者等の指定に対する保険者の関与強化に関する事項（第70条及び第78条の２等関係）

地域マネジメントを推進するため、保険者である市町村が居宅サービス等の供給量を調整できるよう、指定拒否や条件付加の仕組みを導入することとした。

具体的には、第一に、都道府県による居宅サービス事業者等の指定に関して、市町村が都道府県に意見を提出できるようにするとともに、都道府県はその意見を踏まえて指定をするに当たって条件を付すこと[42]を可能とすることとした（第70条等関係）。

第二に、小規模多機能型居宅介護等を更に普及させる観点[43]から、地域密着型通所介護が市町村介護保険事業計画で定める見込量に達しているとき等に、事業所の指定を拒否することができることとした（第78条の２関係）。

（ニ）共生型居宅サービス事業者等に係る特例に関する事項（第72条の２関係）

地域共生社会の実現に向けた取組を推進する観点から、高齢者と障害児者が同一の事業所でサービスを受けやすくする[44]ため、障害者の日常生活及び社

（42）　改正前は、条件付加については市町村が自ら指定する地域密着型の居宅サービスに対してのみ規定が設けられており、都道府県が指定する居宅サービスにはこうした条件付加の規定が設けられていなかった。都道府県が行う居宅サービスの指定に対する市町村の関与を強化する趣旨の改正である。

（43）　小規模多機能型居宅介護等の普及を更に進める必要があることを踏まえ、競合サービスとなりうる地域密着型通所介護の指定について、市町村が実効性のある地域マネジメントを実施する必要があることから、市町村が指定を拒否することが可能な事由を法律上追加したものである。

会生活を総合的に支援するための法律（平成 17 年法律第 123 号。以下「障害者総合支援法」という。）の指定障害福祉サービス事業者の指定等を受けている者[45]について、介護保険法の指定居宅サービス事業者等の指定を受けやすくする特例[46]を設けることとした。

こうした共生型サービス[47]を導入することにより、従来から障害福祉サービス事業所を利用していた障害者が高齢者となった場合になじみの事業所を利用し続けられないことがある[48]といった課題や高齢化が進み人口が減少する中でサービスの提供に当たる人材の確保が難しくなるといった課題への対応ともなるものである。

今回の地域包括ケア強化法では、同様の共生型サービスに係る指定の特例に関する規定を障害者総合支援法及び児童福祉法にも設け、介護保険法の指定居宅サービス事業者等の指定を受けている者がこれらの法律の指定障害福祉サービス事業者等の指定を受けやすくすることとし、相互の乗り入れが進みやすくするものである（障害者総合支援法第 41 条の 2 及び児童福祉法第 21 条の 5 の 17 関係）。

また、こうした共生型サービスをはじめとする地域共生社会の実現に向けた取組を推進する観点から、今回の改正では、介護保険法の国及び地方公共団体の責務規定に、地域包括ケアシステムの推進に当たっては、障害者その他の者

---

(44)　社会保障審議会障害者部会報告書「障害者総合支援法施行 3 年後の見直しについて」（平成 27 年 12 月 14 日）25 頁においても、「障害福祉サービスを利用してきた障害者が、相当する介護保険サービスを利用する場合も、それまで当該障害者を支援し続けてきた障害福祉サービス事業所が引き続き支援を行うことができるよう、利用者や事業者にとって活用しやすい実効性のある制度となるよう留意しつつ、その事業所が介護保険事業所になりやすくする等の見直しを行うべきである」との指摘がなされている。

(45)　児童福祉法（昭和 22 年法律第 164 号）の指定障害児通所支援事業者の指定を受けている者もこの特例の対象である。

(46)　具体的には、障害者総合支援法等の指定を受けていることを前提とした共生型居宅サービス事業者等の指定基準に関する規定を新たに設けたものである。

(47)　対象となるサービスとしては、ホームヘルプサービス、デイサービス、ショートスティなど、高齢者福祉及び障害福祉サービスに相互に相当するサービスがあるものが想定されている。

(48)　障害福祉サービスに相当するサービスが介護保険にある場合については介護保険のサービスが優先されるため、なじみの事業所が介護保険法の事業者指定を受けていない場合は引き続き利用できないケースがありうる。

の福祉に関する施策との有機的な連携を図るよう努めなければならない旨の規定を設けている（第5条関係）。

（ホ）都道府県による市町村に対する支援等に関する事項（第115条の45の10関係）

医療・介護の連携等に関し、都道府県による市町村に対する必要な情報の提供その他の支援について所要の規定を整備することとした。

（ヘ）地域包括支援センターの機能強化に関する事項（第115条の46関係）

地域包括支援センターに事業の自己評価と質の向上を図ることを義務付けるとともに、市町村に地域包括支援センターの事業の実施状況の評価を義務付けることとした。こうした評価の実施を通じて、その地域包括支援センターにおける必要な人員体制を明らかにすることで、市町村における適切な人員体制の確保を促すものである。

（ト）保険者機能の強化等による自立支援・重度化防止に向けた取組の推進に関する事項（第117条及び第118条等関係）

前述した保険者機能の強化について、介護保険法にその仕組みを位置付けることとした。

具体的には、第一に、介護保険事業計画の策定に当たり、国から提供されたデータの分析を実施すること、第二に、介護保険事業計画に介護予防・重度化防止等の取組内容及び目標を記載すること、第三に、都道府県による市町村支援の規定を設けること（第120条の2関係）、第四に、介護保険事業計画に位置付けられた目標の達成状況についての公表及び報告を行うこと、第五に、財政的インセンティブの付与の規定を設けること（第122条の3関係）等について、所要の規定を整備することとした。

（チ）介護納付金における総報酬割の導入に関する事項（第152条及び第153条関係）

被用者保険等保険者に係る介護納付金の額の算定について、被用者保険等保険者の標準報酬総額に応じたもの（総報酬割）とすることとした。

介護納付金への総報酬割の導入は平成29年8月分の介護納付金から適用するが、総報酬割の導入は激変緩和の観点から段階的に行うことから、介護保険法附則において、平成29年度[49]及び平成30年度は介護納付金の額の2分の1を総報酬割により算定し、平成31年度は介護納付金の額の4分の3を総報酬割により算定する旨を規定するとともに、介護納付金の負担が重い被用者保険

等保険者の負担を全被用者保険等保険者において再按分することにより軽減する措置を行う旨を規定している（介護保険法附則第11条等）。

また、これに併せて、協会けんぽに対する国庫補助について介護納付金に係る総報酬割の導入に伴う所要の見直しを行うこととした（健康保険法第153条関係）。

（リ）　介護保険適用除外施設の住所地特例の見直し

介護保険適用除外施設（障害者支援施設等）を退所して介護保険施設等に入所した場合に、介護保険適用除外施設の所在市町村の給付費が過度に重くならないよう、介護保険適用除外施設入所前の市町村を保険者とすることとした（介護保険法施行法（平成9年法律第124号）第11条関係）。

② **老人福祉法**（昭和38年法律第133号）

有料老人ホームの入居者保護の充実を図るため、指導監督の仕組みを強化するとともに、ニーズに合った有料老人ホームの選択に資するための情報公表の促進等を図る観点からの見直しが行われた（第29条関係）。

（イ）　事業停止命令の創設に関する事項

再三の指導に従わずに悪質な事業を続ける有料老人ホームへの指導監督の仕組みを強化するため、未届有料老人ホームも含め、悪質な有料老人ホームに対する事業停止命令措置を新設することとした。

事業停止命令を受けた有料老人ホームが介護保険法の事業者指定を受けている場合は、併せて当該指定の取消等の必要な監督上の措置をとる必要があることから、都道府県知事は遅滞なく事業停止命令をした旨を介護保険法の事業者指定をした市町村長[50]に通知することとした。これに対応する形で、介護保険法においても、当該老人福祉法の規定による通知を受けた場合を指定地域密着型サービス事業者の指定の取消事由に追加することとした（介護保険法第78条の10関係）。

（49）　平成29年度の被用者保険等保険者の介護納付金の額は、総報酬割の施行については平成29年8月分の介護納付金から適用されることから、改正法附則において、改正後の規定（2分の1総報酬割）で算定した額の12分の8に相当する額と改正前の規定（全面加入者割）で算定した額の12分の4に相当する額との合計額とする旨が規定されている。

（50）　有料老人ホームに対する事業停止命令を行う都道府県知事等と介護保険法の指定権者（地域密着型サービス事業者の場合は市町村長）が異なる場合について、円滑な連携を図ることができるよう、特に規定を設けているものである。

（ロ）前払金保全措置の義務の対象拡大に関する事項

事業倒産等の場合に備えた有料老人ホームの入居者保護の充実を図るため、前払金を受領する場合の保全措置の義務対象を拡大する[51]こととした。

（ハ）情報公表の促進に関する事項

各有料老人ホームに利用料金やサービス内容等を都道府県等へ報告することを義務付けるとともに、当該情報を都道府県等が公表することとした。

（ニ）都道府県による必要な助言等の援助に関する事項

有料老人ホームが事業停止命令を受けた場合や倒産等の際には、都道府県は、入居者が介護等のサービスを引き続き受けるために必要な助言等の援助を行うように努めるものとした。

③　**社会福祉法**[52]（昭和26年法律第45号）

地域共生社会の実現に向けた取組を推進する観点から、「我が事・丸ごと」[53]の地域づくり・包括的な支援体制を整備するため、社会福祉法の改正を行ったものである[54]。

（イ）「我が事・丸ごと」の地域福祉推進の理念に関する事項

地域福祉の推進の理念として、支援を必要とする住民（世帯）が抱える多様で複合的な地域生活課題について、住民や福祉関係者による把握及び関係機関との連携等による解決が図られることを目指す旨を明記することとした（第4条関係）。

（ロ）市町村による包括的な支援体制づくりに関する事項

上記の地域福祉の推進の理念を実現するため、市町村は、第一に、地域住民の地域福祉活動への参加を促進するための環境整備、第二に、住民に身近な圏

（51）　改正前は、平成18年3月31日以前に設置された有料老人ホームは前払金の保全措置の義務対象外となっているため、義務対象に追加する。なお、経過措置として、改正法の施行から3年後からの適用とする。

（52）　このほか、本稿では介護医療院については取り上げていないが、社会福祉法では、生計困難者に対して無料又は低額な費用で介護医療院を利用させる事業を第二種社会福祉事業に追加する改正を行っている（第2条関係）。

（53）　「我が事・丸ごと」地域共生社会の考え方については、厚生労働省「我が事・丸ごと」地域共生社会実現本部『地域共生社会』の実現に向けて（当面の改革工程）」（平成29年2月7日）を参照。

（54）　こうした改正の背景となる考え方については、地域における住民主体の課題解決力強化・相談支援体制の在り方に関する検討会（地域力強化検討会）の「地域力強化検討会中間とりまとめ」（平成28年12月26日）を参照。

域において、分野を超えて地域生活課題について総合的に相談に応じ、関係機関と連絡調整等を行う体制、第三に、主に市町村圏域において、生活困窮者自立相談支援機関等の関係機関が協働して、複合化した地域生活課題を解決するための体制といった包括的な支援体制づくりに努めることとした（第106条の3関係）。

（ハ）地域福祉計画の充実に関する事項

市町村が地域福祉計画を策定するよう努めるとともに、福祉の各分野における共通事項を定め、上位計画として位置付けることとした。都道府県が策定する地域福祉支援計画についても同様とした（第107条及び第108条関係）。

④　施行期日

地域包括ケア強化法の施行期日は平成30年4月1日である。第7期の介護保険事業計画（平成30年度から平成32年度まで）のスタートに合わせて施行されることとなる。

なお、前述のように、介護納付金への総報酬割の導入は平成29年8月分の介護納付金から適用され、利用者負担の見直しの施行期日は平成30年8月1日となっている。

Ⅳ　国会における審議の過程

1　国会における審議経過

本法案は平成29年3月28日の衆議院本会議で審議入りした。いわゆる重要広範議案とされ、内閣総理大臣出席の下で趣旨説明と質疑が行われた。本法案とともに、同年3月22日に民進党から提出された議員立法による法案[55]も併せて審議された。

その後、衆議院厚生労働委員会で同年3月29日に提案理由説明が行われ、4月12日まで4回の質疑[56]及び参考人質疑が行われ、同委員会において賛成多数で可決された[57]。同月18日の衆議院本会議でも賛成多数で可決され、参議院に送付された。

参議院では、同年5月17日の参議院本会議で趣旨説明と質疑が行われ、同月18日の参議院厚生労働委員会で提案理由説明が行われ、同月25日まで3回の質疑及び参考人質疑が行われ、同委員会において賛成多数で可決された。参議院厚生労働委員会では、本法案に対して附帯決議が付されている。同月26

日の参議院本会議で賛成多数で可決され、本法案は成立し、平成29年6月2日に平成29年法律第52号として公布された。

2　法案審議における主な論点

法案審議においては、反対の立場からの質問があった主な論点としては、第一に、利用者負担の見直しについては、前回の平成26年改正による利用者負担2割負担の導入によってサービスの利用抑制が生じているかの実態把握を行うべき、2割負担による影響が大きい場合は3割負担の導入を行うべきではない、利用者負担が3割となる水準は政令委任するのではなく法律で定めるべきなどの意見、第二に、保険者機能の強化については、自立支援や重度化防止を推進するために指標を設けて財政的インセンティブを付与することは、指標の定め方によってはサービスの利用抑制につながるのではないかなどの意見などがあった[58]。

3　参議院厚生労働委員会における附帯決議

参議院厚生労働委員会では、法案審議で主に議論となった点を中心に、地域包括ケア強化法案に対する附帯決議[59]がなされている。

---

(55)　この法案の主な内容は、民進党ホームページ（https://www.minshin.or.jp/article/111247）によれば、「①介護保険制度の理念として、介護サービスの水準の確保、利用者及びその家族の介護サービスへの評価の向上、介護従事者の離職防止のための措置を規定する。②2割負担となる対象者の所得額を「おおむね上位20％の所得額以上の額」で定める旨を規定する。③軽度要介護者、要支援者に対する介護サービスがあまねく全国で充実した実施がされるようにする。④2014年以降の介護サービスの制度変更について調査、分析、評価を行い、今後の変更の際にはこの結果を踏まえて予測及び評価を行う。⑤介護休業の日数及び回数の増加、時間単位での取得等について検討を加える。⑥18年4月から、介護・障害福祉従事者の人材確保のため、17年度予算に計上されている月額1万円の処遇改善に上乗せして処遇改善を行う。⑦介護報酬、障害福祉サービス等報酬の改定について、配慮しなければならない項目、特に18年度には、15年度の改定で報酬が引き下げられた影響を勘案する規定を盛り込む（18年度は引上げを想定）」とされている。

(56)　地域包括ケア強化法案は重要広範議案であり、平成29年4月12日の衆議院厚生労働委員会では、安倍晋三内閣総理大臣も出席して質疑が行われている。

(57)　なお、平成29年4月14日の衆議院厚生労働委員会では補充質疑という位置づけで審議が行われ、民進党から提出された議員立法による法案の採決も行われた（なお、賛成少数で否決されている。）。

V 若干の考察

V 若干の考察

本稿を締めくくるに当たって、若干の考察を付け加えておきたい。

1 介護保険制度における自立支援の意義

今回の法改正の議論で注目すべきは、介護保険の理念としての「自立支援」が改めて問われたことである[60]。介護保険制度の持続可能性を確保するためには制度の効率化も片や一方で必要であるが、効率化を評価する軸として、この「自立支援」の理念に立ち返ることとなった。

一方で、この「自立支援」がどのように実現しているかについては、異なる考え方を持つ立場であっても共通の土台に立って議論できる状況はまだ十分で

---

(58) なお、平成29年4月18日の衆議院本会議における民進党の大西健介議員の本法案についての反対討論の中では、「今回、政府提出法案と民進党案を並べて審議することができたことは、論点を明確にして議論する上で有意義だったと思います。また、対案の肝となる部分について、法案修正の形で取り入れることができないかについても最後まで協議を重ね、政府・与党からも一定の回答をいただいたことについては多としたいと思います。残念ながら、納得のいく回答が得られませんでしたので、今回は政府案に反対をいたしますが、こうした試みを丁寧に積み重ねていくことが今後も大切だと思っております」との発言がなされている。

(59) この附帯決議の内容は、「①政令で定める利用者負担割合が3割となる所得の額については、医療保険の現役並み所得者と同等の水準とすること。②利用者負担割合が2割となる所得の額を定める政令の改正を行おうとする場合には、所得に対して過大な負担とならないよう十分配慮するとともに、あらかじめ、当該改正による影響に関する予測及び評価を行うこと。③利用者負担割合の3割への引上げが施行されるまでの間に、平成27年に施行された利用者負担割合の2割への引上げに関する影響について、施行前後における介護サービスの利用の変化や、介護施設からの退所者数の状況、家計への負担、高齢者の地域における生活等に関する実態調査を十分に行った上で、その分析及び評価を行い、必要な措置を講ずること。また、利用者負担割合の3割への引上げの施行の状況について適切に把握し、分析及び評価を行い、必要な措置を講ずること。④介護予防訪問介護及び介護予防通所介護の総合事業への移行後の状況を把握し、検証を行うこと。また、介護保険の被保険者に対するサービスについては、介護又は支援の必要の程度の高低のみならず、それぞれの被保険者の心身の状況等に応じて、適切かつ必要なサービスが確保されるよう必要な措置を講ずること。⑤共生型サービスの実施に当たっては、従来、障害者が受けていたサービスの量・質の確保に留意し、当事者及び関係団体の意見を十分に踏まえ、その具体的水準を検討、決定すること。⑥平成29年度から実施している介護職員の処遇改善の効果の把握を行うとともに、雇用管理及び勤務環境の改善を強力に進め、必要な措置を講ずること」である。

なく、課題として改めて浮き彫りになった。

　介護分野については、医療分野に比べ、客観的なデータに基づく分析が立ち遅れている面があり、データの集積及びその分析を行う体制や仕組みの整備が、今後の介護保険制度の見直しの議論をより有意義にしていくためには重要な点であると考えられる⁽⁶¹⁾。

　要介護状態等に至る過程は、医療に比べ、より長期間かつ様々な生活習慣等も含めた要因が複雑に影響しているものと考えられることから、一義的に評価するのは難しい部分があるにせよ、「自立支援」の共通認識という議論の共通の土台となるものの必要性は大きく、データ分析を通じた制度の評価は今後の大きな課題として引き続き検討を要するものであると考えられる。

2　制度見直しにおける法律、介護報酬、運用の役割分担

　介護保険制度は、法律及び政省令による制度的な部分と、介護報酬による部分と、そして介護保険事業計画などそれぞれの地域において運用で詳細を実現していく部分との組み合わせで成り立っている。これらの役割分担が適切に行われていく必要があり、どれか一つの手段に過度に偏ることは必ずしも最適解

---

(60)　介護保険部会意見書の締めくくりは、「介護保険制度は、高齢者がその有する能力に応じ自立した日常生活を営むことができるよう支援することや、要介護状態等となることの予防、要介護状態等の軽減・悪化の防止を理念とするものである。今回の見直しは、この介護保険制度の理念を堅持し、制度の持続可能性を確保するとともに、地域包括ケアシステムの強化・推進を図ることにより、制度をより良いものとするために行うものである。このような基本的な考え方も含め、厚生労働省はもちろんのこと、都道府県や市町村、関係団体等においては、制度改正の内容はもちろんのこと、このような基本的な考え方についても積極的かつ丁寧に周知することを求めたい」となっている（同意見書42頁）。介護保険制度の理念としての自立支援が制度見直しの議論においても重要なキーワードであったことが窺われる箇所である。

(61)　こうした点については、介護保険部会の委員からも「さらに、私が重要だと思いましたのは、データに基づく議論が必要であるということが主として今回皆様の御議論の中から出てきたかなと思って伺っておりました」（平成28年7月20日の第60回社会保障審議会介護保険部会での岩村正彦部会長代理の意見）や「いずれにしろ、どうしても、前にも御指摘しましたけれども、データがなかなかないので、その中で議論するのが非常に難しいというのが非常に歯がゆいところでありますので、前にもお願いしましたけれども、非常に集めるのが難しいというのは重々承知しているのですが、何とか客観的なデータが集まるようになお尽力していただければと思います」（平成28年10月12日の第66回社会保障審議会介護保険部会での岩村正彦部会長代理の意見）などの意見が出されており、重要な視点と考えられる。

とならない可能性がある。

　法改正などの制度改正が短い期間に重ねて行われることは、特に保険者である市町村の実務に一定の負荷をかけている部分があることを認識した上で制度見直しの議論を行う必要がある。特に、前回の制度改正の施行途上で更に新たな議論が行われることは、前回の制度改正についての十分な評価を行う上で課題があることに留意を要するものと考えられる。

　そうした点も踏まえ、地域包括ケアシステムの推進を全ての市町村で行っていく上で、特に市町村に対する実務面や運用面での支援の重要性は大きなものがあり、今回の制度改正を貫く一つのキーワードが、都道府県や国による市町村への重層的な支援であったことは、やはり特筆されるべきことであったと考えられる。

3　制度の複雑化への対応

　介護保険制度が 2000 年からスタートして本年で 17 年目を迎えるが、制度創設時からサービスの充実が図られ続けてきたことは、普遍的なニーズに対応する高齢者福祉が立ち遅れていた点を克服するものであり、歓迎すべきものである。その一方で、介護保険法も制定当初に比べかなり膨大な規定となり、複雑化していることは否めない。

　複雑化した制度が市町村をはじめとする現場や、利用者や事業者に対して一定の負荷を与えている面もある。今後に向けて、運用を含め、制度の簡素化という方向についても、何らかの対応を考えていく必要があるものと考えられる。

立法過程研究

介護医療院の創設をめぐる検討経緯と今後の課題の考察

田 中 広 秋

I　は じ め に
II　療養病床制度の概要と介護療養病床の廃
　止に至る経緯
III　療養病床の見直しに関する議論
IV　法制化と国会審議
V　介護医療院に関する考察と今後の課題
VI　結びにかえて

I　はじめに

　平成29年6月2日に公布された「地域包括ケアシステムの強化のための介護保険法等の一部を改正する法律（平成29年法律第52号。以下「地域包括ケアシステム強化法」という。）」は、

- ・自立支援・重度化防止に向けた保険者機能の強化等の取組の推進
- ・医療・介護の連携の推進等
- ・介護納付金への総報酬割の導入

など、多くの重要な改革が盛り込まれ、団塊の世代が75歳以上を迎える2025年を目前に控える中で、今後の介護保険制度の方向性を定める、重要な改正であった。

　その中でも、今後、地域包括ケアシステムの構築を推進する上で、そして、いわゆる介護療養病床問題という長年の懸案に一つの区切りをつけたという点で、新たな介護保険施設である「介護医療院」の創設は、特別な意味を持つものであった。

　療養病床に関する問題、すなわち、高齢者の長期療養のあり方に関する問題は、古くは昭和48年の老人医療費の無料化から始まったと言われる。その後、特例許可老人病院の制度化、老人保健制度及び老人保健施設の創設、療養病床群の導入、療養病床の創設（療養病床群と特例許可老人病院の再編）、介護保険制度及び介護療養型医療施設の創設、その5年後の介護療養型医療施設の廃止決定、その期限の到来など、時の医療・介護の大改革に合わせ、様々な制度見直しが行われてきた。

　今回の療養病床の見直しは、このうち、介護療養型医療施設の設置期限である平成29年度末を迎えるにあたり、その機能、社会的な役割などを再度見直し、その結果として、介護医療院の創設という結論を得るに至ったものである。

　筆者は、平成27年10月1日に、厚生労働省 保険局 医療介護連携政策課の補佐に着任し、同月から、療養病床の見直しの担当として、療養病床のあり方等に関する検討会（同年7月10日に第1回を開催。平成28年1月28日に整理案とりまとめ）、療養病床のあり方等に関する特別部会（平成28年6月1日に第1回を開催。同年12月20日に報告書をとりまとめ）の運営を担当し、この間、微

力ながら介護医療院の制度設計の検討、議論に携わった経歴を持つ。

　従前より、療養病床問題は、厚生労働省の医療・介護部局の幹部であれば、この問題を担当したことのない者はいなかったと言われるほど、歴史の長い問題である。この課題の歴史から考えれば、筆者の経験など、わずかなものであるが、この節目の改正における企画・立案に携わったものとして、検討経緯をまとめるとともに、今後の課題について若干の考察を行いたい。

　なお、本稿の内容は筆者の個人的な見解であり、厚生労働省の見解を示すものではないことを、念のために申し添える。

II　療養病床制度の概要と介護療養病床の廃止に至る経緯

　療養病床制度の議論をする上では、まず、歴史的な経緯を知ることが大前提となる。限られた紙面であるので詳述は避けるが、
・医療療養病床と介護療養病床
・介護療養病床の廃止とその期限延長
・廃止決定後の主要な制度改正
の3点について、各制度の法律構成を含めて、触れることとしたい。

1　医療療養病床と介護療養病床

　療養病床とは、医療法（昭和23年法律第205号）で規定される、いわゆる5病床（一般、療養、精神、結核、感染症）のうち、「病院又は診療所の病床のうち、…主として長期にわたり療養を必要とする患者を入院させるためのもの」（医療法第7条第1項第2項第四号）と定義される病床である。

　療養病床制度自体は、昭和58年に制度化された特例許可老人病院と、平成5年に創設された療養型病床群制度を再編する形で、平成13年の医療法改正によって創設されたものである。

　現在、療養病床には、医療保険財政でファイナンスされる「医療療養病床」と介護保険財政でファイナンスされる「介護療養病床」の2種類が存在する。なお、この呼び方は、通称であり、法的にこうした名称は存在しない。

　前者は、医療法の開設許可を受けた医療機関における療養病床について、当該医療機関で提供される医療サービスが、健康保険法（大正11年法律第70号）第63条に規定する療養の給付として、医療保険の給付対象になっているものである。

後者は、医療法の開設許可を受けた医療機関における療養病床について、（健康保険法等の一部を改正する法律（平成18年法律第83号。以下「平成18年改正法」という。）第26条による改正前の）介護保険法第107条第1項の規定により「介護療養型医療施設」として指定を受けたものを指し、当該施設（病床）で提供されるサービスについて、同法第48条第1項に規定する施設介護サービス費として、介護保険の給付対象となったものである。なお、平成18年改正法による改正で、これらの規定は、削除されているが、同改正法附則第130条の2の規定により、なおその効力を有するものとされ、現在でも、この法律構成は維持されている。

　平成12年の介護保険法創設に関する検討の中で、いわゆる施設サービスとしては、

　・特別養護老人ホーム（老人福祉法）
　・老人保健施設（老人保健法）
　・療養型病床群（医療法）

の3類型を規定する方向で検討が行われていた（いわゆる介護3施設）。これは、介護保険制度の創設に際し、介護給付の対象とすべきサービスとして、それぞれ、生活介護、保健介護、療養介護を行う施設が想定されていたことを表している。そして、実際に介護保険法では、それぞれ、

　・指定介護老人福祉施設
　・指定介護老人保健施設
　・指定介護療養型医療施設

として施設指定を行った上で、そこで提供される施設サービスを介護保険給付の対象とする構成をとった。

　この際、同時に成立した介護保険法施行法において、他法に係る所要の規定の整備が行われている。老人保健施設について言えば、もとより、（廃止前）老人保健法第46条の6第1項の規定により開設許可がされ、同法第46条の2第1項の規定により老人保健施設療養費が、老人保健制度から給付されていたが、介護保険法施行法第24条の規定により、老人保健施設療養費に係る規定が削られ、老人保健施設は、実質、介護保険財政の中でファイナンスされるしかなくなった。併せて、老人保健施設の開設許可等も含む諸規定が、介護保険法に移されて、実質、老人保健施設は、介護保険法により規定される施設となった。

一方、療養型病床群（後の療養病床）については、健康保険法第63条第1項第一号に規定する「保険医療機関」に該当し、同条第1項の療養の給付の対象となっていたが、介護保険法に介護療養型医療施設の施設サービス費を規定した際に、療養型病床群そのものを健康保険法の療養の給付の対象から除外する処理を行わなかった。

この結果、老人保健施設は、医療保険のファイナンスから完全に切り出されたのに対し、療養型病床群は、介護療養型医療施設としての指定を受けない限り、健康保険法による医療保険のファイナンスとなる、という二重構造が生ずることとなった。

このような処理とするに当たっては、医療保険、介護保険、財政面を含め様々な検討・判断があったものと推察される。

2　介護療養病床の廃止とその期限延長

（1）平成18年医療制度改革

以上の法的構成のもとスタートした介護療養病床（介護療養型医療施設）であったが、制度発足後、5年程度で大きな転換を余儀なくされる。

平成18年は、診療報酬と介護報酬の同時改定の年であった。

医療療養病床については、中央社会保険医療協議会において、療養病床の医療区分等に基づいて患者の状態を分類し、報酬上の評価を行う見直しが検討されていた。事実、平成18年改定において、療養病棟入院基本料が大幅に見直され、医療区分とADL評価に基づき評価を行う体系へと変更されている。

一方、介護療養病床（介護療養型医療施設）については、介護給付費分科会において検討が進められていた。平成17年11月25日の介護給付費分科会では、「介護保険施設の報酬・基準について」という資料が提出され、介護保険施設の将来像として、

① 生活重視型の施設

② 在宅復帰・在宅生活支援重視型の施設

③ 医学的管理重視型の施設

の3つを提示した上で、「今後の介護保険と医療保険の機能分担の在り方についてどのように考えるか」との論点をあげた。同資料においては、特に、介護療養型医療施設については、その報酬・基準について、

・療養病床の在り方及び医療保険と介護保険との機能分担の明確化

・介護保険施設の将来像を踏まえた施設の在り方

といった観点からの検討が必要である、とした。

その後、介護給付費分科会で更に議論が進められ、同年 12 月 13 日に「平成 18 年度介護報酬改定に関する審議報告」が出されている。介護療養型医療施設については、その中で「療養病床の在り方とこれに対する介護保険と医療保険の機能分担の明確化、さらに、介護保険施設の将来像を踏まえ、一定の期限を定めて、利用者の実態にも留意しつつ、『在宅復帰・自宅支援重視型の施設』や『生活重視型の施設』などへの移行を図る。…なお、当分科会としては、医療保険との機能分担も含めた療養病床全体の在り方について、厚生労働省としての基本的な考え方を早急に示すことを強く要請する」としている。

これを受ける形で、厚生労働省の医療制度改革推進本部（本部長：厚生労働大臣）において、「療養病床の将来像について（案）」が決定され、その中で、療養病床の介護保険制度上の取扱いについて「平成 24 年度以降は療養病床の体系的再編に沿って介護報酬上の評価について廃止することを検討する」との文言が盛り込まれた。

この厚生労働省が打ち出した、介護療養病床廃止の方針については、それまでの介護給付費分科会で廃止方針が明確に打ち出されてはいなかったことに加え、特に、同月 7 日の政府・与党医療改革協議会による「医療制度改革大綱」でも触れられていなかったことから、唐突ではないかとの声があがったが、厚生労働省は、療養病床の再編を、同大綱で位置づけられた平均在院日数の短縮等のための具体的な取組方策の 1 つとして位置づけていた。

以上のような経緯を経て、平成 18 年 2 月 10 日に国会に提出された健康保険法等の一部を改正する法律案（同年 6 月 21 日公布）の中に、介護療養型医療施設に係る規定を削除する条文が盛り込まれることとなった。その施行期日は、平成 24 年 4 月 1 日である。

（2）平成 23 年の介護保険法改正

介護療養型医療施設（介護療養病床）の廃止が決定されてから、厚生労働省では、転換に当たっての費用助成、施設基準の緩和、医療法人の経営の選択肢の拡大など、様々な転換支援策を打ち出した。

しかしながら、介護療養型医療施設の廃止が目前となっても、その数は、十分に減ってはいなかった（平成 24 年 3 月時点での介護療養病床の数は、約 7.8 万床。平成 18 年 3 月末の時点での数が、約 12.2 万床であるので、約 4.4 万床しか減少していないことになる）。

こうした実態に鑑みて、平成23年4月5日に国会に提出された介護サービスの基盤強化のための介護保険法等の一部を改正する法律案（平成23年6月22日公布）においては、介護療養型医療施設の廃止期限を、平成29年度末まで延長する改正を盛り込んだ。

なお、この改正法では、厳密には、平成18年改正法の介護療養型医療施設に係る規定を削除する規定を、当初の想定のとおり、平成24年4月1日で施行させ、その上で、同改正法附則に、削除された規定を平成29年度末までの間、なおその効力を有する旨の規定を置くことで、事実上、介護療養型医療施設の規定を存続させる手法をとっている。

この法律構成をとった以上、いったん施行された削除規定の効果を取り消すことは法技術的に困難であり、事実上、介護療養型医療施設の「廃止」は、この時点で確定したことになる。したがって、正確には、平成23年の介護保険法改正によって、「廃止期限が延長された」という表現は正しくないことになる。

3 介護療養病床の廃止決定後の主要な制度改正

介護療養病床の廃止決定後、実際、介護療養病床そのものを含めて、様々な制度改正が行われている。その中でも、介護医療院の創設に係る議論に関し、次の2つは、極めて重要な意味を持つものであった。

（1）介護療養型老人保健施設の創設

介護療養型医療施設を廃止した平成18年改正法附則第2条第3項では、「政府は、入所者の状態に応じてふさわしいサービスを提供する観点から、介護保険法第8条第25項に規定する介護老人保健施設…の基本的な在り方並びにこれらの施設の入所者に対する医療の提供の在り方の見直しを検討する…」ことが規定された。

これを受け、平成18年9月に、「介護施設等の在り方に関する委員会」が設置された。同委員会では、医療区分1が約8割、医療区分2が約2割という患者像を設定した上で、その患者像に対応するために必要な体制・機能について検討が行われている。その結果、夜間等の日勤以外の時間帯の対応を強化する等した「（仮称）医療機能強化型老人保健施設の創設」について報告がなされた（平成19年6月）。

この検討結果については、介護給付費分科会に報告が行われた上で、更に議論が進められ、平成20年5月から、新たに介護療養型老人保健施設（いわゆ

る転換型老健）が創設されるに至っている。具体的に、介護療養型老人保健施設では、夜間看護職員の配置の強化（夜間看護41対1以上）、看取りへの対応の強化、急性増悪時の対応の強化等が行われている。

　なお、結果として、介護療養型老人保健施設は、約7千床程度にしか増えなかった。比較的、報酬は高めに設定されているこの類型であっても、ほとんど転換が起こらなかったことについては、後に詳述する療養病床の在り方等に関する検討会では、

　　・介護療養病床では、看取りを含む長期療養を目的としており、在宅復帰、
　　　在宅生活支援等を目的とする介護老人保健施設との間で提供される医療や
　　　利用者像が異なっていること
　　・介護療養病床には想像した以上の医療ニーズがあったこと

等が、理由としてあげられていた。なお、療養病床の在り方等に関する特別部会で、ヒアリングした介護療養型老人保健施設を運営する医師からも、転換した施設では、（通常の配置基準を超えて）「必ず当直医を置いて、…そこで死に対しては必ず医師が立ち会うようにしています」と述べている。これは、看取り等の対応が多い類型では、医師1人以上の配置が前提になる老人保健施設での対応が困難であったことを表しているものと考えられる。

（2）介護療養型医療施設の療養機能強化型A・Bの創設

　平成29年度末の設置期限を前にした最後の改定に当たる平成27年度介護報酬改定において、介護療養型医療施設に、新たに機能を強化する見直しが行われた。

　平成27年度介護報酬改定に関する審議報告（平成27年1月9日。介護給付費分科会）では、介護療養型医療施設について、「今後、医療ニーズの高い中重度の要介護者への対応の更なる強化が必要となる中で、…看取りやターミナルケアを中心とした長期療養を担っているとともに、喀痰吸引、経管栄養などの医療処置を実施する施設としての機能を担っている」と評価した上で、「介護療養型医療施設が担っているこれらの機能について、今後も確保していくため、…新たな要件を設定した上で、重点的に評価する」とされた。

　具体的には、介護療養型医療施設に、機能強化型A、機能強化型B、その他という3類型を設け、特に、機能強化型については、

　　・「重篤な身体疾患を有する者」と「身体合併症を有する認知症高齢者」
　　　が、一定割合以上であること

・喀痰吸引、経管栄養又はインスリン注射を実施された者が、一定割合以上
であること
・ターミナルケアを受けている患者が、一定割合以上いること
・リハビリを随時行うこと
・住民相互や、入院患者と住民との間での交流など、地域の高齢者に活動と
参加の場を提供するよう努めること

といった要件を設定の上、重点的な評価を行うこととした。

　既に廃止が決まっている介護療養型医療施設について、その機能や必要性を
再度議論し、関係者合意のもと、その機能を引き続き確保していくことを目的
として行われたこの改定は、極めて意義深いものであったと言える。

Ⅲ　療養病床の見直しに関する議論

1　療養病床のあり方等に関する検討会での議論
（1）検討会の位置づけ

　平成27年度介護報酬改定が行われた後、平成27年7月に、「療養病床の在
り方等に関する検討会」が立ち上げられ、平成29年度末の介護療養病床の廃
止を控え、その受け皿に関する議論が開始されることとなった。同検討会の開
催要綱には、その検討事項として、

・介護療養病床を含む療養病床の今後の在り方
・慢性期の医療・介護ニーズに対応するための上記以外の医療・介護サービ
ス提供体制の在り方

の2点が挙げられている。

　療養病床の在り方に限らず、慢性期の医療ニーズに対応する今後の医療・介
護サービスの提供体制が、検討課題としてあげられた背景には、平成27年3
月に定められた地域医療構想ガイドラインで、

・慢性期の病床機能と一体として在宅医療等の医療需要が推計されたこと、
・療養病床の入院受療率の地域差解消を目指すこととなったこと、

から、在宅医療等で対応する者について、医療・介護サービス提供体制の対応
方針を早期に示すことが求められていたことによるものである。しかしなが
ら、実際、地域医療構想の議論で、特に課題となっていた「在宅医療等の追加
的な医療需要」の多くは、現在、療養病床で受け止めている、慢性期の医療・

介護ニーズを有する方々であり、本検討会における議論の中心は、必然的に「介護療養病床を含む療養病床の今後の在り方」に置かれることとなった。

なお、さらに、本検討会の特徴として、その構成員が、現場の医師や学識等の有識者から構成され、いわゆる支払側等の関連団体を含んでいなかったことが挙げられる。これは、実際に介護療養病床の受け皿となる施設類型を検討することとした場合、財源論（医療保険財政か、介護保険財政か）は避けて通ることができないが、それは、それぞれの制度の支払側を含む、社会保障審議会医療部会、医療保険部会、介護保険部会で検討されることが適切であることから、本検討会は、有識者のみで「改革の選択肢を整理する」ことを目的として開催されることとなったものである。このため、本検討会で提示する整理案では、サービス提供の在り方に言及しつつも、それが医療施設なのか、介護施設なのかには、あえて踏み込まずに提示したものとなっている。

（2）検討会での議論

ア　検討会での議論の流れ

検討会では、現行の療養病床や老人保健施設、特別養護老人ホームの入院・入所者の状態像（年齢、性別、要介護度、医療区分、ADL区分、傷病、治療等）や、退院・退所先、平均在院・在所日数等のデータをもとに、現在の介護療養病床の患者像や役割等を分析しつつ、新たな選択肢を検討することとした場合、その施設に何を求めるべきか、といった点が議論された。

具体的に、療養病床の患者の状態として、

・要介護度や年齢が高い者が多い（80歳以上の高齢者、要介護度が4以上の者が大宗を占める）

平均在院日数が長く、死亡退院が多い（医療療養病床が約半年、介護療養病床が約1年半の平均在院日数。介護療養病床は約4割、医療療養病床（25対1）は約3割が死亡退院）

・一定程度の医療が必要（医療療養病床（20対1）よりも比較的医療の必要性が低いが、病態は様々で容体急変のリスクのある者も存在）

の3点が着目された。

その上で、このような状態の患者を受け入れる施設としては、

・利用者の生活様式に配慮し、長期に療養生活を送るのにふさわしい、プライバシーの尊重、家族や地域住民との交流が可能となる環境整備（「住まい」の機能を満たす）

・経管栄養や喀痰吸引等を中心とした日常的・継続的な医学管理や、充実し
　　　た看取りやターミナルケアを実施する体制
の2点の基本的な考え方を満たすべきであるとした。

　このようなコンセプトの下に、具体的なサービス提供イメージとして、図1
のように、3つの案が提示されている。

　それぞれに関する詳細な説明は省略するが、各案のイメージを掴むため、そ
れぞれのサービスに、当時の施設類型で最も近いものをあげていくと、
　　・案1-1は、病院（療養病床）、
　　・案1-2は、老人保健施設（介護療養型）、
　　・案2は、老人ホーム（特定入居者生活介護）と医療機関の併設
ということになるだろう。ただし、前述のとおり、検討会では財源論は取り
扱っていないため、具体的に、どういった性格の施設になるかを結論づけたも
のでなかった。あくまで、現在把握できる介護療養病床の医療・介護ニーズを
受け止めるとしたら、こういった幅のあるサービス提供モデルが想定されるこ
とを整理したものである。

イ　検討会で残された課題

　実際の検討会での議論は、困難が多かった。筆者個人として、その困難さを
もたらしていた最大の要因は、療養病床の患者の状態を明確に捉える指標の不
足であったと考えている。例えば、図2を見ていただきたい。これは、実際に
検討会の場で提示され、検討の素材となった資料で、医療療養病床、介護療養
病床、老人保健施設、特別養護老人ホームの入院・入所者の「有している傷
病」と「現在受けている治療」を表している。まず、「有している傷病」に関
して言えば、そもそも4施設で明確な差異を見いだすことは困難である。「現
在受けている治療」について見ても、
　　・経管栄養、喀痰吸引等は、老人保健施設や特別養護老人ホームより、療養
　　　病床で多く行われている、
　　・中心静脈栄養の管理、酸素療法、レスピレーターは、医療療養病床以外で
　　　は、ほぼ提供されていない、
といった程度の傾向は見て取れるが、それ以外の大まかな分布は、ほぼ同様で
ある。

　こうした指標しかない状態では、介護療養病床の残すべき機能が何なのか、
詳細に検証することは困難であり、実際の議論でも、平成18年の療養病床の

図1：第1回 療養病床の在り方等に関する特別部会（平成28年6月1日）〔資料1より抜粋。一部簡略化〕

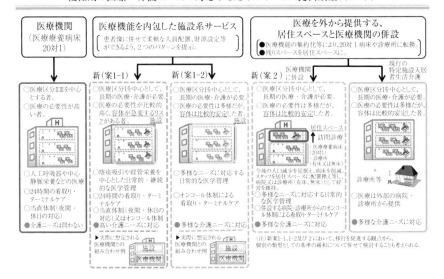

再編成の方針と同様に、
　　・介護療養病床のうち、経管栄養や喀痰吸引が行われている患者を多く受け入れる施設は、医療療養病床に、
　　・一方で、そうした患者を中心的に受け入れない、もしくは、受け入れていない施設は、老人保健施設や特別養護老人ホームに、それぞれ転換すればよい、
という意見は多く見られた。患者の状態が、経管栄養や喀痰吸引の提供頻度を除くと、老人保健施設と特別養護老人ホームとほぼ同様となるため、このような議論に流れることが多い。
　しかし、実際に、この方針では転換が進まないことは歴史的にも明らかであるし、また、医師の配置が1人である老人保健施設では、現に療養病床に入院する患者の医療ニーズに対応するのは困難である、という現場関係者の声は非常に多く聞かれた。
　では、介護療養病床の残さなくてはならない機能（医療サービスの水準）は何なのか。本当に、平成18年の療養病床の再編成の方針ではだめなのか。こ

Ⅲ 療養病床の見直しに関する議論

図2：第1回 療養病床の在り方等に関する特別部会（平成28年6月1日）〔資料2-2より抜粋〕

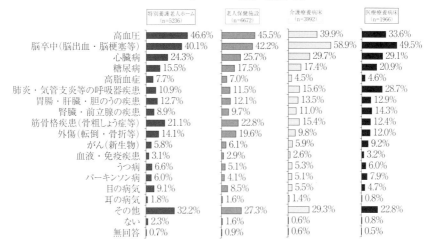

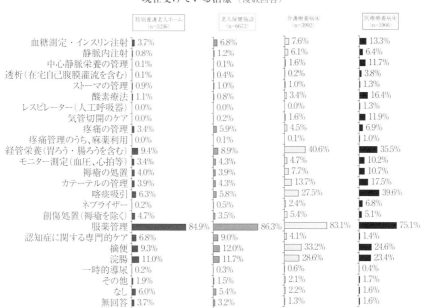

（出典）平成24年度介護報酬改定の効果検証及び調査研究に係る調査（平成26年度調査）「介護サービス事業所における医療職の勤務実態および医療・看護の提供実態に関する横断的な調査研究事業報告書」

の点については、明確な結論を得ることができないまま、アの整理案をまとめることとなり、財源論とともに、受け皿となる新類系の機能（具体的には、人員配置や施設基準、報酬水準となる）に関する議論は、社会保障審議会での検討に委ねられることとなった。

2　療養病床のあり方等に関する特別部会での議論

　療養病床の在り方等に関する検討会の整理案を受ける具体的な場としては、新たに「療養病床の在り方等に関する特別部会」が設置されることとなった。

　このように、新たに部会を創設して検討することとしたのは、介護療養病床の受け皿として新たな施設類型を創設する場合は、

- ・その施設は、少なくとも医療提供施設となることが想定されること、
- ・新たな施設類型の財源は、医療保険、介護保険双方の可能性が残されていること、

等から、介護保険部会、医療部会、医療保険部会の関係者が参集する形で議論を進め、その結果をこれら３部会に報告する、という形をとらざるを得なかったためである。なお、社会保障審議会において、複数の部会に議論が跨がることから、新たに特別部会を設置して議論を行った例としては、年金と医療保険の適用拡大について検討を行った「短時間労働者への社会保険適用等に関する特別部会」が挙げられる。

　療養病床の在り方等に関する特別部会での議論は、多岐にわたり、その報告書は、今後の制度設計に関し、重要な事項を多く記載しているが、本稿においては、

- ・基本的な方向性
- ・機能と施設基準
- ・転換の範囲と新設の可否
- ・介護療養病床の経過措置期間と新たな施設類型の名称

を中心に記載していくこととする。

（1）基本的な方向性

　特別部会では、検討会の整理案を報告することから、その議論がスタートしている。そして、整理案で提示された基本的な方向性については、大きな修正が加えられることはなかった。すなわち、特別部会の報告書には、新たな施設類型の性格として、

- ・介護療養病床の「日常的な医学管理が必要な重介護者の受入れ」や「看取

り・ターミナル」等の機能を維持しつつ、

・その入院生活が長期にわたり、実質的に生活の場になっている実態を踏まえて、「生活施設」としての機能を兼ね備えたもの

であることが明記されている。

また、その上で、新たな施設類型は、

・「要介護高齢者の長期療養・生活施設」として、介護保険法に設置根拠等を規定すること、

・また、保険の適用に関しては、介護保険法に新たな施設サービスとして規定すること

とされた。すなわち、新たな施設類型は、設置根拠も財政構成も純粋な介護保険施設とされ、医療法上の病院としては整理されないこととなった。

このような構成となったことについて、特別部会の報告書上、その理由は明記されていないが、新たな施設類型の「介護療養病床の機能」に加えて「生活施設としての機能」を備えるという性格上、その財源や設置根拠を、医療に振り替える理由が特に見いだせないことから、施設の基本的性格から導かれる必然の判断であったと考えられる。

なお、同報告書には、これらの事項に加え、「新たな施設類型の基本的な性格に関しては、財源のみの観点から介護保険施設として位置づけるのではなく、身体拘束や抑制を行わない、自立支援等の介護保険の原則の下で運営する施設であるという趣旨を明確にするべきである」との意見があった旨が明記されている。この点、筆書としては、新たな施設類型の目指すべき方向性として、極めて重要な指摘であったと考えている。

（2）機能と施設基準

1でも触れたとおり、新たな施設類型で、具体的にどのような利用者像を想定し、どのような機能を持たせるか（この点は、人員配置、施設基準、報酬体系にも直結する）については、非常に困難な議論であった。前述のとおり、療養病床で提供される医療に関しては、そもそも、患者の状態を図る指標が少ない。

実際、特別部会での議論に際して、検討会で提示した以上の詳細な患者の状態に係るデータを提示していくことは難しかった。

そのような中、特別部会で行った現場医師のヒアリング等を通じて、介護療養病床の残すべき機能として、一つ明確なコンセンサスができつつあった。そ

れが、「介護療養病床の中でも、療養機能強化型 A・B の機能は残す必要がある」ということである。

　例えば、介護療養病床の療養機能強化型 A では、「重篤な身体疾患を有する者と身体合併症を有する認知症高齢者が 5 割以上であること」を患者要件として課している。こうした状態の患者（例えば、内臓系疾患を有する認知症患者）は、実際の医学管理、日常生活上の世話に大きな困難が伴うが、必ずしも、医療療養病床の医療区分上、高く評価されるわけではない。現行の介護療養病床を廃止すると、こうした患者は医療療養病床ではなく、老人保健施設で受け入れなければならなくなるが、「それは困難である」との考えに、ほぼ異論は出なかった。余談であるが、これは、筆者が現場を見た感覚でも同様で、同じ介護療養病床でも、療養機能強化型 A とその他型で、明らかに風景が異なる病棟が見られたと感じている。

　新たな施設類型に関しては、こうしたコンセンサスに基づき、

・介護療養病床相当（主な利用者像は、療養機能強化型 AB 相当）

・老人保健施設相当以上（主な利用者像は、上記より比較的容体が安定した者）

の大きく 2 つの機能を設け、これらの病床で受け入れている利用者を、引き続き、受け止めることができるようにしていくことを明記した。具体的な人員配置、施設基準、報酬設定等は、介護給付費分科会での議論に委ねられることとなったが、療養機能強化型 A・B 相当を利用者像として設定する以上は、現行の療養機能強化型 A・B の人員配置や施設基準等を踏まえた議論が行われることが想定された（図3）。

（3）転換の範囲と新設の可否

　新たな施設類型については、療養病床等から「転換」によって整備されることが想定されるが、「その範囲をどこまで認めるか」及び「（転換以外の）新設を認めるか」が大きな争点となった。

　まず、現行の制度として、療養病床の転換先の一つとして創設された介護療養型老人保健施設については、療養病床からの転換でなければ、その設置が認められない。また、介護保険事業（支援）計画では、療養病床からの転換については、年度ごとのサービス量は見込むものの、必要入所（利用）定員総数は設定しないという取扱いをしており、一般病床からの転換に係る取扱いとは、差異が設けられている。

　こうした現行の取扱いも踏まえて、特別部会で議論が行われたが、その中で

Ⅲ　療養病床の見直しに関する議論

図3：医療機能を内包した施設系サービス

●平成29年度末に設置期限を迎える介護療養病床等については、現在、これらの病床が果たしている機能に着目し、今後、増加が見込まれる慢性期の医療・介護ニーズへの対応、各地域での地域包括ケアシステムの構築に向けて、地域の実情等に応じた柔軟性を確保した上で、その機能を維持・確保していく。

	新たな施設	
	（Ⅰ）	（Ⅱ）
基本的性格	要介護高齢者の長期療養・生活施設	
設置根拠 （法律）	介護保険法 ※生活施設としての機能重視を明確化。 ※医療は提供するため、医療法の医療提供施設にする。	
主な利用者像	重篤な身体疾患を有する者及び身体合併症を有する認知症高齢者　等（療養機能強化型A・B相当）	左記と比べて、容体は比較的安定した者
施設基準 （最低基準）	介護療養病床相当 （参考：現行の介護療養病床の基準） 医師　48対1（3人以上） 看護　　6対1 介護　　6対1 ※医療機関に併設される場合、人員配置基準の弾力化を検討。 ※介護報酬については、主な利用者像等を勘案し、適切に設定。具体的には、介護給付費分科会において検討。	老健施設相当以上 （参考：現行の老健施設の基準） 医師　100対1（1人以上） 看護　　3対1 介護　　※うち看護2/7程度
面積	老健施設相当（8.0m²/床） ※多床室の場合でも、家具やパーテーション等による間仕切りの設置など、プライバシーに配慮した療養環境の整備を検討。	
低所得者への配慮 （法律）	補足給付の対象	

（出典）平成24年度介護報酬改定の効果検証及び調査研究に係る調査（平成26年度調査）「介護サービス事業所における医療職の勤務実態および医療・看護の提供実態に関する横断的な調査研究事業報告書」

は、

　　・新たな施設類型が、今後、増加する医療・介護ニーズを受け止める役割が期待されること等を踏まえると、新設を認めることが適当であること、

　　・これまで転換が十分に進んでこなかった経緯等に鑑みると、療養病床からの転換を優先させるべきであること、

には大きな異論はなく、それぞれ報告書でも明記されることとなった。

　新規参入の取扱いについては議論が分かれたが、特に、新規参入の「制限」については、法学の委員から憲法上の営業の自由との関係も指摘される等、慎重な取扱いが必要である旨の意見も出たところである。

　なお、平成29年8月10日に、厚生労働省老健局介護保険計画課から発出された事務連絡「第7期介護保険事業（支援）計画における療養病床、介護医療院等の取扱いに関する基本的考え方について」では、必要入所定員総数の設定について、「通常、現に利用している者の数及び高齢者の利用に関する意向等

その地域の実情を勘案して設定されるものであるが、介護医療院については、平成30年度から新たに創設される施設類型であり、現に利用している者がいないことから、他の施設等とは異なる方法により、当該施設のニーズを把握する必要がある。具体的には、当該都道府県における高齢者の慢性期の医療・介護ニーズを基に、療養病床等からの転換について総量規制が生じないこととされている趣旨を踏まえ、まずは当該転換による対応を優先した上で、2の協議の場も活用しつつ、市町村と都道府県の連携により事業者の参入意向等についても把握し、必要入所定員総数を設定することが考えられる」とされている。

つまり、必要入所定員総数の中で行われることとなる「一般病床からの転換」や「新規参入」については、まずは、療養病床からの転換を優先した上で明確な制限・規制は設けず、地域の事業者の意向等も踏まえつつ、各地域の判断に委ねることとされたものである。

（4）介護療養病床の経過措置期間と新たな施設類型の名称

法律事項でありながら、特別部会の報告書で、明確な結論を示さなかった事項が、大きく2つある。それが、介護療養型医療施設の経過措置の期間と新たな施設類型の名称である。

新たな施設類型は、平成29年の通常国会に提出する法案で措置することが見込まれていたが、その人員配置や施設基準、報酬体系が明らかになるのは、平成29年度末とならざるを得ない（平成30年度の介護報酬改定で措置されるため）。このため、介護療養型医療施設の経過措置の延長は、必須であった。その期間を何年間設けるかについては、できるだけ早い転換を求める立場から「3年程度を目安にすべき」とする意見と、現場の混乱を避ける観点から「6年程度を目安にすべき」との意見があった（介護療養型医療施設の存続期限であるため、必然的に介護保険事業（支援）計画の期間である、3年（1の計画期間）か6年（2の計画期間）のいずれかで判断することになる）。この点については、特別部会では結論が出ずに、両論が併記され、法案提出までの間の政府の調整・判断に委ねられることとなり、結果として6年間の経過措置の延長が行われた。

新たな施設類型の名称についても、現場で働いている医師や看護師等の思いも踏まえるべきだといった意見も見られたが、特別部会の中で具体的な提案や明確な意見の一致を見ず、実質的に、その決定は、法案作成過程で検討されることになった。

Ⅳ　法制化と国会審議

　以上のような検討・議論を経て、介護療養病床の受け皿となる新たな施設類型の創設を含む「地域包括ケアシステムの強化のための介護保険法等の一部を改正する法律案」が、平成29年2月7日、第193回国会に提出された。その後、両院の厚生労働委員会における審議を経て、特段の修正が加えられることなく、同年5月29日、その成立を見るに至っている。

　以下、その内容について、基本的な性格と、転換に関する名称特例を中心に記載することとする。

1　基本的な性格

　まず、名称であるが、その機能を端的に示すため「介護医療院」と名付けられた。「介護医療院」という名称は、「介護」と「医療」という新たな施設類型が有する二つの機能を表すとともに、これまで利用者が親しんだ「病院又は診療所」と連続性のあるイメージを持ちやすい語である「院」を用いることにより、介護保険施設の一類型として、長期療養生活に必要な医療と介護が適切に提供される施設であることを利用者により伝わりやすくする意図があると考えられる。また、開設者側でも、このような継続性が伝わりやすい名称であることにより、一層の新たな施設類型への転換を促進する効果が期待できる。

　なお、改正後の介護保険法第115条第2項では、「介護医療院の開設者は、医療法第3条第1項の規定にかかわらず、当該介護医療院の名称中に介護医療院という文字を用いることができる」と規定している。これは、医療法第3条では、「病院又は診療所に紛らわしい名称」の例示として「医院」が列挙されており、この点、「医院」と類似する「医療院」を名称に用いる介護医療院が、同条に抵触しないことを明確にしたものである。

　次に、介護医療院の定義であるが、「主として長期にわたり療養が必要である者に対し、①療養上の管理、②看護、③医学的管理の下における介護及び機能訓練、④その他必要な医療、⑤日常生活上の世話を行うことを目的とする施設として定義された。なお、この介護医療院の定義を置くに際し、老人保健施設の定義規定である介護保険法第8条第28項を改正し、老人保健施設が想定している入所者像として「主としてその心身の機能の維持回復を図り、居宅における生活を営むことができるようにするための支援が必要である者」を追記

している。これは、これまでの検討過程でも論点となった老人保健施設との差異を明確化する観点から行われた改正である。

2 転換に際しての名称の特例

（1）基本的な方向性

1で触れたように、医療法第3条では、疾病の治療をなす場所であって病院又は診療所でないものが、「病院」又は「診療所」に紛らわしい名称をつけることを認めていない。これは、医療法が、病院や診療所について、

・構造設備やそれに係る衛生環境の確保、

・医師等の配置、

を義務づけていることに鑑み、疾病の治療を行う場所であっても病院又は診療所ではないものについては、「病院」又は「診療所」等の名称をつけることを禁止し、国民が不適切な場所で医療を受けることがないようにする趣旨の規定である。

一方で、介護医療院は、

・介護保険法の規定により、医療提供に必要な構造設備、衛生等、人員配置の基準等の規制に服する施設として、引き続き医療を提供するものであること、

・地域の住民から見ると、転換前の病院又は診療所から引き続き医療を提供する施設であり、また、仮に急患が誤って運び込まれた場合等でも、医師の応召義務（医師法第19条第1項）によって当該医師ができる範囲で診察等は受けられること、

から、一定の条件の下に、介護医療院の名称中に「病院」又は「診療所」の文字の使用を認めることとしても、前述の医療法第3条の規定の趣旨を没却するものではないと考えられる。また、介護医療院の開設者にとって、その名称中に、引き続き転換前の病院又は診療所の名称を使用することができれば、経営の継続性が公衆に周知できるとともに、転換前の病院又は診療所として得た地域住民からの信頼・信用などの保護を図ることができ、介護医療院への転換が促進されることも期待される。

こうしたことを踏まえ、病院又は診療所から転換する介護医療院に限定して、その名称中に転換前の病院又は診療所の名称（「○○病院」等）を使用することを認める経過措置が、地域包括ケアシステム強化法附則第14条に置かれている。

第14条 施行日の前日において現に病院又は診療所を開設しており、かつ、当該病院又は診療所の名称中に病院、病院分院、産院、療養所、診療所、診察所、医院その他これらに類する文字（以下この条において「病院等に類する文字」という。）を用いている者が、当該病院若しくは診療所を廃止して…介護医療院…を開設した場合又は当該病院若しくは診療所の病床数を減少させて介護医療院を開設した場合において、当該介護医療院の名称中に介護医療院という文字を用いることその他厚生労働省令で定める要件に該当するものである間は、医療法第3条第1項の規定にかかわらず、当該介護医療院の名称中に病院等に類する文字（当該病院若しくは診療所を廃止した際又は当該病院若しくは診療所の病床数を減少させた際に当該病院又は診療所の名称中に用いていたものに限る。）を引き続き用いることができる。

（2）条件と名称のイメージ

地域包括ケアシステム強化法附則第14条では、

・当該施設が、病院又は診療所からの転換によって開設した介護医療院であること

・転換前の病院又は診療所において「病院等に類する文字」を用いていたこと

・新たに付する名称中の「病院等に類する文字」は、転換前の病院又は診療所の名称において用いていたものであること

・新たな名称中には、介護医療院という文字を用いること

など、その適用に、いくつかの要件を課している。1つ目から3つ目までに挙げた要件は、本特例が、経営の継続性や、地域住民の信用・信頼の確保等の観点で設けられたものであることを踏まえて規定されたものである。

一方、4つ目の要件は、患者等の適切な施設選択の確保の観点から設けられたものである。これによって、転換前からの利用者にとっては、転換前の病院、診療所からの継続性を確認することができ、新たに利用する者にとっては、既に介護保険施設への転換後の施設であることが明らかになるとともに、介護保険施設の選択に際し転換前の病院又は診療所の情報も合わせて検討することができる。

これらの要件を適用すると、例えば、「A病院」が、介護医療院に転換する場合、単に「A病院」といった名称を付することはできず、「介護医療院A病院」とすることになる。また、A病院の名称を全く用いず、「介護医療院Bケ

アセンター」等と称することも難しいと考えられる。

Ⅴ　介護医療院に関する考察と今後の課題

　以上、介護医療院の創設に至る経緯と、その法制上の主な規定について、概説してきた。地域包括ケアシステム強化法が成立した後、議論の舞台は介護給付費分科会等に移り、より詳細な人員配置、施設基準等が検討される。この検討を経て、報酬面も含めた合意を得た上で、平成 30 年度から介護医療院制度がスタートすることとなる。

　以下では、短い期間ながら介護医療院制度の創設に係る検討に携わった担当者として、長期的な視点で、2 つの課題について触れたい。

　1 つ目は、介護医療院の「生活施設」としての機能についてである。

　前述のとおり、療養病床のあり方等に関する特別部会報告書には、「新たな施設類型の基本的な性格に関しては、財源のみの観点から介護保険施設として位置づけるのではなく、身体拘束や抑制を行わない、自立支援等の介護保険の原則の下で運営する施設であるという趣旨を明確にするべきである」との文言が盛り込まれた。

　筆者個人としては、介護医療院の議論をするに際して、この「身体拘束や抑制を行わない…介護保険の原則の下で運営する施設」との一節は、非常に重要な意味を持つと考えている。

　介護保険施設であれば、施設の基準省令において身体抑制を原則禁止しているが、主として急性期医療を提供する病院等であれば、通常、身体抑制は、治療の一環として特段禁止されるものではない。例えば、認知症の慢性期患者で、点滴を抜いてしまう可能性がある場合、手に「ミトン」と呼ばれる器具をつけて、そのリスクを回避することがある。この「ミトン」も身体抑制の一つであるとされる。

　筆者は、この介護医療院の創設に係る検討を行っている最中に、自身の親族を療養病床で看取っているが、そこで治療の一環として身体抑制が行われていた。無論、筆者が療養病床の議論を担当するに際しては、療養病床で行われる身体抑制について何度も説明を受けていたし、自身、現場を視察する際に、そうした身体抑制の器具を見る機会もあった。しかし、実際に、親族が、その「ミトン」を装着されて、初めて、その冷たさを感じた。抜滴を避ける目的で

272

V 介護医療院に関する考察と今後の課題

作られているため、乾いた布の中に板のようなものが入っていて、その上から手に触れても、「手に触れている」という感覚を全く持つことができない。おそらく、「ミトン」を装着されている患者も、手に触れられているという感覚を持つことはできないだろう。これが、人生の最終段階に向けて提供される医療であるとするならば、どこまでが妥当か、議論を呼ぶだろうと感じた。

無論、現在の医療現場における身体抑制を行うに至る原因ともセットで検討をする必要があるが、認知症の患者の抜滴を避けるため、点滴の管を取り付ける位置にまで工夫を凝らす医師がいるのも事実である。

介護療養病床の受け皿となる介護医療院が、医療法上の病院ではなく、生活の場としての機能を持つ、純粋な介護保険施設として位置づけられた趣旨を明確にとらえ、より長期的な視点として、身体抑制の廃止に向けた取組みが、積極的に評価されていくことを望んでいる。

2つ目は、慢性期に提供される医療・介護のデータの整備である。

Ⅱ及びⅢで触れたが、療養病床に関しては、患者の状態像を捉えるデータが少ない。これは行政における調査や研究の不足というより、そもそも慢性期の患者の医療ニーズを捉える指標（医療区分やADL等）が少ないことに由来するのでないかと考えている。

筆者自身は、療養病床をいくつか見てきて、基本的に、そこで対応している全ての患者に行われている医療行為を、在宅やその他の介護保険施設でも提供できるという印象を抱かなかった。しかし、そのことを対外的に示すため、すなわち、療養病床で行われている医療の必要性を証明するため、それをデータや社会的なニーズに基づいて説明するのが非常に難しい。単に、療養病床における喀痰吸引や経管栄養の割合を示すだけでは、それを受けてない残りの患者は、あたかも医療が必要ないかのように議論されることがある。

医療が、国民にとっていくら必要不可欠なものであるとはいえ、巨額の公費が投入されている現在においては、医療制度自体もまた、常に、自らの必要性を説明し続けることが必要になると考えられる。今後、実際に、療養病床で行われている医療行為を、詳細にデータ化し、それを患者の医療ニーズを図る指標の1つとして活用する取組みが有用と考えている。

Ⅵ　結びにかえて

　筆者が、平成 27 年 10 月に、保険局医療介護連携政策課に配属され、療養病床の議論を担当することが決まった際、療養病床問題に数十年取り組んできた幹部から呼び出され、若干のアドバイスを受けた。その内容を要約すると、概ね、次のとおりであった。

「療養病床の改革は、高齢者の療養環境を、少しずつよくしていくための昭和の頃から続く取組み。偉大な先人たちが積み重ねてきたそれを、少しずつ積み重ねていくという姿勢を、絶対に忘れてはならない。」

　筆者自身、制度構想の検討を進める中で、この言葉を常に意識しながら議論していた。だからこそ、議論の中で重要な方向性を見失わなかったと思うし、「社会的入院の排除」、「医療費の削減」といったシンプルな議論に流されることもなかったと考えている。

　筆者自身は、この介護医療院の法定化以降は、療養病床の見直しに関する議論から離れることとなるが、後進へのアドバイスの意味も込めて、この言葉をもって結びにかえさせていただきたい。

　　〔付記〕2017 年 10 月脱稿。校正段階において、介護医療院に係る介護報酬改定の議論
　　が行われ、2018 年 4 月に介護医療院制度がスタート（地域包括ケアシステム強化法の
　　施行）した。この間の動き・議論については、本稿に反映しきれていないが、どうか御
　　容赦いただきたい。

〈編 者〉

岩村正彦（いわむら・まさひこ）
　東京大学大学院法学政治学研究科教授

菊池馨実（きくち・よしみ）
　早稲田大学法学学術院教授

◆ 社会保障法研究 第 8 号 ◆

2018（平成30）年 8 月 30 日　第 1 版第 1 刷発行　6518-0101

責任編集　　岩　村　正　彦
　　　　　　菊　池　馨　実
発　行　者　今井　貴　稲葉文子
発　行　所　株式会社信山社
　　〒 113-0033 東京都文京区本郷 6-2-9-102
　　　　Tel 03-3818-1019　Fax 03-3818-0344
　　　　info@shinzansha.co.jp
　　出版契約 No.2018-6518-7-01010 Printed in Japan

Ⓒ 編著者 2018　印刷・製本／亜細亜印刷・渋谷文泉閣
ISBN978-4-7972-6518-7-012-080-020 C3332
P288．分類 328.652. a009　社会保障法

JCOPY 〈（社）出版者著作権管理機構　委託出版物〉
本書の無断複写は著作権法上での例外を除き禁じられています。複写される場合は、
そのつど事前に、（社）出版者著作権管理機構（電話 03-3513-6969、FAX03-3513-6979、
e-mail:info@jcopy.or.jp）の許諾を得てください。（信山社編集部）

法律学の森シリーズ
変化の激しい時代に向けた独創的体系書

戒能通厚　イギリス憲法〔第2版〕最新刊

新　正幸　憲法訴訟論〔第2版〕

大村敦志　フランス民法

潮見佳男　新債権総論Ⅰ　民法改正対応

潮見佳男　新債権総論Ⅱ　民法改正対応

小野秀誠　債権総論

潮見佳男　契約各論Ⅰ

潮見佳男　契約各論Ⅱ（続刊）

潮見佳男　不法行為法Ⅰ〔第2版〕

潮見佳男　不法行為法Ⅱ〔第2版〕

藤原正則　不当利得法

青竹正一　新会社法〔第4版〕

泉田栄一　会社法論

芹田健太郎　国際人権法　最新刊

小宮文人　イギリス労働法

高　翔龍　韓国法〔第3版〕

豊永晋輔　原子力損害賠償法

現代法哲学講義〔第2版〕 井上達夫 編　最新刊

〈執筆者〉井上達夫・高橋文彦・桜井徹・横濱竜也・郭舜・山田八千子・浅野有紀
鳥澤円・藤岡大助・石山文彦・池田弘乃・那須耕介・関良徳・奥田純一郎

生命科学と法の近未来 米村滋人 編

科学の不定性と社会 ― 現代の科学リテラシー
本堂毅・平田光司・尾内隆之・中島貴子 編

信山社

岩村正彦・菊池馨実 編集代表　定価1,800円(税別)
【編集委員】嵩さやか・中野妙子・笠木映里・水島郁子／【編集協力】柴田洋二郎・島村暁代・高畠淳子・地神亮佑・常森裕介・永野仁美・中益陽子・樋爪幸代・福島豪・山下慎一

社会保障福祉六法

待望の改訂　菊池馨実 編　稲森公嘉・高畠淳子・中益陽子

ブリッジブック 社会保障法 (第2版)

〈概観〉社会福祉法　伊奈川秀和

最新刊

〈概観〉社会保障法総論・社会保険法　伊奈川秀和

◆ **医事法講座** ◆　甲斐克則 編

医療に携わる全ての方々へ、必読のシリーズ

1　ポストゲノム社会と医事法
2　インフォームド・コンセントと医事法
3　医療事故と医事法
4　終末期医療と医事法
5　生殖医療と医事法
6　臓器移植と医事法
7　小児医療と医事法
8　再生医療と医事法

信山社

社会保障法研究

岩村正彦・菊池馨実 責任編集

〔既 刊〕

◆第4号

【特集】社会保障の法主体（その2）
医療法人制度の機能と課題〔石田道彦〕
社会福祉法人〔原田啓一郎〕
ＮＰＯ法人──社会福祉サービス供給体制におけるＮＰＯ法人の位置づけ〔倉田賀世〕

◆立法過程研究
短時間労働者への社会保険適用をめぐる検討経緯と今後の課題〔岡部史哉〕

◆研究座談会
社会福祉法研究を振り返って──河野正輝先生を囲んで
〔河野正輝・岩村正彦・菊池馨実・笠木映里・西田和弘・新田秀樹〕

◆第5号

【特集1】韓国社会保障法の形成と展開
社会保障法の形成における風土的特徴──献身的専門家集団の主導、国民の抵抗、そして政権支配の政治的産物〔李興在（片桐由喜監訳・崔碩桓訳）〕
韓国の老人長期療養関連法制度──その現況と課題〔全光錫（片桐由喜監訳・崔碩桓訳）〕
福祉国家への途──韓国社会保障法学の胎動と意義〔片桐由喜〕

【特集2】社会保障と家族（その1）
医療保険における個人と世帯・家族──個人単位化の課題〔中益陽子〕

◆立法過程研究
生活保護制度改革の立法過程〔羽野嘉朗〕

◆判例研究
生活保護の面談・相談における保護実施機関の義務〔黒田有志弥〕
障害基礎年金支分権の消滅時効の起算点が"裁定が通知された時点"とされた例〔林健太郎〕

◆研究座談会
労働法・社会保障法研究の軌跡──西村健一郎先生を囲んで
〔西村健一郎・岩村正彦・菊池馨実・水島郁子・高畠淳子・稲森公嘉〕

〒113-0033 東京都文京区本郷6-2-9-102 東大正門前
TEL:03(3818)1019 FAX:03(3811)3580 E-mail:order@shinzansha.co.jp